「人事管理論」再考

多様な人材が求める社会的報酬とは

県立広島大学　教授
木谷　宏

生産性出版

はじめに

　戦後における日本経済の成功要因については、様々な研究が行われている。勤勉な国民性に基づく教育政策と護送船団方式に代表される経済政策に加え、米国の経営学者であるジェームズ・アベグレン（Abegglen）らが指摘した「日本的経営」は、企業の発展を支えた核心であった。日本的経営とは、「日本文化と経済環境を背景として終身雇用、年功序列、企業別組合が有機的に結びついたもの」とされるが、一言で表すならば「同質性に基づく効率的なマネジメント」に他ならない。

　アジア東端の島国である日本は、一時期の例外を除いて侵略や占領を受けずに独立を維持した稀有な国であり、ほぼ単一の民族が、ほぼ同じ言語と生活様式を共有している。わが国の最大の特徴は、この奇跡的な同質性にあり、さらに性別役割分担によって企業社会は、「健康な日本人の男性正社員」が運営した。そして同質性に基づく人事管理は、集団管理、同一価値観、阿吽の呼吸によってマネジメントに関する取引コストの極小化を可能にし、先人達は高度経済成長を成し遂げ、オイルショックや為替自由化といった課題も次々とクリアして、世界経済における栄華を極めていった。

　この時代を後押しした人事管理は年功制であり、誰もが年齢を重ねることによって継続的に賃金は上昇し、それに見合ったポストを手に入れることが可能であった。

　年功制は1980年代に職能資格制度へ変容したかに見えたが、能力の評価が困難だったために、結果的に年功的な運用がなされたことは、多くが指摘するとおりである。年齢を除くと、極めて同質的な従業員は、年功によって管理することがもっとも理に適っており、組織が拡大し続ける限りは人事管理における時間、エネルギー、費用を最小化することができる。

戦後の経済成長の要因、あるいは世界における日本企業の競争優位は「安価なマネジメント・コスト」にあったと言っても過言ではない。

　その後のバブル経済の崩壊によって、人件費のコントロールができなくなった日本企業は、外資系コンサルタントが標榜する成果主義に期待を託した。しかしながら、成果主義の衣をまとったリストラの多用と制度運用の怠慢によって、この試みは失敗に終わった。結果的に1990年代以降の「失われた20年」は現在も続いており、企業における高コスト体質の改善やビジネスモデルの転換に向けた本質的な解決策は見出されていない。

　それはなぜなのか。その原因は経営者のみならず、従業員までもが、「同質性に基づく成功モデル」を棄却できないからである。職場はかつてのように同質ではなく、その場所も国内に限定されない。企業での活躍を渇望しながらも家庭や地域にも軸足をもつ女性社員、正社員になることが叶わない4割を占める非正規労働者、60歳以降も働きたい（働かされる）高齢者、社会とのかかわりを切望する障がい者、日本企業であることすら意識しない外国人社員、がんやうつ病の治療を抱えながら、仕事との両立を望む要治療者。日本企業はそんな彼ら、彼女らをほとんど活用できていない。

　これからのポスト成果主義と人材多様性に対応できる人事管理の姿とはどのようなものか。この命題に答えることが本書の目的である。
　もはや人々は「賃金」と「やりがい」（ポスト、出世）といった従来の二大報酬のみによって動機づけられる存在ではない。生活の充実を求める人々にとって不可欠な「時間的余裕」と短期的なやりがいや刹那的な充実感とは異なる「成長の実感」が第三の報酬として求められており、このことを可能にするワーク・ライフ・バランス施策、公正な評価・処遇制度、中長期的なキャリア支援策によって、これまでの報酬体系を再構築することが必要である。本書は、これらの報酬を新たな「社会的報酬」と名づけ、今後の本格的な研究の起点、あるいは序説として執筆す

るものである。

　人事管理に関する研究は、組織論、もしくは組織行動論および人的資源管理論において活発であり、成果主義の破綻やダイバーシティ・マネジメントの内容を取り扱う研究も少なくない。しかし、ポスト成果主義のあるべき人事管理の姿とダイバーシティ・マネジメントによって引き起こされる人事管理の具体的な変容とを接合する研究は、寡聞にして多くはない。

　本書は、研究者のみならず、経営者や実務家をその対象としているが、今後の人事管理の新たな姿を模索するひとつの契機となれば望外の喜びである。

　2016年9月吉日

　　　　　　　　　　　　　　　　　　　　　　　　　　　　木谷　宏

[目次]

はじめに ·· 1

序　章　本書の構成と概要
第1章　人事管理が抱える限界

1　人事管理の発生 ·· 18
1-1　人事管理が意味すること ··· 18
1-2　組織、管理、時間の誕生 ··· 18
2　人事労務管理の概要 ·· 22
2-1　科学的管理法の誕生 ·· 22
2-2　科学的管理法の課題 ·· 24
3　人的資源管理の概要 ·· 25
3-1　人間関係論および新人間関係論 ·· 25
3-2　人的資源管理の一般的構成 ··· 27
3-3　戦略的人的資源管理 ·· 29
4　人事管理における人間観と報酬概念 ··· 31
4-1　人事管理における人間観の変遷 ·· 31
4-2　人事管理における報酬概念 ··· 32

第1章のまとめ ── 人事管理の三つの限界 ································ 35

第2章　社会的視点の欠落

1　企業の社会的責任（CSR）が意図するもの ································ 42
1-1　企業の一般的概念 ·· 42

	1-2	企業の社会性概念の推移	43
	1-3	CSR論への発展	46

2　企業の社会的責任と人事管理の関係性　49

	2-1	経営学ディシプリンにおける人事管理	49
	2-2	マネジメント論における人事管理	50
	2-3	人事管理における倫理の役割	52

3　ステークホルダーとしての従業員　56

	3-1	日本的経営における従業員観	56
	3-2	モラールサーベイの意義	59

4　社会的責任としての人事情報開示　60

	4-1	一般社会に対する人事情報開示	60
	4-2	就職希望者に対する人事情報開示	63

第2章のまとめ　── 従業員の両面性に対応する人事管理へ　65

第3章　金銭的報酬と心理的報酬の偏重

1　日本的経営における年功制の役割　72

	1-1	日本の近代化と人事管理の発展	72
	1-2	明治初期から昭和戦前時代における能力給と統制給	73
	1-3	戦前における賃金構成要素モデル	76

2　能力主義への期待と職能資格制度の挫折　79

	2-1	戦後から昭和20年代における生活給の完成	79
	2-2	昭和20〜30年代における職務給、職階給の模索	81

2-3　高度成長期からバブル期における
　　　　 職能資格制度の席巻 …………………………… 82
3　成果主義の登場と終焉 ………………………………… 84
　　3-1　年功的運用による職能資格制度の破綻 ………… 84
　　3-2　成果主義ブームの到来 …………………………… 86
　　3-3　成果主義の失敗と課題 …………………………… 90
4　経済的報酬、心理的報酬、社会的報酬 ………………… 92
　　4-1　報酬に関する先行研究 …………………………… 92
　　4-2　社会的報酬とはなにか …………………………… 96

第3章のまとめ ── 社会的報酬による人事管理へ ……………… 98

第4章　男性正社員に基軸を置いた管理構造

1　ダイバーシティ・マネジメントの概要 ……………… 104
　　1-1　ダイバーシティ・マネジメントとはなにか …… 104
　　1-2　ダイバーシティ・マネジメントの目的 ………… 106
　　1-3　ダイバーシティの構造 …………………………… 108
2　多様性の抱える課題 …………………………………… 113
　　2-1　恣意的概念としての多様性 ……………………… 113
　　2-2　社会環境による多様性の変化 …………………… 114
　　2-3　発生主義としての多様性の限界 ………………… 115
3　ダイバーシティ・マネジメントとしての
　　ポジティブ・アクション ……………………………… 116
　　3-1　ポジティブ・アクションの概要 ………………… 116
　　3-2　ポジティブ・アクションの取り組み内容 ……… 118

3-3　ポジティブ・アクションの課題 ……………………… 122

第4章のまとめ —— 多様な人材に対応した
　　　　　　　　　　人事管理へ ……………………………………… 126

第5章　ケーススタディ
——A社における人事改革

1　A社における人事改革の概要 ……………………………… 132
　　　1-1　成果主義導入の背景 ……………………………………… 132
　　　1-2　A社の成果主義の概要 …………………………………… 134

2　成果主義がもたらしたもの ………………………………… 138
　　　2-1　成果主義とプロフェッショナル ………………………… 138
　　　2-2　成果主義による労働価値観の変化 …………………… 140
　　　2-3　成果主義に対する労働組合員の不満 ………………… 143

3　女性活躍推進から
　　　ワーク・ライフ・バランスへ ……………………………… 146
　　　3-1　社員満足度における男女格差 ………………………… 146
　　　3-2　ポジティブ・アクションの導入と成果 ……………… 147
　　　3-3　ポジティブ・アクションの課題と
　　　　　　ワーク・ライフ・バランス ………………………………… 149

4　人事改革の成果と課題 ……………………………………… 152
　　　4-1　A社における人事改革の成果 ………………………… 152
　　　4-2　A社における人事改革の課題 ………………………… 153

第5章のまとめ ——ポスト成果主義と
　　　　　　　　　　人材多様性への対応 …………………………… 157

第6章　第1の社会的報酬：「キャリア的報酬」

1　人材価値による人事管理の再編 ················· 162
1-1　人事管理再編の背景と視点 ················· 162
1-2　伝統的な評価方法の体系 ················· 165
1-3　人材価値による評価の再編 ················· 169
1-4　人材価値に基づく人事戦略 ················· 174

2　エリート選別からプロフェッショナル育成へ ········· 177
2-1　プロフェッショナルの一般的認識 ················· 177
2-2　プロフェッショナルに関する先行研究 ················· 179
2-3　「小さなプロフェッショナル」の必要性 ················· 180

第6章のまとめ──キャリア的報酬としての
公正な評価、配置、育成 ················· 183

第7章　第2の社会的報酬：「時間的報酬」

1　「時間的報酬」としての
ワーク・ライフ・バランス ················· 188
1-1　ワーク・ライフ・バランスの現状 ················· 188
1-2　ワーク・ライフ・バランスの本質 ················· 190
1-3　ワーク・ライフ・バランスの従来の課題 ················· 194
1-4　ワーク・ライフ・バランスの新たな課題 ················· 196

2　ワーク・ライフ・バランスによる
人事管理の再編 ················· 199
2-1　休業や短時間勤務が
円滑に利用できる環境整備 ················· 199
2-2　両立支援制度と人事処遇制度の統合 ················· 202

| | | 2-3 | 仕事管理および時間管理の推進 | 205 |

第7章のまとめ──時間的報酬としての
　　　　　　　　　ワーク・ライフ・バランス施策 …………… 210

終　章　社会的報酬に基づく人事管理論の展開

1　各章の総括 …………………………………………………… 216
2　本書の結論 …………………………………………………… 218
3　社会的報酬理論の含意、限界、展望 ……………………… 221

おわりに ……………………………………………………………… 224

付　録　5年間に見る人事管理の重要課題

1　調査の概要 …………………………………………………… 228
2　環境変化が人事管理に与えた影響 ………………………… 228
　　2-1　成果主義の導入と見直しの方向性 ……………………… 229
　　2-2　世界同時不況による人事管理の変化 …………………… 231
　　2-3　東日本大震災による人事管理への影響 ………………… 234
3　企業における重要人事課題の認識 ………………………… 237
　　3-1　5年間における人事課題の推移 ………………………… 237
　　3-2　最重要課題への対応策 …………………………………… 241
　　3-3　経営陣と人事部門の意識乖離 …………………………… 243

4 人材育成力とマネジメント力の低下 ―― 246
- 4-1 人材開発に関する反省 ―― 246
- 4-2 中高年社員への対応苦慮 ―― 249
- 4-3 マネジメント力の低下 ―― 251

5 グローバル経営と
イノベーション創出への対応 ―― 253
- 5-1 グローバル化に伴う人事管理の変化 ―― 253
- 5-2 グローバル人材の定義 ―― 256
- 5-3 グローバル人材、グローバル人事の誤解 ―― 258
- 5-4 イノベーション創出への対応 ―― 260

6 まとめ ―― 262

参考文献一覧 ―― 266

序章

本書の構成と概要

いささか乱暴ではあるが、近現代における人事管理の歴史を振り返るならば、18世紀後半の産業革命を機とした「人事管理黎明期」、20世紀初頭の科学的管理法に基づく「人事労務管理期」、20世紀後半に心理学や経済学の知見によって結実した「人的資源管理期」、そして、21世紀は企業戦略と人事管理の結びつきをことさら強調する「戦略的人的資源管理期」と言えよう。人間は過去を振り返る際に現在を進化の極致と認識し、然るべく発展を遂げたと考えがちである。果たして現在の人事管理（あるいは戦略的人的資源管理）は、今日の企業や社会、さらには働く人々のニーズに合致したものであろうか。その問いに答えるべく、本書は、現在および将来に必要な人事管理の姿を「ダイバーシティ・マネジメント」（多様な人材の管理）と捉え、従来の人事労務管理と人的資源管理に続く新たな人事管理に適用可能な「社会的報酬概念」を提起するものである。

　はじめに、産業革命以降の工場現場を起点とした「人事労務管理」からホワイトカラーを中心とした1980年代以降の「人的資源管理」への欧米における発展過程を踏まえ、日本における年功制、職能資格制度、成果主義の変遷を検討し、それぞれの特徴から今日の人事管理が抱える三つの課題を抽出する。それらは、①社会的視点の欠落、②金銭的報酬と心理的報酬の偏重、③従業員の同質性を前提とした管理であり、その上で職能資格制度が色濃く残る現在の成果主義が抱える欠陥と、その克服の可能性について検討を進め、成果主義以降の人事管理の課題が企業の社会性と人材の多様性を踏まえた人事管理によって、克服可能であることを提起する。この新たな人事管理の姿は、ポスト成果主義と人材多様性に対応するものであるが、その課題解決の検討を進める中で、人事管理の中心的な要素である報酬に着目して報酬概念の系譜を辿り、新たな報酬概念として「社会的報酬」を提示し、社会的報酬がキャリア的報酬と時間的報酬により構成されることを明らかにする。その際にA社の人事改革事例を取り上げ、同社の人事制度改革の詳細と社内調査を対照させながら分析を進め、上記の課題抽出と、その検討内容を検証し、実例

において社会的報酬に相当する有効な諸方策を確認する。これらを踏まえ、最後に、社会的報酬モデルを、従来の経済的報酬とは異なる社会的報酬に基づく人事管理モデルとして提唱し、キャリア的報酬と時間的報酬に分けて具体的に展開する。

　前半にあたる第1章から第4章は、主に欧米と日本の人事管理論の系譜を辿りながら、今日の人的資源管理および成果主義の抱える課題を抽出して仮説を構築し、その検証と補強を試みる。「第1章　人事管理が抱える限界」では、産業革命以降、中でも20世紀初頭の科学的管理法を契機とした欧米における人事管理の発生から人事労務管理（PM：Personnel Management）の特徴を概観し、1980年以降に登場した人的資源管理（HRM：Human Resource Management）の概要を詳らかにする。さらに現在の人事管理が抱える限界である、①人事管理における社会的視点の欠落、②金銭面と心理面のみによる報酬制度の限界、③フルタイム労働の男性正社員に基軸を置いた均質的な管理構造を指摘した上で、仮説としてポスト成果主義と人材多様性に対応するためには新たな報酬管理が必要となることを提起する。

　「第2章　社会的視点の欠落」では、第1章で指摘した「社会的視点の欠落」について検討を行う。社会における企業の役割の変化を企業の社会的責任（CSR：Corporate Social Responsibility）の概念から吟味し、従業員の有する両面性（身内、ステークホルダー）を踏まえた人事管理を設計する意義を指摘する。「第3章　金銭的報酬と心理的報酬の偏重」では、従来の報酬制度の限界について検証を行う。19世紀後半から今日に至るまでの年功制、職能資格制度、成果主義の特徴を報酬管理の視点から明らかにし、従来の報酬体系の分解・再編から帰結する社会的報酬概念を提起する。「第4章　男性正社員に基軸を置いた管理構造」では、序章で指摘した「従業員の同質性を前提とした人事管理」について検証を行う。ダイバーシティ・マネジメントの概念を概観した上で、個人の内なる多様性としてのワーク・ライフ・バランスの重要性と多様な人材への対応が企業業績の面からも急務であることを指摘する。

ここまでの検討によって、ポスト成果主義と人材多様性に必要とされる新たな報酬がキャリア的報酬と時間的報酬からなる社会的報酬であることが明らかになり、「第5章 ケーススタディ――A社における人事改革」では、筆者が実際に2000年から6年間にわたって実務責任者として携わった企業事例を取り上げ、職能資格制度から成果主義への人事改革を行ったA社における経営戦略と人事管理の関係に注目し、社会的報酬に基づく人事管理の方向性を導く。続く第6章と第7章では、社会的報酬の具体的な内容を検討する。『第6章 第1の社会的報酬：「キャリア的報酬」』においては、従来の日本企業が行ってきた人事管理を事業規模拡大と男性正社員のニーズに即した"長期的な将来価値に基づく見なし型人事管理"と指摘し、プロフェッショナルに対応する人材価値型人事管理によってキャリア的報酬を提供すべきことを指摘する。さらに、『第7章 第2の社会的報酬：「時間的報酬」』では、働き方の変化を政府および企業におけるワーク・ライフ・バランス（WLB：仕事と生活の調和）施策の動向から吟味し、働くすべての人々が何らかの制約を抱えていることを明らかにした上で、多様な制約社員に対応するWLBマネジメントによって時間的報酬を提供すべきことを指摘する。

　以上の検証とモデル化を踏まえた本書の結論として、「終章 社会的報酬に基づく人事管理論の展開」では、①企業の社会合理性と従業員の両面性を重視する新たな報酬体系、②プロフェッショナルを公正に評価・処遇・育成する人材価値管理に基づくキャリア的報酬、③多様な働き方を許容するWLBマネジメントによる時間的報酬の必要性を主張する。なお、付録として筆者が2008年から2012年の5年間において公益財団法人日本生産性本部と共同で実施した、「生産性新聞　人事部門が抱える課題とその取り組み」のアンケート調査概要と分析結果をまとめた。本書のバックボーンとなっているのは、本調査をはじめとした様々なサーベイや企業事例に加え、実務家としての長年の経験に他ならない。

図表 0-1　ポスト成果主義と人材多様性に対応する「社会的報酬モデル」

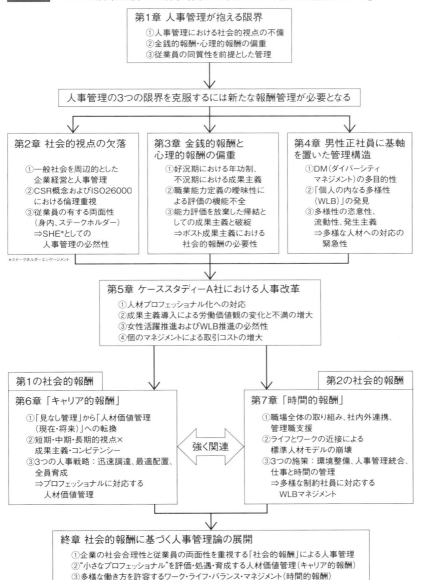

第1章

人事管理が抱える限界

　本章では、ポスト成果主義と人材多様性に対応するための新たな報酬概念を導くために、従来の人事管理における限界を明らかにする。そのアプローチとして人事管理の系譜を詳らかにし、第1節では、産業革命以降の人事管理の発生段階、第2節では、20世紀初頭の人事労務管理の形成過程とその課題、第3節では、1980年代以降の人的資源管理とその派生概念である戦略的人的資源管理の概要、第4節では、人事管理の人間観と報酬概念について検討を行い、以上の検討を踏まえて具体的な三つの限界を指摘する。

1 人事管理の発生

1-1 人事管理が意味すること

　人事管理とは、"企業・組織の目的を達成するために従業員の労働効率・意欲を継続的に高く維持し、向上させるための一連の制度・施策で、具体的には人員管理、採用、昇格・昇進、配置・異動、人事考課、賃金管理、教育訓練などがある。また、もっとも広い意味では、労使関係を中心とした労働条件を含む場合もある"と定義される[1]。しかし、「人事管理」の他にも略称としての「人事」、さらに「人事労務管理」(Personnel Management)、「人的資源管理」(Human Resource Management)、「人的資本」(Human Capital)、「人材マネジメント」、「戦略的人的資源管理」(Strategic Human Resource Management)といった類似の単語は多く、実務家や研究者においてもその使い方は様々である。

　人々が多数の用語によって、人事管理に関する細かな差異を区別していることは事実である。後述するように、働く人をあたかも愚鈍なロボットと見なすコントロール重視の「人事労務管理」と、同じく優秀なサイボーグと考えるコミットメント重視の「人的資源管理」の人間観は異なり、それぞれの用語が生まれた背景や労働に対するアプローチも同じではない。

1-2 組織、管理、時間の誕生

　人類は有史以来、協働に基づく集団生活を営んできた。その過程においては、地域や歴史段階による狩猟、農耕、牧畜、手工業・大規模工業、鉱業、商業、サービス業、公務等の生活手段の違い、さらに家族、民族、村落、地域自治体、都市、教会等の集団の存立基盤の違いはありながらも、ドイツの社会学者、フェルディナント・テンニース（Tönnies）が指摘するように、様々な集団はゲマインシャフト（共同体組織）とゲゼル

シャフト（機能体組織）の間を揺れ動きながら企業社会としての近代および現代を構成した[2]。ゲゼルシャフトにおいては組織自体に目的があり、その目的を実現させるために人材やその他の経営資源を集め、役割分担や指揮命令系統の整備を行う。従って、組織利益のためには構成員の犠牲が生じる場合もあり、目的が消滅すれば必然的に組織は解散することとなる。

代表的なゲゼルシャフトは営利法人、つまり企業である。ただし企業においてもゲマインシャフト的な要素を有しており、また、宗教団体などで多分にゲゼルシャフト化しているものも少なからず見受けられる。

経営学者であるチェスター・バーナード（Barnard）は、「共通の目的」「協働意志」「コミュニケーション」を組織の三要素と定義し、併せて組織の有する二面性も明らかにしている[3]。そして、組織を「意識的に調整された人間の活動や諸力のシステム」と定義し、組織の合理的側面である機能構造を、公式な職務遂行の仕組みや情報ルートといったものを指す「公式組織」とした。同時に組織の人間関係的側面にも着目し、この関係性が複雑に連鎖することで「非公式組織」が構成されるとした。

人的なネットワークである「非公式組織」は、共通の意図や目標が与えられることによって公式組織へと転化する。バーナードは「非公式な結合関係が公式組織に必ず先行する条件であることは明らかである。共通目的の受容、伝達、協働意欲のある心的な状態の達成、これらを可能ならしめるためには事前の接触と相互作用が必要である」と述べている。つまり、公式組織が形成されるためには、このような人的ネットワークである非公式組織の存在が必要である。

企業経営および人事管理の視点による機能体組織、あるいは公式組織の特徴は、人間がある目的達成のため作為的に形成した観念的・機械的組織体としての社会であり、個体性が根本をなすことによって、共同性が二次的な合成により付加される点である。

共同性は人々に外在するものとして人々の頭の中に表象され、次に個々人の活動を規制する制度的枠組み（人事管理）として、作為によって現実化される。その際に基本となるのはインパーソナルで打算的な人

間関係であり、孤立、利益的結合、合理的精神に基づく契約が重視されることとなる。テンニースは、こういった組織を作り上げる作為的・観念的共同体の源泉を、①大都市に代表される利益の相補性、②国民国家に代表される制御と規制の必要性、そして③コスモポリタン的な知識共同体における概念や知識の客観性としているが、この三つは人事管理におけるインセンティブ（報酬）、褒賞と懲罰によるコントロール（統制）、業務改善と組織変革によるナレッジ（知識）にそれぞれ相当している。

　作為的・観念的共同体、つまり企業に代表される機能体組織の源泉には、この報酬、統制、知識に加えて「時間」を加えることが可能である。近代・現代社会における不可逆で直線的な時間は、人事管理においては労働時間として金銭に代表される報酬を決定するための、直接的、間接的な媒介変数としての基盤をなしており、量による管理が行われてきた。社会学者の真木悠介（見田宗介）は、社会学における時間論の展開において、時間の特性を①質（共同性）と量（個体性）、②可逆性（自然性）と不可逆性（人間性）の2軸によって表現し、社会を4形態に分類した（図表1-1）。これは、時間を質と捉えて可逆とする反復的な時間に基づく「原始共同体」、時間を量と捉えて可逆とする円環的な時間に基づく「ヘレニズム社会」、時間を質と捉えて不可逆とする線分的な時間に基づく「ヘ

図表1-1　社会と時間の関係

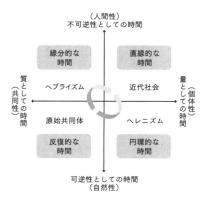

出所：真木悠介『時間の比較社会学』（1981）p.195 を基に筆者作成

ブライズム社会」、そして時間を量と捉えて不可逆とする直線的な時間とする「近代社会」としたものである。

　等質的な量としての時間が客体化されるのは、諸共同態(ゲマインシャフト)内部の質的な共時性をたがいに外的に通約することを必要たらしめるような、集合態(ゲゼルシャフト)的な関係の存在においてであった[4]。
　すなわち、あるがままに存在するものとしての〈自然性〉に対して、自立的に超越するものとしての〈人間性〉を対置する文化こそが、不可逆性としての時間の観念を切実にレアルなものとする。また同様に、〈共同態(ゲマインシャフト)〉の生きられる共時性の外部に、自立する〈個体性〉相互のあいだの集合態(ゼゼルシャフト)的な連関―客観化された相互依存の体系を展開する世界こそが、数量性としての時間の観念を実体化する[5]。

　つまり、近代社会における組織と管理の誕生に伴い、自然性から超越した人間性の自立と共同体からの疎外を旨とする抽象的な時間概念が、はじめて成立したと考えることができる。それ以来、時間は人々にとって不可逆で直線的なアプリオリ（先験的な根拠）として意味を持ち始め、結果的に労働は時間の尺度によって測定と評価の対象となった。しかし人事管理において、この事実はほとんど意識されていない。労働時間を単に金銭的報酬の提供根拠と見なすパラダイム（考え方・枠組み）においては、後述するワーク・ライフ・バランスの概念を絡め取ることも従業員における生活や時間に対する価値観の変化に対応することも困難である。

2 人事労務管理の概要

2-1 科学的管理法の誕生

　人事管理に関する理論が誕生する起点は産業革命であり、その開始を1760年代の英国とすると、約250年に連なる人事管理の歴史が目前に連なる。しかし、雇用、解雇、賃金を中心とした課題個別的な人事管理から包括的な人事労務管理へと歩を進めるまで、つまり体系的な人事管理を必要としなかった家内制手工業、問屋制家内工業から本格的な工場制機械工業へと移行する20世紀初頭までには、約150年の歳月が費やされている。この間に産業は大きく発展し、農林水産業や鉱業を中心とした第一次産業の社会から、製造業による第二次産業への進展によって近代化は完成をみることになる。

　人事管理論は、賃金のみのために働くとされた労働者に対し、物理的な労働環境に注目する時間と動作の分析によって、科学的管理（Scientific Management）を行うフレデリック・テイラー（Taylor）によるテイラリズム（テイラー・システム）と呼ばれる管理手法により幕を開けた。これが「人事労務管理論」の誕生とされる。当時の米国の経営および労使関係には複数の課題が存在した。工場経営者は、経験や習慣などに基づいた対処的な経営を行うことが一般的であり、統一的で一貫した管理がなされていなかった[6]。

　また生産現場では、内部請負制が非効率な生産や組織的怠業などの問題を引き起こしていた[7]。つまり、労働者側は賃金や管理面において、経営者側は生産が適正に行われているかという面で、相互に不信感を抱いている状況であった。テイラーは、管理についての客観的な基準を作る事によって、課題の克服を通じた労使協調体制を構築し、その結果として生産性の向上と労働者の、賃金の上昇に繋がると考えた。

　テイラーの主張した科学的管理法の原理は、①課業管理、②作業の標

準化、③作業管理に最適な組織形態の三つである。課業管理においては、課業（task）の概念がテイラー・システムの中核を成している。その原理は、①課業の設定、②諸条件と用具等の標準化、③成功報酬、④不成功減収、⑤最高難易度の課業であった。「課業の設定」とは、1日のノルマとなる仕事量の設定であり、作業研究に基づいて設定される。「諸条件と用具等の標準化」とは、使用する工具や手順などの諸条件を標準化することであり、熟練工も未熟練工も関係なく同条件で働かせるようにすることを目的として、最善の作業方法の確立と、労働者全員の習得によって作業能率を向上させようとした。「成功報酬」と「不成功減収」は、単純出来高制賃金システムを改良したもの（差別的出来高払い制）で、ノルマを達成した場合は単位あたりの賃金を割り増しして支払い、未達成の場合は単位あたりの賃金を割引くものである。「最高難易度の課業」は課業を優秀な工具の仕事量に基づいて決めることであり、今日の目標管理制度やコンピテンシー概念の底流をなしている。

　科学的管理法の成立により、生産現場に管理（および人事管理）の概念が確立した事は最大の業績であり、現代の経営管理論や生産管理論の源流となっている。また、内部請負制度と徒弟制度を解体したことによって、労働力の使用権が経営者に移行したこと、および計画と執行の分離が行われたことは、産業の近代化の基礎となった。科学的管理法において、経営者は報酬制度によって、「組織の期待する行動を労働者から引き出すことを期待」し、一方で労働者も組織が期待する行動、つまり、「働くことによって望む報酬が手に入ると期待する」と考える。この双方の期待（心理的契約）に基づいた行動によって、人事管理が合理性をもつようになると考えられた。実際にこのような人事管理は、20世紀初頭に自動車会社のフォードの製造工場で行われ（フォーディズム[8]）、作業の合理化と生産性の向上を達成した。こうした科学的管理法の完成よって、人事管理は「人事労務管理」（Personnel Management）として体系化されるに至った。

2-2　科学的管理法の課題

　こうした科学的管理法の前提となっていたのが、人は経済合理性に基づき個人主義的に行動するとした経済学者、アダム・スミス（Adam Smith）による「経済人[9]モデル」である。しかし、このモデルは人間の功利的側面をあまりに強調するため、実際の経営活動への適用が困難な場合があると考えられるようになった。たとえば差別的出来高払い制は、生産性の長期的な向上に悪影響を与える場合がある。割増賃金によって労働者は作業に習熟し、生産性を上げる工夫をしようとするインセンティブが働き、短期的には生産性が向上する。しかし、常に目標以上の結果を出すことにより、割増賃金が恒常化して人件費が割高になる。すると経営者は、時間あたりの賃金を下げる、割増賃金を廃止する、もしくは目標を引き上げざるをえなくなる。その結果、労働者にとって労働が強化されても賃金が上がらないことになり、作業の習熟と生産性を上げる工夫をしようとする動機づけは有効とならない。

　理論上は、割増賃金と生産量の最適化を求めることは可能である。しかし、その場合には労働者は習熟によっていかに能力が向上しても、与えられた目標を少しだけ超えるような働き方を行うことによって、能力の出し惜しみをするようになる。さらに、技術革新による効率的な生産システムを導入する場合、労働者は一時的な生産性の低下を回避すべく、こうした技術革新に抵抗するようになり、企業自体の競争力を弱めることも考えられる。

　次に、戦略遂行の立場から組織をみると、たとえ組織構造が適切であっても、戦略の実行が必ずしも成功するとは限らない。人は組織構造だけでなく、人材、組織文化、評価・報酬制度といった人間の行動に影響を与える様々な要素を総合的に活用する人事管理によって動き、そこで初めて戦略は効果的に実行される。また人事管理においては、人々の「協働の意志」は不可欠である。「協働の意志」とは、場合によっては個人の行動の自由を放棄してでも組織目的に貢献する意志であり、組織目的の達成のために期待される役割を果たす意志でもある。この意志が人事

管理の効率性をもたらすものであり、組織からの誘因が貢献に伴う犠牲や苦痛を超えている場合に発生すると考えられる。人を経済合理性から費用（コスト）と捉え、あたかも利己的で怠業を厭わぬ"わがままで愚鈍なロボット"と見なすような科学的管理法においては、「協働の意志」を明快に説明することは困難であった。

科学的管理法に代表される人事労務管理の概念は、このような数々の課題を抱えることが明らかとなり、次に述べる人間関係論および新人間関係論といった、組織心理学の知見と経済学における人的資本の概念などによって大幅な修正が施され、人的資源管理へと歩を進めることとなる。

3 人的資源管理の概要

3-1 人間関係論および新人間関係論

1920年代において、ハーバード大学の心理学者であるエルトン・メイヨー（Mayo）[10]やフリッツ・レスリスバーガー（Roethlisberger）[11]らによって、米国シカゴ郊外のウエスタン・エレクトリック社の工場で行われたホーソン実験においては、科学的管理法による物理的な環境条件よりも、労働者の心理的・情緒的な要因が生産性に影響を与えることが報告された。職場集団の中にインフォーマルに形成された「人間関係」が生産性の向上に大きな影響を与えるとする当実験以降、心理学の視点から人間に対する洞察が蓄積され、テイラーとは異なる人間像に基づく「人間関係論」の理論が形成された。さらに人間関係論は、心理学者のアブラハム・マズロー（Maslow）[12]、経営学者のクリス・アージリス（Argyris）[13]、心理学者のダグラス・マクレガー（McGregor）、フレデリック・ハーズバーグ（Herzberg）らによって「新人間関係論」へと発展した。両者の違いは、人間関係論は社会的動機に着目し、従業員相互の人間関係

の良し悪しが生産性に影響すると考え、新人間関係論は自己実現動機に着目し、従業員個々の自己実現欲求満足度の高低が生産性に影響すると考えるものである。

マクレガー[14]は、テイラー的な人間観をX理論と呼び、これに対して自発性や目的達成に対する意欲などを重視した人間観をY理論とし、X理論に基づく命令や統制による人事管理ではない、Y理論による人事管理の有効性を主張した。マクレガーの人間観は、テイラーが考える経済人や自らの利益のために怠業を選ぶ者としてではなく、様々な欲求が仕事を通じて充足されることを求める人間とするものである。マクレガーの理論によって「仕事への動機づけ（ワーク・モチベーション）」が重視されることとなり、従業員の欲求を満足させること（職務満足）によって生産性が高まり、組織の効率性も高まると考えられるようになった。

そこでハーズバーグ[15]は、職務満足は自分で行っている職務そのものに関連する要因によってもたらされるが、職務不満足は職務を遂行する条件や環境に関連する要因によるとする二要因理論を見出した。動機づけは、仕事において自らの能力を発揮したいという自己実現の要求を満たすことによってなされると考え、これを「動機づけ要因」と呼んだ。一方で、賃金や作業環境などは、職務不満足を予防するための環境要因とし、これを「衛生要因」と呼んだ。

このように、科学的管理法に基づく人事労務管理の考え方は、組織心理学における人間関係論および新人間関係論の知見によって、20世紀前半に大きく揺れ動いていった。さらにQWL[16]（Quality of Working Life：労働生活の質）やTQC（Total Quality Control：全社的品質管理）の概念、また知識（knowledge）を重視して、従業員を投資（教育と訓練）の対象と見なす経済学による人的資本[17]（Human Capital）の概念も合流していくこととなった。欧米の人事管理の領域では、"Personnel Administration/Personnel Management"（人事労務管理）の用語が使用されてきたが、1960年代以降は"Human Resource Management（HRM）"（人的資源管理）の用語が現れ始め、とりわけ1980年代以降は、後者の用語が一般的に用いられるようになってきている。この人的資源管理という用語の普及に

ついては、1960年代以降の雇用をめぐる諸環境の変化に伴って、人事の専門家の役割が増大したこと、さらに戦略的経営の出現と人的資源の戦略への統合化の必要性によることなどが指摘されている[18]。またゲスト（Guest）によれば、人的資源管理（HRM）は、広範に用いられてはいるが、非常に漠然としか定義されていない用語であるとしながらも、人事労務管理から人的資源管理への用語変更の背後には、暗黙のうちに人的資源管理が人事労務管理よりも「より良い」ものであるという認識が存在していると指摘している[19]。「人的資源管理」が「人事労務管理」と比較して、「より良い」ものとして認識されるようになった理由は、第2次大戦後の米国企業を取り巻くマクロ的・ミクロ的な諸問題に対して、「人的資源管理」は従来の「人事労務管理」における管理施策を発展させ、業績の向上により企業経営に積極的に貢献すると同時に、従業員の高度化（高次化）した期待・欲求を充足することが可能な管理法とする考え方が有力である[20]。

3-2　人的資源管理の一般的構成

　ここで、人的資源管理の具体的な内容と一般的なモデルを確認する。人的資源管理論に関しては多くの文献が存在するが、ここでは人的資源管理論の発祥である欧米、中でも英国の大学・大学院において定評あるテキストとして知られている、ジョン・ブラットン（Bratton）とジェフリー・ゴールド（Gold）による『人的資源管理 理論と実践 第3版』を取り上げる。同書の目次は図表1-2となっている。

　代表的な人的資源管理モデルとしては、Fombrun、Tichy & Devanna（1984）によるミシガン・モデル（図表1-3）が知られている。これは採用、評価、育成、報酬の四つの主要な人事構成要素とそれらの相互関連と一貫性を強調するものであり、これら四つの人事活動によって組織成果の向上が目指されることを示すシンプルなモデルである。これに続くBeerら（1984）によるハーバード・モデルは、状況要因や様々なステークホルダーの利害も視野に入れ、短期的な成果に加えて組織の長期的な

図表 1-2 『人的資源管理 理論と実践 第3版』目次

第1部　人的資源管理の論点
　　第1章　人的資源管理の特性
　　第2章　戦略的人的資源管理

第2部　人的資源管理のコンテキスト
　　第3章　人的資源管理のコンテキスト
　　第4章　労働と作業組織
　　第5章　衛生と安全

第3部　人的資源管理の諸施策
　　第6章　人的資源計画
　　第7章　募集と選考
　　第8章　評価と実績管理
　　第9章　報酬管理
　　第10章　人的資源開発
　　第11章　従業員関係
　　第12章　組合―経営関係

第4部　評価コンテキスト
　　第13章　人的資源管理の評価
　　第14章　結論　人的資源管理の将来

出所：ブラットン、ゴールド『人的資源管理 第3版』(2009) p.xi より転載

図表 1-3 人的資源管理のミシガン・モデル

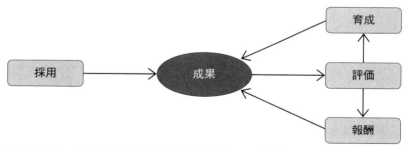

出所：ブラットン、ゴールド『人的資源管理 第3版』(2009) p.32 より転載

図表1-4 人的資源管理のハーバード・モデル

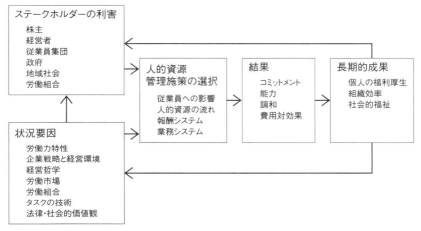

出所：ブラットン、ゴールド『人的資源管理 第3版』(2009) p.33 より転載

成果を目指した枠組みとなっており（図表1-4）、現在の人的資源管理論のメインフレームである。

　他にもゲスト・モデル[21]、ウォーリック・モデル[22]、ストーレイ・モデル[23]といった代表的なモデルがある。モデルの変遷に伴って状況要因は外部環境と内部環境との相互作用へと考察が深まり、そのことによって人事労務管理との差異は明確となり、人的資源管理における組織戦略との整合性を強調するものとなっている。

3-3　戦略的人的資源管理

　次に、人事管理と組織戦略の適合性を強調する「戦略的人的資源管理（SHRM：Strategic Human Resource Management）」について触れておきたい。戦略とは、一般的には"業績目標を達成するための組織の上層部によって企てられた意思決定と行動の特定パターン"とされる。Hill & Jones（2001）は、戦略を"会社がよりよい業績を達成するための行動"と定義し、そのためのマネジメントである戦略マネジメントについてWheelen & Hunger（1995）は、"会社の長期業績を決定する経営者によ

る意思決定と行動のセット"と述べている。

　戦略的人的資源管理論は、企業の内部要因（あるいは内部環境）を持続的競争優位の源泉とする資源ベース視点の戦略論[24]（RBV：Resource-based-view）の影響を受けて、米国で発展した。内部要因とは、企業の内部に蓄積されている特有の資源のことであり、企業が統制しているあらゆる資源、能力、組織特性、知識、およびそれらの組み合せを意味する。これら特殊資源の模倣が困難であれば、競合企業はその資源を獲得できず、模倣が困難であることによって企業の競争優位は持続する。中でも人材の労働意欲を引き出しながら、①能率を高め（作業能率促進機能）、②経営目標との一体化を図り（統合機能）、③経営環境や組織構造の変化への柔軟な対応を準備する（変化適応機能）という三つの機能をもつ人的資源管理のシステムは、業績管理や品質管理、あるいは製品開発や運営システムなど企業内部の様々なシステムと深く関わっているために、不可視性が高く模倣が難しい。

　このように、人的資源管理を競争優位の資源として注目する戦略的人的資源管理について須田敏子（2010）は、①高業績を生み出す人事管理は普遍的なものであるとする「ベストプラクティス・アプローチ」、②戦略のタイプに応じて有効な人事管理は異なるとする「コンティンジェンシー・アプローチ」、③戦略と人事管理の適合性と人事管理における施策間の一貫性の両者を含めた「コンフィギュレーショナル・アプローチ」に分類した。ブラットンら（2009）は人的資源管理の戦略として、組織の収益性に焦点を与えた"統制ベースモデル"、企業を諸資源の集合体と認識する"資源ベースモデル"、両者の統合である"統合モデル"を比較し、戦略的人的資源管理を新たな人事管理の枠組みとするのではなく、あくまでも"人的資源管理への戦略によるアプローチ"という見方をしている。

4 人事管理における人間観と報酬概念

4-1 人事管理における人間観の変遷

　人事労務管理および科学的管理法における人間観は、経済人モデルであった。人間関係論に基づく人的資源管理の根底にあるのが「社会人モデル」であり、人間は協働する仲間との同調を求めて利他主義的に行動するとの考え方に基づく。社会人モデルにおいては、人間は経済的報酬に対する欲求のみならず、グループに属する欲求を強く持つと考え、人間関係がモチベーションに重要な影響を与え、仲間集団の規範に規制されるとする。つまり、経済人モデルの経済的利己主義とは反対に、所属集団への帰属意識、集団メンバーとの感情的一体化をもって協働の契機とし、これこそが組織効率を高めるとする。

　Schein（1966）は、個人のもつ帰属感や一体感といった感情が重要であり、上司は部下のそうした感情を理解することが重要であると考え、マズロー、マクレガー、アージリスらの新人間関係論による高次欲求に基づく人間観を「自己実現人モデル」とした。このように、組織と管理の発展を経済人モデル、社会人モデル、自己実現人モデルという人間観の違いによって整理したScheinが提唱した新たなモデルが「複雑人モデル」である。Scheinは人間を、①合理性・経済性を前提とする人（経済人モデル）、②社会性を前提とする人（社会人モデル）、③自己実現を前提とする人（自己実現人モデル）、④複合的前提の人（複雑人モデル）、の4種に分け、人は①～③のように割り切れるほど単純な存在ではなく、実際には様々な欲求や時々の状況によって動かされるとし、人は皆が④の複合的前提の人間であるとした[25]。複雑人モデルについて金井らは以下のように述べている。

管理職になって、自分以外のひとに動いてもらわないと仕事にならない、つまりひとを扱うこと自体が仕事の重要な部分となってくるころには、「十人十色であることをしっかり認識すべきだ」というのが、複雑人モデルのエッセンスだ。異なるモデルは、異なる時代精神、時代の課題を反映しているが、人間関係論の時代になっても、経済的報酬のインセンティブにより強く動かされるひとがいるし、自己実現という言葉がよく聞かれるようになったからといって、管理職のひとが、部下の自己実現のために働いていると思ったら、間違いだ。外発的な報酬が大事なひともいれば、職場の雰囲気、人間関係が大事だというひともいるし、また、仕事を通じて自分の可能性をフルに開花させ自己実現していきたいというひともいる。（中略）第4の複雑人モデルは、その意味では、そこまでの3つのモデルと違って、メタモデルと言ってよい。どの個別の人間モデルに注目するにせよ、基本姿勢としては、ひとがなにに動機づけられるのかというのは、複雑なことだと認識する必要がある[26]。

4-2　人事管理における報酬概念

　社会人モデルおよび自己実現人モデル（さらに自律人モデル）は、人間は経済的報酬だけではなく、グループに属したいという欲求を強くもつという考えから、人間関係がモラール（士気）に重要な影響を与え、仲間集団の規範に規制されると考える。そして、人間は組織の中において、人間関係について様々な欲求や感情を持ち、それが組織での行動と関わり合うものであるとする。人間について功利的側面の他に、心理的、感情的側面に着目したことで、これらのモデルは経済人モデルを補完するものであり、人的資源管理の構築において、労働安全衛生の概念、目標管理に基づく評価制度、報酬制度における表彰制度などの心理的報酬の導入、人材育成の重視といった側面が補完され、管理の基盤は人事労務管理におけるコントロール（統制）から、職務、業績、組織へのコミットメント（約束と関与）へと移行した。
　ここで、人間観と人事管理の対応における課題を指摘する。一つは社

会人モデルが人的資源管理に反映されているとした場合の「社会」という概念の誤謬である。人間関係論が明らかにした人間関係の重要性は、あくまでも職場における上司・同僚・部下および他部署との間に限定されるものであり、ゲゼルシャフト（機能体組織）である企業内における社会性を意味する。つまり企業を社会として捉えたのが社会人モデルであり、労働者の生活の基盤である家族、村落、地域自治体、都市といったゲマインシャフト（共同体組織）が意味する一般的概念としての「社会」は本来意図していない。さらには国や地球全体といった、巨視的な「社会」に至っては対象外である。その意味で「社会人モデル」とは、会社を社会と見なし、その場における人間関係を重視する「会社人モデル」と言うことも可能である。

たしかに、賃金制度における家族手当、休業制度における病気休業、あるいは各種福利厚生制度に見られるように、社会とは人事管理においては少なからず対象となっており[27]、労働組合活動における重要な根拠の一つでもあった[28]。しかし、働く人々の合理性と利己性を利用・統制しながら、献身性と利他性を引き出そうとする人的資源管理において、「社会」との関わりは経営および人事管理上で曖昧な位置づけを強いられた、あるいは従業員や労働組合と利害が対立する領域とされたと見なすことが可能である。しかし、労働条件の維持・改善を目的とし、政治運動又は社会運動を目的とするものは法の保護対象外とされる労働組合において、人事管理における社会性をことさら強調することは困難であろう。

そしてこの点はもう一つの課題とも関連する。Sheinの提唱した複雑人モデルは、労働者は十人十色であり、様々な欲求や時々の状況によって動かされるとするものであるが、欲求や状況の突き動かす要因は職場内の状況のみに起因するものではない。自らの健康状態、家族の状況、地域における役割などの会社とは離れた「社会」こそ、人間を「複雑人」たらしめているのである。そして、人々の社会における活動を許容するためには、仕事以外の「時間」の提供が必要となる。人事管理が複雑人モデルに対応したものであるためには、個人、家族、地域、国、世界と

いった「社会」の概念を取り入れ、報酬もその視点から「時間」の概念を取り入れて再構築することが必要となる。

　換言すれば、複雑人モデルは「労働者の多様性」を前提とした新たな報酬概念に基づく人事管理を希求することとなる。複雑人モデルは「社会」を背景にする労働者を前提とするが、「社会」の状況は労働者によって多様である。このことは、たとえば「日本人男性の正社員」とは異なる外国人、女性、非正規雇用者といった属性や帰属集団による違いに対応した人事管理の必要性のみならず、同じ日本人男性の正社員でも、健康状態、家族状況、地域生活の違いなどによる「社会」の状況が労働者によっても多様であることを意味する。複雑人モデルとは「労働者の多様性」を前提とした概念であるが、人事管理の歴史において、この点に関する対応は多くはなされていなかったのである。

第1章のまとめ —— 人事管理の三つの限界

　ここまで、現在の人事管理の理論的枠組みである人的資源管理論が様々な変遷を経た概念であることを見てきた。産業革命後の工場管理に端を発した人事労務管理は、従業員を集団として認識し、費用と統制を強調する概念であった。テイラーによる科学的管理法、フォードによる大量生産ラインを経て、人事労務管理論は完成段階へ至った。しかし、人間関係論および新人間関係論や、労働経済学による人的資本の概念を経て、人事労務管理論は人的資源管理論へと歩を進めた。つまり、従業員を集団として捉えると同時に一人の従業員として個のマネジメントと教育訓練の重要性を強調し、組織業績を向上させるための重要な経営資源と認識したのである。Storey（2001）は、「人的資源管理は1980年代に歴史的現象として現出した」と主張している。その後、人的資源管理は戦略的人的資源管理として組織戦略との結合性が強調され、今日に至っている。

　本章で明らかになった人的資源管理論の課題は三つある。第一に、戦略重視を謳う人的資源管理において社会視点が欠落、あるいは不十分な点である。企業はゲゼルシャフト（機能体組織）ではあるが、ゲマインシャフト（共同体組織）の一面も有し、公式組織であると同時に人的ネットワークに代表される非公式組織の名残も保持している。経済人モデルに基づく人事労務管理は、社会人モデル、自己実現人モデル、自律人モデル、および複雑人モデルによる人的資源管理へ発展したが、それは"企業という社会"を前提とした「会社人モデル」であり、一個人・家族・地域・国・世界と連なる本当の社会からは乖離した概念である。

　第二に、人的資源管理が扱う報酬が金銭的報酬と心理的報酬に限定されている点である。経済人モデルに基づく人事労務管理は金銭的報酬を重視する体系であり、社会人モデルや自己実現人モデルに基づく人的資源管理は金銭的報酬に加えて心理的報酬を重視するものである。しかし、

そこには複雑人モデルに必要とされる「時間」は含まれない。近代以降の社会において労働は時間によって測定され、対価が支払われることとなった。その意味では時間とは労働そのものであり、人々の報酬たり得ない。しかし、労働以外の生活時間を有するすべての人々にとって、時間とは自らの社会生活のために必要なものであり、社会生活に対する意識と重要性が増大するのであれば、労働とそれ以外の生活においてゼロサムを形成する貴重な財となる。

　第三に、人的資源管理の前提がフルタイム労働の男性正社員に基軸を置いた、均質的な管理構造を保持しており、労働者の多様性に対応できていない点である。守島基博（2010）は今後の人事管理の課題として、職場における人事管理のダイナミクスの重要性を強調し、その理由として、①実際の人事管理の大部分は職場で行われる、②成果主義の実践、ワーク・ライフ・バランスの推進、非正規人材の管理といった人事施策の成否は職場での制度運用に依存する、③観察と論理に基づく社会科学としての人事管理論が必要であると指摘する。これは、個のマネジメントを重視する人的資源管理において、管理現場である職場が機能していないことを意味するものであり、従来の均質的な集団に対する人事管理から人材多様性への脱却を警鐘している。

　以上から、「従来の人事管理の課題に対応するためには新たな報酬概念が必要である」ことが示唆される。これは本章において明らかにした従来の人事管理が抱える三つの課題から導かれるものであり、最終的な仮説を構築するにあたって、次章以降でさらなる検討を行う。第2章では、「社会的視点の欠落」を企業における社会性概念の推移によって、第3章では「金銭的報酬と心理的報酬の偏重」を日本企業の人事管理の変遷によって、そして第4章では「男性正社員に基軸を置いた管理構造」をダイバーシティ・マネジメントの概念を用いてそれぞれ明らかにしていく。

1　日本経団連出版編『人事・労務用語辞典　第7版』日本経団連出版、2011年、p.217。
2　Ferdinand Tönnies（杉之原寿一訳）『ゲマインシャフトとゲゼルシャフト－純粋社会学の基本概念〈上〉』岩波書店、1957年、pp.23-45。
3　Chester Irving Barnard（山本安次郎訳）『経営者の役割　新約版』ダイヤモンド社、1968年、pp.58-72。
4　真木悠介『時間の社会比較学』岩波書店、1981年、p.194。
5　真木悠介『時間の社会比較学』岩波書店、1981年、pp.194-195。
6　当時は生産量に基づく単純出来高制賃金が一般的であったが、生産量が増えると経営側が単位あたりの賃金を切り下げる例も多くあった。
7　内部請負制は、親方・熟練工が経営者から仕事を請け負い、親方は自分の裁量で徒弟・未熟練工達に仕事を割り振るなどして生産を管理する制度であったため、経営者は生産現場の管理監督を行うことができなかった。
8　Fordism：米国のフォード・モーターが科学的管理法を応用して開発した生産システムであり、初の量産型自動車であるモデルTの成功を受けて普及した。その中心はベルトコンベアによる生産能率決定の仕組みであり、製品の単純化、部品の標準化などが特徴である。生産高に比例して賃金が上昇する生産性インデックス賃金が取り入れられたことで、労働者の士気と購買力も上昇したことから、フォーディズムは米国における戦後の高度経済成長においても重要な役割を果たしたとされる。
9　homo economicus：アダム・スミスが考え出した経済人とは、ベンサムの功利主義の思想を経由し、さらにはジェヴォンズらの影響をうけて、「物欲の充足を利己的に追求する人間」という考え方を生み出した。経済人モデルでは、「所与の欲望体系のもとで満足もしくは効用を最大にするよう行為する」場合を合理的とする。
10　George Elton Mayo：産業技術の発展がかえって人間の協働意欲を阻害し、社会は解体の危機に瀕しているという危機感から、技術の進歩に応じた社会的技能の開発と教育を主張した。ホーソン実験に途中から関与し、その結果からテイラーらによる科学的管理法を批判し、組織における人間的側面の重要性を強調する人間関係論を展開した。
11　Fritz Jules Roethlisberger：メイヨーとともにホーソン実験に参加。当時の人事管理の課題として、①監督者と労働者の意思疎通、②工場内における処遇等の均衡維持、③新たな技術や環境への適応を挙げた。
12　Abraham Harold Maslow：欲求段階説（欲求階層説あるいは自己実現理論）を提唱し、人間の欲求を①生理的欲求、②安全の欲求、③所属と愛の欲求、④承認（尊重）の欲求、⑤自己実現の欲求の5段階に分類し、重要性に従ってそれらが階層構造をなしているとした。人は低次元の欲求が満たされることによって高次の欲求を満たすべく行動するという同理論によると、人事労務管理は生理的欲求と安全の欲求といった低次欲求の充足をその目的としており、レスリスバーガーが指摘する問題点と符合する。
13　Chris Argyris：マズローの欲求段階説に基づき、人間は成熟の程度に応じて成長の方向に向かって自らの欲求を表明し、労働の過程において自己実現を目指す「自己実現人」であると仮定し、組織における人間行動の説明を試みた。
14　Douglas Murray McGregor：マズローの欲求段階説を基に、低次元の欲求が満たされている人に対してはX理論による経営手法の効果は期待できず、低次元の欲求が満たされている1960年代においてはY理論に基づいた経営方法が望ましいことを主張した。

15　Frederick Herzberg：1959年にピッツバーグ心理学研究所と行った約200人のエンジニアと経理担当事務員に対する調査における分析結果から二要因理論を導いた。

16　広義のQWLとしては、①安全・衛生などの物理的作業条件の改善、②賃金・労働条件・諸手当などの雇用条件に関する団体交渉の保障、③病気・失業からの保護、④社会生活における労働者の人格の保護、⑤有意義で満足な労働や参加の促進などが挙げられる。

17　資本とは投資によってその価値を増大させることのできる財貨であり、この考え方を投資対象としての人間に適用したものが人的資本の概念である。この考え方の起源はアダム・スミスによるとされ、Jacob Mincer、Theodore William Schultz、Gary Stanley Becker等の経済学者は、スミスのアイデアを「人的資本」という概念で再定義し、分析上有益なツールとして発展させた。その過程で賃金や所得水準と教育や訓練との関係が明らかになり、人的資本概念の有用性は揺るぎないものとなった。

18　Daniel A. Wren, The Evolution of Management Thought, 4 th ed., John Wiley & Sons, Inc., 1994, pp.376-377.

19　David E. Guest, Human Resource Management and Industrial Relations, Journal of Management Studies, 24(5)：1987, pp. 503.

20　谷本啓「人的資源管理生成の背景に関する一考察――第2次大戦後のアメリカ連邦政府による政策の影響を中心に」『同志社商学』第53巻 第5・6号（2002年）、pp.140-142。

21　Guest（1987）前掲書、pp. 503-521。総合的な人事諸施策の総体が個人と組織の卓越した成果を達成するという視点を反映したモデル。人的資源管理の特徴を、①人的資源と戦略マネジメントとの結合、②組織目的に向けたコミットメント行動の要求、③個人に焦点を当てた全体的統合、④有機的組織における有効性、⑤人的資源の積極的活用とした。

22　Hendry, C. & Pettigrew, A. Human resource management：an agenda for the 1990s. International Journal of Human Resource Management, 1(1)：1990, pp.17-44. ハーバード・モデルの分析的側面に注目しながら、環境による影響をより重視し、外部環境（広範囲の環境）と内部環境（文化、構造、施策、リーダーシップ等）の関係を明示した。

23　Storey, J., Developments in the Management of Human Resources. Oxford：Basil Blackwell, 1992. 人事労務管理と人的資源管理の対比を思想・前提、戦略的側面、ラインの管理、主要な手段、4つの構成要素から分析を行い、人的資源管理を信頼とコミットメントを増大させる試みとし、ライン・マネジャーの重要性を強調した。

24　企業の競争優位の持続性がいかにして確保されるのかを解明する戦略論研究におけるアプローチ。Rumelt（1984）、Wernerfelt（1984）、Barney（1986）らの研究を源流とする。企業特殊的資源を企業レベルの競争優位の源泉として強調し、高いパフォーマンスを実現する企業は、その企業に特殊な資源や競合他社とは異質な資源を保有することによって経済的レントを獲得することができると主張する。

25　Scheinが整理した4つの人間観に加えて、人は自由意志をもち、自己の目的達成のために主体的に意思決定をし、行動する存在であるとする人間観も存在する。これは人を自律性・自由意志を持つ主体であるとする考え方であり、「自律人モデル」と呼ばれる。

26　金井壽宏他「リーダーシップの持（自）論アプローチーその理論的バックグラウンドと公表データからの持（自）論解読の試みー」『神戸大学ディスカッションペーパー』2007年12月、p.12。

27 特に日本企業における人事管理は属人面(社会生活面)を強調するものとされ、成果主義における各種手当や福利厚生制度の一元化・撤廃による負の影響が指摘された。
28 安定した組合員数、一定の収入、選出されたリーダーに基づく今日的な労働組合の結成は英国における1851年の「合同機械工組合」に遡る。その目的は、日本の労働組合法第2条にあるように、「労働条件の維持・改善、その他経済的地位の向上を図ること」である。

第2章

社会的視点の欠落

　第1章において人事管理の発展形態である今日の人的資源管理論における三つの課題を指摘した。それは、①人事管理における社会的視点の欠落、②金銭的報酬・心理的報酬の偏重、③従業員の同質性を前提とした管理であり、これらは人的資源管理に固有な「課題」と言うよりも、人事管理の歴史的な蓄積における構造的な「限界」でもある。本章では、一番目の限界に関わる人事管理と一般社会の不連続性について、企業の社会的責任（CSR）概念による検討を行い、第1節では、CSR概念の発生と推移、第2節では、企業の社会的責任と人事管理の関係性、第3節では、企業における従業員の位置づけ、第4節では、社会に対する人事情報開示の必要性を検討し、新たな人事管理に必要な第一の視点を明らかにする[29]。

1 企業の社会的責任(CSR)が意図するもの

1-1 企業の一般的概念

　まず企業とは何か。企業を定義するに際して、企業をその研究対象とした"経営学"あるいは"経営概念"の発展を紐解くことは有意義である。岡本康雄（1967）によれば、経営学が独自の社会科学たることを追究したコンラート・メレロヴィッツ（Mellerowicz）は、1929年に刊行された『企業の一般経営経済学』初版において、経営を「計画的、組織的な事業活動」「技術的なもの、技術的単位」と定義し、外部経済からの力、衝撃、方向を与えられることによって初めて現実的な存在になるとした。彼は企業を、経営の一定の歴史的な形態として理解し、その特徴を①私的な単独経営、②生産手段の私的所有、③完全な危険負担、④計算性、⑤最大の利潤への努力に求めた[30]。

　これらは今日においても企業の特徴として広く認識されている。たとえば一般的には、企業とは「生産・営利の目的で、生産要素を統合し、継続的に事業を経営すること。また、その経営の主体[31]」「ある特定の財・サービスの生産・供給を一義的な目的として設立された団体[32]」「利潤最大化を目的とする一つの経済主体[33]」などと定義される。ここで、従来における企業の定義を二つの点から批判する。一つは、これらの説明における働く人々の扱いが限定的ないしは周辺的な点である。企業とは社屋、工場、商品・サービス、資金、情報、技術などの様々な要素が有機的に結合した存在である。しかし、従業員が存在しない限りにおいては事業を行うことは不可能である。企業の要素を土地・資本・労働を意味する「生産要素」という言葉によって説明したとしても、労働と労働者は別であり、人々の姿はここに見出せない。当然ながら、人々が企業の付加価値の主体あるいは源泉であるとする視点も欠いている。換言す

れば、従来の企業論において、働く人々は経営の手段である生産要素、経営資源、あるいは人的資本として周辺的に扱われていたと解釈することができる。

　もう一つは、企業の定義において、社会、あるいは公益の文脈がほとんど立ち現れない点である。生産要素の統合や継続的な事業運営とは企業経営における便益であり、企業の目的については生産（供給）および営利の二つとされることが多い。しかし、商品やサービスの生産（供給）は企業の有する機能であり、目的とすることは不適切である。結果的に企業の目的として残るのは、営利（あるいは利潤最大化）となる。この点に関してメレロヴィッツは、前掲書において、経営の社会的諸関係に取り組む経営の努力、ないし経営政策を「社会的経営形成」と認識した。そして「社会的経営形成」によって真実の経営共同体を生み出し、併せて資本と労働の対立を克服することを意図し、社会志向的な新資本主義への変化を表現する概念と考えた。また丹下博文（2002）は、企業経営の「社会性」の概念について、既に1920年代より米国企業では、利益創出のみならず、社会のために奉仕する存在として位置づけられたことを提示している。後に見るCSR論の萌芽はここにあると言えるが、欧米の大企業を中心とする、現代企業が躍進する1960年代以降において、企業と社会との関係は、自明あるいは所与として扱われ、一部の研究者を除いては、企業の役割において、社会との関わりが強調されることは少なかった。社会との関連は、寄付などの慈善活動や不祥事が発生した際の対応に集約されるものであったと言うことが可能である。

1-2　企業の社会性概念の推移

　「社会的経営」あるいは「企業の社会性」については、1920年代より検討が加えられており、それ以降も企業のあるべき姿とその制度的な側面に関して、時代的な背景を踏まえて発展してきている。本節では、企業の社会的責任という概念が成立した経緯とその変遷を松本潔（2007）の類型に従って概観し、1970年代までの企業の社会的責任論の概念的な枠組みを明らかにしていく。

まず、企業の社会的責任という概念は、オリバー・シェルドン（Sheldon, 1924）による『経営のフィロソフィ』において発表された。彼は、企業が社会の必要とする製品やサービスを安価かつ大量に提供し、社会福祉に寄与することを目指して生産能率を高めることを強調した。さらに、企業内部において、生産に従事する労働者（従業員）に対する人間性の理解と、彼らの能力発揮の場や機会の創出を目指した人事管理の必要性にも触れている。奇しくも1924年とは、メイヨーらによるホーソン工場の実験が開始された年である。さらにシェルドンは、「すべての経営者は、労働者が単に企業を構成する単位であるばかりでなく、個人であり市民であるという原理の認識にたつ権利の本質に関する意見を形成することが必要である[34]」と論じ、労働者の余暇活動の重要性にも触れ、それが人間の生活や社会に利益をもたらすものとして、今日におけるワーク・ライフ・バランスの重要性にも言及している。

　次に、企業の社会的責任論が一般的に浸透したのは、1950年代以降においてである。ジョージ・ゴイダー（Goyder、1951）は『私企業の将来』において、消費者問題や公害などの汚染に悩む地域社会の問題に焦点を合わせて、企業の社会的責任を論じている。彼はこの問題の根源として、企業の営利追求によって引き起こされる地域社会への無責任な態度と株主のみに対する企業責任のあり方を批判した。そして、企業とは株主だけを富ませるための私的な制度ではなく、そこに働く従業員、経営者、消費者、地方自治体、政府、組合役員がそれぞれの役割を演ずる共同企業（a joint enterprise）としての存在である点を問題提起した。その後、彼は1975年に著わした『企業と労働者の責任』において、株主と同様に労働者（従業員）を企業の一員として位置づけることを提示している。また、従業員が地域社会（市民）活動に積極的に参加することを奨励するために適当な休暇を与え、その休暇期間中は給料を支給すべきであると主張した。この考え方は、現代における従業員に対する地域社会活動支援策としてのボランティア休暇制度に通じている。さらに、企業の責任体制を構築する上で、消費者の利益に奉仕すべき点も論じている。このように、企業を取り巻くステークホルダーに労働者（従業員）、消費

者、さらには地域社会もその一員として検討の対象に加えることを示した。

　1960年代において、リチャード・イールズ（Eells）は『ビジネスの未来像』を著し、伝統的企業の社会的責任の特徴が株主中心であり、債権者、従業員、顧客、その他に対する責任が第二義的になっているとし、公共の福祉を増進するという目的を含んでいない点を指摘した。また彼は、「社会的責任の理論は、企業実践、ことに企業寄付、良好な地域社会との関係、従業員の福利厚生計画、工場の安全計画、「人間関係」に対する経営技術の新しい強調、教育機関や公共奉仕に対する人材の提供、「企業の良心」の育成などとの関連で考察されている[35]」として、株主以外の他のステークホルダーとの関係性を重視し、伝統的企業による社会的責任の議論において、企業は誰に対して責任を有しているのか、また、このような責任が実際にどのように遂行されるのかについて、明確に規定していない点を批判的に指摘した。

　次にマレル・ヘルド（Heald、1970）は、『企業の社会的責任―企業とコミュニティ、1900～1960までの歴史―』において、企業と地域コミュニティ（地域社会）との関係に焦点を合わせて論じている。彼は、企業が地域コミュニティに対して社会的責任を踏まえた慈善事業を行ってきたことは、既に19世紀において展開されてきたものである点を指摘した。すなわち、19世紀におけるニューヨークのR・H・メーシー社などの慈善事業[36]の活動事例を通じて、企業が有意義な地域コミュニティ事業のための経済的な支援として、寄付等の金銭的な支出を行った記録を紹介している。そして、このような企業と地域コミュニティとの関係についてマイケル・ノートン（Norton、1987）は、「19世紀には欠いていたが、20世紀には持たねばならなかったのは、理論的根拠―ビジネスとコミュニティの関係の概念―であり、そこでは、社会的責任は個人の良心や関心のみに負わせるものとしてではなく、同時に企業のもつ資源にも課せられる責任としてはっきりと認められていた[37]」ことを確認し、両者の積極的な関係づくりのための概念構築の必要性を提示した。

　以上のように、英米の研究者による企業の社会的責任における概念の

変遷から、これらを二つの枠組みに類型化することができる[38]。一つは企業を取り巻くステークホルダーとの良好な関係づくりを目指す概念として、誰に対する企業の社会的責任なのかという領域明確化の議論であり、ステークホルダーに対する社会的責任の明確化を図るものである。もう一つは、企業が関係する不特定多数のステークホルダーに対して事業活動の成果をいかに評価し、評価や実態についてコミュニケーション活動を通じて伝達するかという企業の社会的責任行動の概念である。この点については、パブリック・リレーションズ[39]やコミュニティ・リレーションズ[40]として、企業を取り巻くステークホルダーに対するコーポレート・コミュニケーション[41]構築の概念を提示するものとして理解される。

　人事管理の視点においては、前者の枠組みがより重要である。すなわち、従業員を株主、顧客、地域社会などと同列のステークホルダーと見なし、従業員に対する企業の社会的責任を明確化することの必然性を示唆する。このように考えれば、人事管理とは従業員に対する社会的責任を果たすための一連の施策、あるいは手法と位置づけることが可能となる。同様に後者の枠組みも軽視することはできない。"事業活動の成果を評価する"とは業績管理を意味しており、業績管理の基本単位を従業員への役割と目標の付与とするならば、異動・配置および人事評価を公正に行い、その結果を本人へ適切に開示することも企業の社会的責任行動と理解することができる。しかし、この段階では企業が従業員に対して、具体的に「何を」「どうすること」が社会的責任を果たすことになるのかは明確ではなかった。

1-3　CSR論への発展

　ここまで見てきた企業の社会的責任に関する概念の変遷を踏まえ、1970年代から1980年代において、「企業の社会貢献」という議論が盛んに行われるようになった。このことは、企業フィランソロピーや企業メセナ等の活動に代表されるものとして理解された。活動の根底に存在する概念は「企業市民（corporate citizenship：コーポレート・シチズンシップ）」

の考え方であり、社会や地域に対して積極的な社会貢献活動や文化・芸術等の支援活動を展開することとして理解された。企業の社会貢献活動においては、地域社会との交流を通じた共生を図るため、そこに働く従業員は積極的に地域社会に参加することが望まれる。ここでは、真に社会に開かれた存在（オープン・システム）としての企業や自立した個人（従業員）のあり方が問われている。

　1980年代以降においては、組織の内外環境との適合性や社会との関係性に焦点を当てた、課題解決に関する様々な議論と検討が重ねられた。議論の中心は「コーポレート・ガバナンス（企業統治）」の概念と、その解釈であり、その基本的な考え方は「企業は一体誰のものなのか」という問いに集約される。代表的なこれまでの議論としては、欧米型の株主（投資家）というシェアホルダー重視のタイプと、日本型の従業員重視のタイプが挙げられる。しかし、近年においては企業を取り巻く多様なステークホルダーを前提とする捉え方に変わりつつある。その概念の中核に位置づけられるのが、企業における様々な「ステークホルダー（利害関係集団）」との良好な関係づくりを重視する考えである。すなわち、企業の周辺に存在するステークホルダーとの社会的な関係性や、連携・協働などのつながりを重視し、企業がそのような行動に努めることにおいて、企業の「社会性」、ひいては「企業の社会的責任」という議論が行われることを意味する。

　角和宏（2011）によると、個人主義の国とされる米国では、先にも見たように、企業収益と社会貢献のバランスに関する論争が繰り返された。たとえば、ミルトン・フリードマン（Friedman, 1970）による「企業はもっぱら経済的責任たる利潤の追求だけを求めればよい」という考え方と、キース・デービス（Davis, 1960）の唱えた「企業は利益のみを追求すべきではなく、社会の一要素としての役割を担うのが当然」とする考え方の葛藤がこれに該当する。米国においては、戦争への対応や寄付金控除が企業のCSR活動に大きな影響を与え、その後、1990年代においてサステナビリティ（持続可能性）[42]の概念が自然環境面だけでなく、社会面やステークホルダーとの関係面に拡張して普及し、さらにCSRへの取

り組みによって成長するビジネスモデル[43]の興隆を経て今日に至っている。

　一方、欧州では「ノブレス・オブリジェ[44]（noblesse oblige）」と呼ばれる経済騎士道[45]（economic chivalry）精神に基づく奉仕・自己犠牲の思想、および産業革命による劣悪な環境下での長時間労働によって生じた労働者救済運動がCSRの原点とされている。また、CSRの発展においては、拡大EUへのプロセスが大きく貢献した。2000年3月の欧州理事会リスボン会合においては、拡大EUに向けた構造的失業、地域格差、情報産業の発達に対応するための来る10年に向けた、新戦略目標が設定された。そして、欧州を持続的な経済発展を達成し得る、世界で最も競争力が高く、かつ力強い知識集約型の経済にするための手法として、生涯学習、機会均等、社会的連帯、持続可能な発展等に関する企業の社会的責任が言及された。その後、欧州委員会による「グリーンペーパー：企業の社会的責任のための欧州枠組みの推進」（2001年7月）、「企業の社会的責任：持続可能な発展に向けた産業の貢献」（2002年7月）が報告され、2004年の欧州マルチステークホルダー・フォーラム[46]によってCSRの定義がなされるに至った。

　このように、企業の社会的責任に関する概念は、現代企業におけるステークホルダーとの関係性を重視するとともに、それらとの関係を積極的に構築していこうとする点が諸学説において確認されてきた。このような企業のステークホルダーとの「社会性」を帯びた行動について、企業の社会的責任論の概念的な拡大がみられるようになったと言うことができる。すなわち、企業はステークホルダーとの良好な関係づくりを積極的に行い[47]、それらに対して責任ある企業行動が常識として求められるようになってきたわけであり、このようなコーポレート・ガバナンスの視点から、企業を取り巻くステークホルダーを広範囲に考慮した概念を「企業の社会的責任（CSR：Corporate Social Responsibility）」とする議論が今日においても盛んに行われている。その後、CSRの標準化を模索した国際標準化機構（ISO）は、対象が企業（corporate）に限らないという見地から、社会的責任（social responsibility、略称：SR）の呼称で国際規格 ISO 26000 を策定した（2010年11月発行）。ISO 26000 は日本語に翻

訳され、JIS Z 26000「社会的責任に関する手引」として制定された（2012年3月制定）。こうして今日における企業は、単に営利的な存在ではなく、社会的存在あるいは社会機関として位置づけられることとなった。

2 企業の社会的責任と人事管理の関係性

　前節において、企業の社会的責任（CSR）の概念とその推移を見た。企業の社会的責任に関する理論が人事管理に与える示唆は、次の三点である。まず一つ目は、「CSRの倫理的側面に関与する人事管理の重要性」である。これは従来の人事管理が企業の倫理性にいかなる影響を与え、どのような課題が存在するかを検証する必要性であり、コンプライアンス[48]の面から人事管理を分析する視点の重要性を意味する。二つ目は、「企業が従業員をステークホルダーと認識したとする疑義性」である。CSRにおいて、従業員は株主や顧客と同列のステークホルダーとされるが、後述するように、従業員を「家族」や「身内」として株主・顧客とは次元の異なる対象、あるいは企業内部の当事者と位置づけた日本的経営において、この点に疑義を抱かざるを得ない。三つ目は、「コーポレート・コミュニケーションとしての人事情報開示の有効性」である。企業における人事情報を社会、あるいは様々なステークホルダーに対して開示する意義を明らかにすることが必要である。これらに関して、順に検討を行うこととし、まずは経営学ならびにマネジメント論における人事管理の位置づけを確認する。

2-1　経営学ディシプリンにおける人事管理

　ここでは入山章栄（2012）の類型に従って、今日の経営学[49]における研究アプローチによって導かれる人間観と社会観を明らかにする。経営学は主に三つの理論ディシプリンから構成されている。一つ目の経済学

に基礎を置く「経済学ディシプリン」は、産業組織論や組織の経済学を基盤とし、人間の合理的な選択を重視するアプローチである。ポーターの戦略理論やウィリアムソンの取引費用理論がこれにあたり、従業員は経済人として合理的な行動を行うとされる。ここに社会の概念が入り込む余地はほとんどなく、従業員は個人ではなく集団として認識されることから、人事労務管理論の根拠と考えることができる。

　二つ目は、認知心理学に基礎を置く「認知心理学ディシプリン」である。古典的な経済学が想定するほどには、従業員は情報を処理する能力はなく、そのことが組織行動にも影響をおよぼすとする。サイモンやマーチによる経営行動論や意思決定論が代表的であり、従業員の個人としての側面と、集団としてのダイナミズムの両面に着目するものである。従業員を個人として認識し、人間関係に基づく職場を社会と捉えるこのアプローチは、人的資源管理論の基盤と考えてよい。

　最後の三つ目は、社会学の考え方を応用する「社会学ディシプリン」である。人と人、あるいは組織と組織がどのように社会的に相互作用するかという社会学の知見を反映するものであり、社会的ネットワーク理論[50]やソーシャル・キャピタル理論[51]がよく知られている。このアプローチは、従業員や組織の持つ社会的なネットワークの構造や質を、社会的な経営資源として検討するものであり、人事労務管理や人的資源管理とは異なる新たな人事管理の姿を示唆する重要性を有している。しかしながら、個人を匿名の点（あるいはノード）と捉え、そのつながり（あるいはタイ）の質と量の展開にのみ注目する方法には限界があることも事実である。たとえばソーシャル・キャピタル理論では、ネットワークを社会資本と捉えて、その蓄積を積極的に評価するが、従業員の基盤を仮に企業外の家庭や地域に置いた場合には、その流動的な社交関係を説明することはできない。ネットワークを経営資源と認識すると同時に、従業員にとって必要な「報酬」とする新たな視点が必要となる。

2-2　マネジメント論における人事管理

　経営学のディシプリンに続き、マネジメント論のアプローチにおいて

従業員がどのように位置づけられているかを見る。Watson（1986）の研究によると、マネジメントの機能に関しては、①科学的視座、②政治的視座、③統制的視座、④実践的視座、の四つの理論的視座に大別することができる。

　管理過程学派の祖であるアンリ・ファヨール（Fayol、1949）に代表されるマネジメントを科学と見なす立場は、計画（**P**lanning）と組織化（**O**rganizing）から指揮（**D**irecting）・統制（**C**ontrolling）に至るまでの「伝統的PODC」の一連の諸活動を識別し、理想的なマネジメント（あるいは人事管理）とは組織目標を実現するために合理的に設計された実用的な手段と考える。科学的管理法ならびに人事労務管理は科学としての人事管理手法に他ならない。

　次に、政治としてマネジメントを解釈するSalaman（1979）らは、職場とは目的をもった小さな社会であり、そこでは権力や影響力といった政治が人事管理にも行き渡ると説明する。この視座では、企業や職場を動的な場と捉え、構成員である従業員が協力関係やネットワークを構築することの重要性を説明することが可能となる。ここには、人間関係論・新人間関係論が強調した"職場という社会"を見て取ることができる。

　さらに、マネジメントを統制主体として概念化したハリー・ブレイヴァマン（Braverman、1974）らの労働過程学派は、マネジメントが企業の利潤追求に寄与するための手段であることを強調する。工場生産の能率を最優先した人事労務管理および経営戦略と人事管理の結合を重視する戦略的人的資源管理の視座は正にここにある。

　最後に、実践としてのマネジメントを強調する視点によると、複雑な企業内の諸活動を継続的に改善することを目指す活動が人事管理ということになる。Reed（1989）は、マネジメントはまさに科学の側面を持つと同時に政治的過程でもあり、さらに統制的機能をも有しているために前述の三つの視座が限界を有するものであると主張している。マネジャーは組織構成員を統制し、かつコミットメントを確保するための様々な手法を講ずると考えるものであり、現在の人的資源管理論は、この実践的視座を強調するものである。しかし、ここにも一般社会へのまなざし

を見て取ることはできない。

このように、従来の経営学のディシプリンとマネジメント論の視座では、いずれも従業員と社会との関わりを明らかにすることは困難であった。そのことを可能にするためには、マネジメントの視座に、新たに「倫理」を加えることが有効である。今日において企業は、従来の経営学やマネジメントのアプローチでは説明できない、新たな人事課題に遭遇している。たとえば、ダイバーシティ・マネジメント（多様な人材の管理）というテーマにおいて、年齢、性別、国籍、雇用形態、障害の有無といった様々な属性を有する従業員をマネジメントする際には、経済合理性を重視する科学や統制のアプローチでは説明が困難である。属性によって社員を細かく区分して個別の人事管理を行うことは、取引コストの増大につながり、生産性を絶対的な基準とすれば、障がい者を雇用する利点は存在しない。また、権力や影響力といったパワー（政治）を行使するマネジャーの管理対象は、正社員の部下のみならず、雇用形態や時間制約の異なる非正規労働者にも及んでいる。継続的な改善（実践）を職場で行う際にも、従来のように理屈（科学）、権力（政治）、強制（統制）だけでは労働価値観の異なる人々には通用しなくなっている。今日の職場は、かつてのような同質的で閉じた組織ではない。その際の人事管理には、「倫理」という新たな視点が必要となる。

2-3　人事管理における倫理の役割

企業を社会機関とする考え方は、既にISO26000として、国際社会におけるデファクト・スタンダード（市場における事実上の標準）となっている。様々な国際標準の策定を行っている国際標準化機構（ISO）では、組織の社会的責任についての国際標準規格であるISO26000（社会的責任に関する規格）を作成し、2010年11月に発行された。規格の策定に関しては、通常の倍に当たる6年の歳月をかけ、99カ国と42の国際機関によって検討が行われたことからも、国々や組織間の調整に苦労したことがうかがえる。ISO26000においては、企業以外のすべての組織も対象とすることから、従来のCSRという概念からC（Corporate：企業）をあえて

削除し、"SR"（社会的責任）としている。

　ISO26000では社会的責任を「組織の決定および活動が社会および環境におよぼす影響に関して、次のような透明かつ倫理的な行動を通じて組織が行う責任」と定義し、その行動を以下の通りとしている[52]。

　①健康かつ社会の繁栄を含む持続可能な発展に貢献するもの
　②ステークホルダーの期待に配慮するもの
　③関係法令を順守し、国際行動規範と整合しているもの
　④その組織全体に統合され、その組織の関係の中で実践されるもの

　ISO26000の特徴は企業のみならず、公的機関、非営利組織、自治体などのすべての組織（責任・権威および関係の取り決め、ならびに明確な目的をもった人々の事業体またはグループおよび機関）を対象としたことに加えて、従来のISO9000シリーズ（品質マネジメントシステム）やISO14000シリーズ（環境マネジメントシステム）とは異なり、第3者認証ではなく、あくまでもガイドラインとした点である。ISO26000は自主的な手引き（ガイドライン）であり、要求事項を含む認定に用いるためのものではないが、企業を含むあらゆる組織がそれぞれの特徴に合わせて必要な部分を活用することを促している。今後、あらゆる組織が社会的責任を実践していく上で、グローバルな共通テキストとして、多くのヒントを与えるものとして期待されている（図表2-1）。

　先に述べたようにISO26000による社会的責任（SR）とは、「透明かつ倫理的な行動を通じて組織が行う責任」である。それでは、倫理とは何か。倫理とは倫の理が原義であり、「同類の仲間における筋道や道理」あるいは「共同体としてのある社会が求める論理[53]」と一般に解釈される。この場合の共同体とは、一般社会から閉じた存在ではなく、オープン・システムとしての組織を意味している。あるいは、倫理とは人として守り行うべき道であり、単なる思想ではなく、行動面も重視される概念がうかがえる。和辻哲郎（1938）は、倫理を道徳の起源・発達・本質・

図表2-1 ISO26000 における「社会的責任に関する 7 つの原則」

①説明責任	組織の活動により外部に与える影響を説明する
②透明性	組織の意思決定や活動の透明性を保つ
③倫理的な行動	公平性や誠実であることなど倫理観に基づいて行動する
④ステークホルダーの利害の尊重	様々なステークホルダーの利害を尊重して対応する
⑤法の支配の尊重	各国の法令を尊重し遵守する
⑥国際行動規範の尊重	法律だけでなく、国際的にも通用している規範を尊重する
⑦人権の尊重	重要かつ普遍的である人権を尊重する

出所：ISO/SR 国内委員会『ISO26000:2010 社会的責任に関する手引』(2011) pp.57-63 を基に筆者作成

規範についての体系としながらも、人々の行動を規制し拘束するものとなりかねないことから、規範としてではなく、現実の風俗・習慣の中から問題を捉え直す必要性を論じている。そして、何を徳とし、義とするかについては、文化、社会、時代によって多様な基準が存在し、そうした中から共通の基準をどこまで設定できるかは人類にとって大きな課題であると主張した。

　CSRの本質を倫理と捉えるのであれば、「仲間あるいは共同体」とは、従業員を含めたすべてのステークホルダー、あるいは開放系として関わる一般社会がその対象範囲となる。さらに「求められる道筋、道理、論理」とは、「ステークホルダーからの期待」に他ならない。コンプライアンスの原語である"compliance"とは、「(期待に) 応えること」を意味しており、法律を守ることを期待されるという「法令順守」のみならず、その上位概念としての「倫理法令順守」も意味する。さらには、期待の主体をステークホルダーと捉えれば、「ステークホルダーとの対話を通じて期待を把握し、その期待に応えようとする一連のプロセス」というCSRの定義[54]と一致する。企業における倫理とは（広義の）コンプ

ライアンスのことであり、CSRそのものでもある。

　以下では、倫理と人事管理との関係を四つの点から明らかにする。一つ目は、そもそも職業人としての必要条件が倫理にあった点である。企業の求める人材像とされる「プロフェッショナル」の語源はprofess（宣誓する）であり、ギリシャ神話の医神アポロンやアスクレピオスに対し、医師たちがその職業倫理を誓った「ヒポクラテスの誓い」に由来する。つまり職業人の前提は倫理にあり、従業員に求められることが倫理であるならば、職業上あるいは社内の倫理規定（行動規範）を順守させることが不可欠であり、併せて一般社会における倫理（社会人あるいは人間としてマナーやルール）も重要となる。

　二つ目は、多様な人材を管理するためには倫理の視点が有効となることである。たとえば、場合によっては健常者よりも生産性の低くなることもある障がい者の雇用、従来は定年において雇用契約を終了させることができた高齢者の継続雇用、価値観が異なり意思疎通に時間や手間のかかる外国人の雇用、今までは統計的差別[55]によって投資を回避してきた女性社員の活躍推進、労働者の4割弱を占めるに至った非正規労働者の均等処遇、こういった人事課題は経済合理性だけでは解決できない[56]。企業における多様な人材の受容と活躍を促進し、従業員の家庭や地域社会における活動を中心とする個人の事情を許容、あるいは支援するためには倫理の視点が必要となる。

　三つ目は、企業の不祥事を防止するためには、経営者や上位の管理者のみならず、すべての従業員に対する倫理教育が欠かせない点である。そのためには、企業の社会的責任を推進する当事者である従業員が、従来のような企業の経済的側面のみを重視する「会社人間」から、企業やビジネスの原罪を直視し、環境的側面や社会的側面をも配慮する「社会人間」へと脱却することが望まれる。このことは、企業不祥事を未然に防止するために重要な施策となる。コンプライアンスの実現には、制度によるアプローチ（ハード面）、運用によるアプローチ（ソフト面）、意識・風土によるアプローチ（ハート面）の三つを総合的に行うことが有効であるが、意識および風土とは従業員一人ひとりの倫理観に基づくもので

あり、CSRの実現における従業員の役割は重要である。

　最後に、人事管理における公正（フェアネス）の重要性である。CSRの枠組みにおいて人事管理を行う視点には、成果の追求、公正の実現、福祉の供給、成長機会の提供などがあるが、中でも重視されるべきは、公正（フェアネス）の実現である。取引の公正やコンプライアンスは、ビジネスにおいて当然としても、従業員の採用、処遇、報酬に関しても公正を旨としなくてはならない。本来フェアネスとは個人のみにではなく、制度・構造・社会にこそ求められるべきものである。米国の哲学者、ジョン・ロールズ（Rawls、1971）による「公正とは社会的制度における第一の徳目」を企業に適用するならば、フェアネスは従業員に先んじて、組織にこそ求められ、人事管理においては、分配的公正と手続き的公正が重要となる。手続き的公正とは、制度や仕組みの一貫性、偏りのなさ、運用の正確さ、倫理性、信頼性を指し、具体的には従業員への情報開示および説明責任を意味する。たとえば賃金決定や役割の付与に関しては、貢献度に応じた分配が不可欠であり、一貫性や偏りのなさが運用に求められる。そして、そのことが誰に対しても開示されねばならない。次章で見るように、2000年以降に多くの企業に導入された成果主義に関しては、多くの批判があるが、運用にあたっての手続き的公正が徹底されなかったことが批判の大半である。

3　ステークホルダーとしての従業員

3-1　日本的経営における従業員観

　ステークホルダーとは企業を取り巻く利害関係者であり、一つの企業において幾十、幾百と列挙することも可能である。これはステークホルダーの集合体が社会であることに起因しており、実際に企業がCSRを推

進する際には、ステークホルダーを特定して、利害と法的権利に留意しながら、影響度の大きさによって優先順位をつけて対応することになる[57]。企業が優先するステークホルダーとしては、①株主・出資者、②従業員、③顧客、④ビジネス・パートナー（取引先など）、⑤地域社会（および自然環境）などが一般的である[58]。

　CSRにおいて、従業員は重要なステークホルダーと位置づけられるが、果たして企業はこのことを正しく認識しているであろうか。多くの経営者は従業員重視の経営を標榜し、働く人々を貴重な資本、資源、財産（人財）、あるいは家族とする発言[59]を社内外で行っている。しかし、業績の向上は、常に企業にとって最優先課題であり、顧客からの過度な要望に対しても、従業員が時間と労力を費やして対応することは日常である。従業員重視の意識は偽りではないが、その背後に株主や顧客は重要な"ステークホルダー"であり、従業員はそれらに劣後する"身内（家族）"とする発想が存在する。身内とは、経営者の甘えがきく、後回しにできる存在である。従業員を株主や顧客と同列のステークホルダーと認識するならば、たとえば顧客の無理難題に対して、昼夜を問わずに対応せよとはならない。職場の全員で対応策を話し合うことに始まり、交代制やアウトソーシングを検討し、顧客に代替案を提案するなどといった知恵が生まれるはずである。また、業績不振時における安易なリストラへの対応も然りである。株主、顧客、従業員が同列のステークホルダーであるならば、期待や利害が一致しないことは起こりうるはずであり、それらの利害を調整するプロセスが生じることは当然である。

　企業において従業員を身内と考えるか、ステークホルダーと考えるかによって、人事管理のアプローチは異なる。従業員とは、無理をさせることができる身内と考えるならば、営業担当社員が家族の介護のために短時間勤務を申し出た場合、会社としては担当顧客を重視するがゆえに、通常勤務が継続できるような指示やアドバイスを与えることが基本的なスタンスになる。やむを得ない場合には本人の希望をかなえるが、上司の意識下においては、「あまり無理ができない部下であり、今後も手加減が必要である」となり、本人に対する評価は下がることはあっても上

がることはない。あるいは、社員がそもそもそういったことが言いだせないケースが多数である。

　しかし、従業員を顧客と対等なステークホルダーと見なすのであれば、本人の短時間勤務を前提として、職場のチーム編成や全員の役割分担を見直すことになる。「お互いさま」と思って進んで協力しあう同僚の存在、ここが腕の見せ所とマネジメントに磨きをかける上司の存在、そして顧客と社員の利害が必ずしも一致しないことを認識する経営者の存在によって、その組織は従業員を会社と対等な存在として緊張感をもって接することが可能になる。従業員をステークホルダーであると認識するのであれば、人事管理の起点は、従業員が会社にもつ期待を探ることから始めなくてはならない。顧客に対する顧客満足度（CS：Customer Satisfaction）調査と同様に、従業員に対しても社員満足度（ES：Employee Satisfaction）調査や社員意識調査（モラールサーベイ）を実施し、従業員の期待とともに、不満や不安を吸い上げることが必要となる。さらに、従業員の期待に応えなかった場合に、どのようなリスクが発生するかを想定することも重要である。優秀な人材の流出、採用における失敗、士気の低下、コンプライアンス上の問題など、多くのリスクが想定される。

　産業革命以降の人事労務管理は、従業員を"愚鈍なロボット"として認識したというメタファーが可能である。一方で、人的資源管理は彼らを"優秀なサイボーグ"として期待することによって進化した。しかし、それでも、企業において最も重要な相手が株主と顧客であることには変わりがない。身内という言葉で温情をかけながらも劣後させるのではなく、従業員を株主、顧客、他のステークホルダーと同列に扱うことは、企業が社会的責任を果たす上での前提条件である。さらに経営者の役割とは、ステークホルダー間の利害調整であると言うことができる。ISO26000では、「組織の決定に関する基本情報を提供する目的で、組織と一人以上のステークホルダーとの間に対話の機会を作り出すために試みられる活動」のことを「ステークホルダーエンゲージメント（stakeholder engagement）」と定義する[60]。このように考えると、人事管

理とは、従業員に対するステークホルダーエンゲージメントに他ならない。企業経営における従業員とは、「身内（家族）」という内部当事者の側面と「ステークホルダー」という外部関係者の側面との両面性を有する存在である。そうであれば、人事管理も従来のように人材を資源や資本とする内部当事者への対応のみならず、外部関係者に対応するステークホルダーエンゲージメントとしての視点を持つこと、つまり従業員の両面性に着目した人事管理の再編が必要となる。

3-2　モラールサーベイの意義

「モラールサーベイ」とは、組織・職場管理に対する従業員の態度や満足度、問題意識などを調査するための方法を総称する言葉であり、一般的には、管理監督者の態度面や、仕事の環境面、人事評価や異動などの定量化しにくい人事管理面を中心に、アンケート方式で調査を実施するものである。モラールサーベイを行う主な目的は、人事管理の問題点を見出し、職場や諸制度の改善に活かしていくことにある。また、何らかの経営政策を施行した場合、その効果を客観的に把握し、軌道修正に役立てる狙いから実施される場合もある。他にも、従業員が日頃感じている問題意識や、不満を吐き出すことによるカタルシス（浄化する）効果や、従業員の経営参画意識を促す効果も期待できる。日本では、昭和30年に日本労務研究会が「NRK方式モラールサーベイ」を開発したことがその始まりとされる。その後、厚生労働省方式、労働科学研究所方式、世論科学協会など、各機関や企業が独自の方式で実施している。なお、モラールサーベイは他にも「社員満足度調査」「社員意識調査」「従業員アンケート」など様々な呼び方がある。

モラールサーベイの実施にあたっては、以下の点が重要である[61]。第一に、企業や組織の業績を上げるためのマネジメント（PDCA）ツールの一つであると認識することである。モラールサーベイとその結果は、スピードメーターやタコメーターのような計器類、あるいは人間ドックにおける肝機能や尿酸値といった数値のようなものであり、調査結果の数字に一喜一憂するのではなく、良ければそれをいかに維持し、悪けれ

ばいかに改善するかを議論し、施策の立案や実施につなげていく役割を担う。従って、モラールサーベイを定期的に行い、施策の有効性や定着度合いを継続的に検証していくことが重要である。

　第二に、調査を行う主体を経営者とする点である。人事部や総務部といった部署が具体的な実施を担ったとしても、調査の目的と改善への熱意を経営者自らが語りかけることによって初めて、従業員は会社を信頼して本音を答えることができる。このことは調査実施にとどまらず、結果のフィードバック、各種会議における調査結果の共有や言及の段階においても同様である。従業員が「人事部主導のいつもの調査」と思うか、「社員による経営に対する評価」と考えるかによって、モラールサーベイの効果には大きな違いが生ずる。

　最後に、モラールサーベイとは従業員を"会社の重要なステークホルダー"と位置づけ、彼ら、彼女らとの対話を行う貴重な手段であるという点である。それぞれのステークホルダーは企業にとって不可欠な存在であると同時に、企業に対して何らかの期待を抱いている。たとえば株主というステークホルダーは、株価の上昇と多くの配当を期待しており、このことは自明である。しかし、様々な従業員がどのような期待や不満を抱くかを知ることは容易ではない。モラールサーベイは、ステークホルダーである従業員が何を期待し、その期待にどれほど応えられているかを知るための重要な対話手段である。

4　社会的責任としての人事情報開示

4-1　一般社会に対する人事情報開示

　企業における情報開示は、既に企業の社会的責任の一つとなっており、大企業を中心に1000社以上の企業がCSR報告書もしくは社会・環境

報告書を発行している[62]。こうした報告書に記載されている人事関連の情報は多くても数ページ程度であり、1、2ページという企業が大半である。東洋経済新報社では、毎年全上場企業および主要未上場企業を対象に「CSR企業調査」を行っており、その結果が『CSR企業総覧』として出版されている。2013年度版では1128社が網羅されているが、主な掲載項目は、「1．CSR全般」「2．ガバナンス・法令遵守・内部統制」「3．雇用・人材活用」「4．消費者・取引先対応」「5．社会貢献」「6．企業と政治の関わり」「7．環境」「8．CSR＆財務評価（格付け）」となっている。

人事関連の「3．雇用・人材活用」を詳しく見ると（図表2-2）、「①基礎データ」では一般的な情報に加えて、中途採用人数、事由別離職者

図表 2-2 「CSR企業総覧 2013」雇用・人材活用に関する掲載項目

基礎データ	従業員数、平均年齢、勤続年数、平均年間給与、臨時雇用者数、外国人従業者数、連結従業員数、年齢別社員数、新卒・中途採用人数、離職者数、新卒入社者の定着状況
多様な人材活用	多様な人材の管理職比率等の現状・目標、多様な人材登用推進の専任部署、退職した社員の再雇用制度、高齢者対象の再雇用・定年延長制度、多様性推進のための基本理念、多様性尊重のための経営方針・トップコミットメント、多様性推進の中長期ビジョン、多様性推進の取り組み
人権・労働問題	人権尊重・差別禁止の方針、人権尊重・差別禁止などの取り組み、ILO中核的労働基準を尊重した経営、最近発生した労働問題・対応
障がい者雇用	雇用実人数、障がい者雇用率の目標、特例子会社、障がい者雇用の取り組み
人事・評価制度	能力・業績評価基準の公開、能力・評価結果の従業員本人への公開、従業員の満足度調査、海外等での人事・評価制度、海外での人事・評価制度例
ワーク・ライフ・バランス	産児・育児制度と取得状況・取り組み、3歳〜就学前の子を持つ社員の利用可能性度、看護・介護制度と取得状況、特筆すべき両立支援制度
賃金・休暇・諸制度	30歳平均賃金、残業時間・残業手当、有給休暇日数と取得状況、ボランティア休暇・休職制度と利用状況、勤務柔軟化への諸制度、インセンティブ向上への諸制度
労働安全衛生	生産部門等の有無、労働安全衛生マネジメントシステムの構築、労働安全衛生活動の取り組み、労働災害度数率、労働安全衛生・表彰歴

出所：東洋経済新報社『CSR企業総覧』（2012）を基に筆者作成

数、新卒社員の定着状況といった従来は開示されることの少なかった項目が含まれている。「②多様な人材活用」では、女性役職登用状況、推進専任部署の有無、高齢者対象の再雇用・定年延長制度、トップコミットメント、中長期ビジョンが掲載されている。「③人権・労働問題」では、方針・取り組みに加えて、ILO中核的労働基準、「④障がい者雇用」では実人数・雇用率、特例子会社の有無、「⑤人事・評価制度」では評価基準・結果の従業員への開示、従業員満足度調査、海外での制度、「⑥ワーク・ライフ・バランス」では、産児・育児制度の取得状況と取り組み、3歳から就学前の子を持つ社員の利用可能制度、看護・介護制度と取得状況、特筆すべき両立支援制度、「⑦賃金・休暇・諸制度」では、30歳平均賃金、残業時間・残業手当、有給休暇日数と取得状況、ボランティア休暇・休職制度と利用状況、勤務柔軟化への諸制度、インセンティブ向上への諸制度、「⑧労働安全衛生」では、労働安全衛生マネジメントシステムの構築、労働安全衛生活動の取り組み、労働災害度数率が開示されている。こういった情報の細かさは従来の有価証券報告書や四季報の比ではない。

　企業の社会的責任が問われる今日においては、企業はポジティブ情報のみならず、ネガティブ情報も開示することが求められており、その中でも人事情報は主要なデータと位置づけられる。そして、これらの情報を開示するためには、賃金データや社員数といった定量情報だけでなく、方針、施策、取り組みといった定性情報も組織として継続的に蓄積・管理していくことが必要となり、企業による改善と向上に向けた継続的な取り組みを、社会が監視する仕組みが構築されている。

　人事・給与データに関しては、大企業においてもシステマティックに管理されているとは限らない。有価証券報告書に記載する必要最低限のデータ以外は、担当者がエクセルなどの表計算ソフトで個人的に管理しており、会議などで必要なデータがリクエストされる都度、適宜加工して対応するケースが一般的である。その結果として、継続的な情報蓄積はなされず、統合的業務ソフトウエア（ERP：Enterprise Resource Planning）や人事システムにはあらゆる人事情報を取り込むことができ

るにも関わらず、給与・社会保険・勤怠のデータしか活用されていないケースが多い[63]。

なお、人事情報開示に関しては、自発的開示とするか強制的開示とするかについての議論が生じうる。現時点では立場を明らかにするものではないが、仮に強制的開示が必要とするならば、その必然性に関する検証が今後、必要となるだろう。

4-2　就職希望者に対する人事情報開示

人事情報に関しては、就職活動を行う大学生が個別企業に対して人事・給与データの公開を強く望んでいるという事実がある。従業員を単なる「身内」ではなく、顧客や株主と同列の「ステークホルダー」と見なすことが企業に求められていることを述べたが、さらに将来の従業員となりうる学生に対しても情報開示が必要となっている。このことは企業にとって重要であり、適切に人事情報を開示しない会社は優秀な学生を惹きつけることが困難となることを意味する。

就職活動を行う学生たちは、会社四季報や企業ホームページに掲載されている従業員数、平均年齢、初任給といった情報だけでは満足せず、就職四季報総合版、就職四季報女子版、さらには転職四季報といった媒体にまで目を通している。このことから、学生が就職活動における情報の非対称性に不満を持っていることが推測できる。2009年に筆者が産労総合研究所と行った大学4年生を対象とした調査[64]で、このことが実証された[65]。

①学生が入社にあたって特に重視する企業の人事施策は以下の通り。
・労働時間は適正な水準にあるか（38％）
・賃金や賞与は適正な水準にあるか（36％）
・福利厚生は充実しているか（36％）
・ワーク・ライフ・バランスは充実しているか（33％）
・社員の育成および研修内容が充実しているか（32％）
・配属（仕事）などで本人の希望を尊重しているか（30％）

②76％の学生が「人事施策や人事・給与データの公開が十分でない」と考えている。
③企業の人事施策や人事・給与データを「広く一般に公開すべき」と考える学生は51％、「入社希望者には事前に教えるべき」する学生は44％である。

　この結果から学生の本音としては、企業による詳細な人事施策や人事・給与データの公開を望んでいることがわかる。これに対して、「知りたければ面接の際に聞いてくれればよい」「入社前に賃金やワーク・ライフ・バランスを気にするような学生は不要だ」と憤慨する企業の反応も予想できるが、これを学生というステークホルダーの期待であると認識するのであれば、その期待に応えることは社会的責任となる。
　学生に人事情報を適切に開示することは、採用時点におけるミスマッチを軽減する方法としても有効である。これはRJP（Realistic Job Preview）と呼ばれる手法であり、「現実的な仕事情報の事前開示」、あるいは「本音採用」を意味する。会社や仕事に関する良い面だけではなく、悪い情報も含めて誠実に実態を応募者に伝えることにより、採用後の定着率を高めることが目的である。企業と学生は、双方ともに正確な情報を必要としているにも関わらず、互いの立場上から良い情報だけを相手に提供しようとし、それが採用のミスマッチを引き起こしている。RJPの一環としての人事情報開示はこのようなミスマッチを解消し、会社が個人を選択するという関係から、むしろ会社というコミュニティに参加しようとする応募者にリアルな情報を提供することで自己選択を促すものである。

第2章のまとめ ── 従業員の両面性に対応する人事管理へ

　本章では、従来の人事管理が抱える一つ目の限界である「人事管理における社会的視点の欠落」について、企業の社会的責任（CSR）概念を用いた検討を行い、今後の人事管理に必要な視点として、以下を明らかにした。

　第一に、従来における企業は、生産・供給機能による利潤の極大化を目的とするものであり、一般社会を周辺的、限定的に位置づけた経営を行ってきた。しかし、今日の企業は社会の外部から客観的に社会に対峙するのではなく、社会の内部において当事者、あるいは社会機関として社会を構成する認識の必然性を明らかにした。この点に関しては、企業の社会性概念や社会貢献概念が企業の社会的責任（CSR概念）へと発展し、さらに、ISO26000によって標準化されている。企業の社会性に関する考え方は、不祥事の発生を未然に防ぎ、社会に積極的に貢献すべく企業内外に働きかける制度的義務と責任を負うものへ結実したと考える。

　第二に、従来の経営学のディシプリンとマネジメントのアプローチにおいては、従業員と社会との関わりを明らかにすることが困難であった。人事労務管理および人的資源管理に不足していた社会との関わりを補足するためには、ネットワーク論やソーシャル・キャピタル理論といった社会学ディシプリンの活用が望まれること、また、マネジメントの視座に倫理を加える必要性とその根拠が、①職業倫理、②多様な人材の管理、③リスクマネジメント、④フェアネスにあることを明らかにした。

　第三に、企業における従業員とは「身内」としての性格と「ステークホルダー」としての性格との両面性を有する存在である。通説とは異なり、従来の企業経営においては従業員を「ステークホルダー」とは見なしてはおらず、株主や顧客に劣後する位置づけがなされていた。このことを「身内」という喩えを用いて明らかにし、社会的責任を果たすための様々なステークホルダーに対する人事情報開示の意義を明らかにした。

以上より、第1章において指摘した人的資源管理論の抱える第一の限界である「人事管理における社会的視点の欠落」を検討した。従来の人事管理とは企業と従業員の社会性を看過した「従業員を身内（内部当事者）とするアプローチ」によって構築されたものである。今後においてCSR概念やISO26000が要請する社会機関としての企業が、「従業員をステークホルダー（外部関係者）とするアプローチ」によって人事管理を行う際には異なる枠組みが必要となる。つまり、企業の利害関係者として外部に位置する従業員に対する「ステークホルダーエンゲージメント」としての人事管理、あるいは従業員の両面性に対応する人事管理が必然であることが本章の結論である。

29	本章は、拙稿「企業の社会的責任（CSR）としての人事管理論」『麗澤大学紀要 第98巻 2015年1月』を基に執筆したものである。
30	K. Mellerowicz, Allgemeine Betriebswirtschaftslehre der Unternehmung；1929.
31	新村出編『広辞苑 第六版』岩波書店、2008年。
32	土屋守章『現代経営学入門』新世社、1995年。
33	金森久雄他編『経済辞典 第5版』有斐閣、2013年。
34	Sheldon, O., The Philosophy of Management, 1924.（企業制度研究会訳『経営のフィロソフィ』雄松堂書店、1975年、p.79）
35	Eells, R., The Meaning of Modern Business, an introduction to the philosophy of large corporate enterprise, 1960.（企業制度研究会訳、『ビジネスの未来像－協和的企業の構想－』雄松堂書店、1974年、p.49）
36	百貨店を経営する米国メーシー社は1875年に地域へ孤児院を寄付し、1885年に「自由の女神」像の台座寄付運動に協力して女神像の複製を販売した。また1887年には1084ドルが会社の諸雑費として慈善事業に寄付されたが、1902年にあらゆる慈善活動は、ビジネスの目的とコミュニティへの寄付との混同が好ましくないとの理由によって中止された。
37	Norton, M., The Corporate Donor's Handbook, The Directory of Social Change, 1987.（四本健二監訳、『企業の社会貢献ハンドブック』株式会社トライ、1992年、p.10）
38	松本潔「企業の社会的責任に関する一考察－企業と非営利組織（NPO）との協働の方向性－」『産能短大紀要 No.40』2007年、pp.36-37。
39	Public Relations：個人ないし国家や企業その他の組織体で、持続的または長期的な視点から、自身に対して公的な信頼と理解を獲得しようとする活動のこと。宣伝活動または広報活動のことを指し、一般にピーアールと呼ばれる。
40	Community Relations：企業や行政が地域住民と良好な関係を築くために行う広報活動。
41	Corporate Communication：企業が公衆に企業の理念、活動内容、情報を伝達する活動。PR、広報、広告、IR、コミュニティ・リレーションズなどが含まれる。企業活動への支持・理解を得て、企業活動を円滑に推進する役割をもつ。
42	人間の活動が将来にわたって持続できるかを表す概念であり、「将来世代のニーズを損なうことなく、現代世代のニーズを満たす発展」と説明される。この概念は1987年に「ブルントラント報告」（国連 環境と開発に関する世界委員会）において提起された。
43	たとえば、The Body Shop や Ben & Jerry's ice cream など。
44	直訳すると「高貴さは（義務を）強制する」を意味し、一般的に財産、権力、社会的地位の保持には責任が伴うことを指す。
45	Marshall（1907）による概念であり、「資本企業者が経済活動において誇示の欲求を捨て、ひたすら優越への欲求に生きるような態度」を意味する。彼は、経済騎士道は経済の進歩にとって重要な役割を果たすものであると考えていた。
46	European Multi-stakeholder Forum（E.M.F.）：欧州委員会によって2002年10月に設置された機関。EU企業、労働組合、NGO、機関投資家、消費者等の利害関係者18団体によって構成され、CSRツールの透明性や統一性の促進、およびステークホルダー間の共通理解を目的とした。

47　実際には、ステークホルダー間で利害が一致する必然性は小さく、むしろ相反する場合が大きい。このようなステークホルダー間の利害調整こそ経営の機能であり、不断の利害調整プロセスを社会的責任の遂行と見なすことも可能である。

48　コンプライアンスについては、狭義、中義、広義の三つの解釈が存在する。狭義では「法令順守」、中義では「倫理法令順守」、そして広義では「社会的責任の遂行」とするものであり、本書においては原則として中義を指すこととする。

49　入山は経営学をマクロ分野とミクロ分野に分け、組織行動論や人事管理論をミクロ分野として別扱いにしている。ここでの「経営学」とは入山による「マクロ経営学」を指す。

50　「ノード（nodes）」と「タイ（ties）」という観点から社会的隣接性を考察する理論。ノードはネットワークに関わりを持つ個人を指し、タイは関係者間の結びつきを表す。

51　人々の協調行動が活発化することにより社会の効率性を高めることができるという考え方に基づき、社会の信頼関係、規範、ネットワークといった社会組織の重要性を説く概念。

52　ISO/SR国内委員会監修『日本語訳 ISO26000:2010 社会的責任に関する手引』日本規格協会、2011年、p.40。

53　新村出編『広辞苑　第六版』岩波書店、2008年。

54　日本経団連はCSRについて、「社会が企業に対して抱く、倫理的、法律的、商業的かつ公共的な期待に（企業それ自身が）応えるやり方、あるいはそれを上回るやり方で、事業を展開していくこと」と定義している。

55　女性の働く能力や意欲が男性と比べて劣っていなくても、企業が経済合理性を求めて行動すれば（統計的）結果として男女差別が生じるという理論。かつて1960年代の米国社会の黒人差別を説明する理論であった。

56　昨今の 障がい者や高齢者の雇用促進に関する相次ぐ法律改正や補助金の支給、および女性活躍推進に対する政府の強い方針表明は、これらの課題が公共の福祉と密接であることを意味している。

57　ISO/SR国内委員会監修、前掲書、p.62。

58　環境省『環境報告ガイドライン2007年版』では、①顧客（消費者を含む）、②株主、金融機関、投資家、③取引先（購入・調達の依頼先や発注の相手先等）、④従業員およびその家族、⑤学識経験者、環境NGO、消費者団体、⑥学生等、⑦地域住民、⑧行政、が挙げられており、多くの企業のCSRレポートでも①～④に自然環境を加えた記述が一般的である。

59　たとえば、出光興産の創業者である出光佐三による、「社員は家族だ。家計が苦しいからと家族を追い出すようなことができるか。会社を支えるのは人だ。これが唯一の資本であり今後の事業を作る。人を大切にせずして何をしようというのか」等。

60　ISO/SR国内委員会監修、前掲書、p.41。

61　拙稿「従業員満足度調査の設計と活用」『労政時報 3690号』2006年、pp.98-111。

62　上場企業を対象とした、環境省「環境にやさしい企業行動調査」によると、2008年に1160社がCSRに関する何らかの報告書を開示している。

63　拙稿「人事・給与データの管理はなぜ必要なのか！」『人事実務 1061号』2009年、pp.4-8。

64　2009年4月17日～4月20日に就職活動中の大学4年生100人（男性50人、女性50人）に対して、gooリサーチを利用したwebアンケート方式によって実施した。

65 拙稿「就職活動中の大学生100人は企業の人事・給与データの公開をどう考える！」『人事実務 1059号』、2009年、pp.44-48。

第3章

金銭的報酬と心理的報酬の偏重

　本章では、第1章で指摘した人的資源管理論における二番目の限界である「金銭的報酬と心理的報酬の偏重」を検討する。日本企業における報酬管理の変遷を辿り、第1節では、年功制の発生と進展、第2節では、職能資格制度の拡大と課題、第3節では、成果主義の登場と失敗を取り上げ、第4節では、報酬管理に関する先行研究から従来の経済的報酬や心理的報酬とは異なる社会的報酬の有効性を示唆し、新たな人事管理に必要な第二の視点を明らかにする。

1 日本的経営における年功制の役割

1-1 日本の近代化と人事管理の発展

　日本における近代化は、欧米に約100年遅れる形で進んだ。開国から明治維新、富国強兵政策による政治と経済の躍進、さらに大正デモクラシーから太平洋戦争へと時代は急速に流れた。そして、敗戦からの復興と高度成長を経て、日本経済はオイルショックや通貨危機といった相次ぐ苦難を克服し、1980年代に「ジャパン・アズ・ナンバーワン[66]」と賞賛されるに至った。しかし、バブル経済を謳歌する間も短く、1990年代にはその崩壊による「失われた20年」が始まった。そして、2008年のリーマン・ショックに端を発した世界同時不況の影響により、日本企業は円高による国際競争力の低下や産業構造変化への対応に喘ぎ、さらに2011年に発生した東日本大震災は甚大な被害をもたらした。既に日本はGDP第2位を中国へ明け渡し、大学進学率の上昇と相まった女性の社会進出、労働者の4割近くにも達する非正規雇用者の急増、少子高齢化に伴うワーク・ライフ・バランス施策と高齢者雇用への圧力、高止まりした失業率とリストラの常態化といった雇用環境の変化が企業を揺さぶり続けている。2013年に発足した第二次安倍政権における"アベノミクス"と呼ばれる経済政策により、株価・金利の上昇、円安基調、失業率の漸減など景気回復の兆しを見せてはいるが、格差の拡大といった新たな課題も生み出しており、今後も予断は許さない。

　こういった時代の動きに合わせて、わが国の大企業を中心とする人事管理も様々な変遷をたどった。明治期に一般的であったのは、学歴に基づく職務区分（職員－工員）による職工身分制[67]であり、さらに財閥系企業を中心とした、年齢とともに上昇する習熟度に基づく年功制の賃金運用が定着する。戦争の混乱を経た後のGHQの指示は、職務給を基本と

する職務等級制度への転換であったが、これが根づくことはなかった。その間に高度成長期を迎え、企業は順調に拡大を続け、いわゆる「日本的経営」と呼ばれる年功序列、終身雇用、企業内組合が1960年代に大企業へ定着した。その後、目前に迫った資本の自由化と進学率上昇による就業人口減少への懸念を克服すべく、1970年代には処遇の基準を年齢から能力へシフトする概念として、能力主義管理が日本経営者団体連盟によって誕生した。この思想は導入を行う際の詳細な手引きとともに職能資格制度として結実し、1980年代には従来の年功制に代わるものとして多数の企業に定着し、奇しくも日本企業は業績のピークを迎えていく。実際には個人の能力を正しく評価することは難しく、結果的に年齢や入社年度で置きかえられる運用となったが、好調な企業業績はこのことを問題としなかった。

　しかし、1990年代以降の不況において、企業は労務構成の変化によって膨れ上がった総額人件費に苦しみ、大規模なリストラと人事制度改革を余儀なくされた。その救世主として登場したのが、属人的な年齢や能力よりも職務と業績を重視する成果主義である。2000年代に成果主義はリストラ策としても経営者から歓迎を受け、職務評価、ジョブグレード、職務給（役割給）、年俸制、業績連動型賞与、目標管理制度、コンピテンシーなどの成果主義関連施策を導入した企業は約8割に達する[68]とまで言われた。だが、ほどなくして成果主義は破綻を迎え、日本の人事管理は今日の模索状況に至っている。

　笹島芳雄（2012）は日本の賃金制度を中心とした人事管理の変遷について、図表3-1のように分類を試みている。以下ではこの研究および分類に依拠して、明治期から成果主義に至る賃金制度の変遷を概観し、年功制、職能資格制度、成果主義の特徴とその役割について吟味を行う。

1-2　明治初期から昭和戦前時代における能力給と統制給

　明治期は富国強兵と殖産興業を旨とし、欧米からの機械設備、産業技術、管理手法等のノウハウが積極的に導入された。この時期に明確な賃金制度を規定していた組織においては、官吏、職員、工員の賃金は等級

図表3-1　日本における賃金制度の時代区分

時代区分		賃金制度	期間	年数
Ⅰ	明治初期から大正時代にかけて	業績給の時代	1867～1925	58
	a　明治前期	技倆刺激的等級別能力給	1867～1894	27
	b　明治後期		1894～1911	17
	c　大正期	勤続給的生活賃金	1911～1925	14
Ⅱ	昭和戦前時代	統制給の時代	1925～1945	20
Ⅲ	昭和戦後直後から昭和20年代	生活給の完成	1945～1955	10
Ⅳ	高度成長期からバブル経済まで	職能給の発展	1955～1990	35
Ⅴ	バブル経済後から現在まで	成果主義賃金への転換	1990～2011	21
Ⅵ	将来	仕事基準賃金の強まり	2011～	

出所：笹島芳雄「日本の賃金制度：過去、現在そして未来」（2012）p.31より転載

に従うものであった。等級とは能力を示すものとされ、経験や技能の向上に応じて昇級し、それに伴って賃金も上昇する仕組みであった。昭和同人会（1960）は、この仕組みを「技倆（量）刺激的等級別能力給」と表現している。ここで注目すべき点は、工員の処遇においても職務によって賃金を決定するという職務給とは異なる、後の職能資格制度にも見られる等級を、能力と見なして処遇を行う仕組みが当初から存在した事実である。しかも能力は経験（勤続年数）と強い相関を有するものとして認識されており、年功制はここから始まったと推測することが可能である。そして、当時の支払い形態は、上層職員は年俸制、一般職員は月給制、工員層は時間給、日給、あるいは請負制であった。明治後期になると工業化の進展によって熟練工の不足が表面化し、彼らの労働移動も頻繁となる。その採用と維持を目的として、生産能率を高めると同時に、熟練工に対する傾斜的な処遇が必要となった。これが賃業給と称された請負給であり、いわゆる単純出来高給が導入されることになる。また、勤続奨励的な手当や賞与もこの時期から広がっており、賃金の年功的な色合いは濃くなっていった。

　大正期は、第一次世界大戦の影響による熟練工不足の深刻化、戦時中

の物価急騰、大戦後不況による労働運動の活発化が特徴的である。熟練工不足に対しては、この時期から新卒の採用と養成による基幹工を確保する動きが広まり、これが今日の日本的人事管理の特徴である新卒一括採用と社内人材育成の起点となる。物価上昇に対しては、勤続手当に加えて、物価手当や臨時手当の支給と臨時昇給によって対応がなされ、これも今日の日本における賃金制度の特質として指摘される、賃金に占める各種手当（付加給付）の大きさと符合している。職員層のみならず、工員層の賃金体系も複雑化し、基本給にあたる定期給と出来高払、諸手当としては、役付手当、米価手当、出勤手当、通勤手当、皆勤賞、住宅料補助、職務手当等、加えて今日では、福利厚生費に分類される食費補助、被服補助、乳児保育料、傷病手当、出産手当、忌引手当、薬価補助等も支給されている。この時期の賃金を、昭和同人会（1960）は「勤続給的生活賃金」と称している。

　昭和時代には、恐慌が続くことによって日本経済も不況に陥り、賃金制度においても昇給停止、手当削減、賃金切り下げなどによる人件費削減策が広く行われた。1930年には商工省によって賃金制度合理化策として、職務給を基礎として奨励給[69]を付加する制度を推奨する報告書が提出されている。この事実は以下の点を示唆する。明治期に始まった「業績給」と呼ばれる能力給は、昭和期までに広く社会に定着し、国全体の経済発展による各企業の売上と利益が拡大する状況において、賃金体系は進化（複雑化）を重ねながらも年功に基づく能力給が機能していた事実である。つまり、一定の長さを持って好況が持続する（あるいは持続すると予測できる）状況においては、属人的要素の大きい年功給は有効であり、逆に不況における賃金抑制策としては、「能力＝経験＝勤続年数＝年功」からの脱却による職務を基準とした職務給が必要となることを意味する。この点はAbegglen（1958）が、戦後において日本的経営が成功した経緯に基づき、「人間関係の制度が異なる国で工業化を進めるためには異なる習慣や方法（＊筆者注：人事制度）を許容する必要がある[70]」とした主張とは大きく異なる。結論として、文化や制度よりも、拡大、均衡、縮小といった景気とその見通しによって賃金制度は規定され

るという仮説が成り立つ。小池和男（1981）も年功的な賃金の上がり方は、日本の大企業特有のものではないとして、欧米と日本のホワイトカラーとブルーカラーの詳細な経年の賃金比較を行っている。

昭和戦前時代の賃金制度のもう一つの特徴は、「統制給」と称された国による強い統制の存在である。1931年の満州事変以降の戦時体制において経済統制が進められ、1938年の国家総動員法に基づく賃金統制が始まった。1939年の第一次賃金統制令と賃金臨時措置令による初任給の年齢別公定、昇給内規の届け出制、職員の賃金凍結、1940年の第二次賃金統制令と会社経理統制令に基づく最高・最低賃金の公定、職員に対する学歴別・年齢別の初任給公定などが主要なものである。笹島（2012）は「戦時中に発せられた賃金統制は、賃金統制が終了したのちも、その後長らく日本企業の賃金制度に影響し、今日に至ってもその影響は色濃く残っている。日本企業の賃金制度を考える上で、賃金統制の影響は無視することはできない[71]」と指摘している。しかし、賃金統制によって賃金が凍結される中で、物価上昇によって実質賃金は低下し、徴兵による熟練工不足の深刻化と扶養家族を有する労働者の生活困窮に対応するため、1940年に一定の条件に基づく家族手当の支給が認められた。その後も支給条件の緩和が続いたことによって、家族手当制度は爆発的に普及した。しかし、実収賃金における家族手当の割合については約1割程度で推移し、2割を超えることはほとんどなかったとされている（永野順造、1949）。ここにおいて、その後の日本における賃金制度の特徴となった生活給・生活手当が既成事実化したと考えられる。

1-3　戦前における賃金構成要素モデル

1940年に日本工場協会は第18回全国研究会において、賃金が具備する要件として次の6点を指摘した（大西清治・瀧本忠男、1944）。

Ⅰ　生活の保障を行うものであること
Ⅱ　年齢および扶養家族数を反映すること
Ⅲ　勤続年数および経験を反映すること

Ⅳ 技量、熟練度、作業給[72]を反映すること
　Ⅴ 勤怠、熱心等の作業ぶりおよび人格的要素を反映すること
　Ⅵ 生産能率、作業結果の品質等を反映すること

　これを戦前における賃金構成要素のモデルと仮定して、各要件とその根拠について吟味を行う。Ⅰは、標準生計費および最低賃金の概念に基づく、賃金の基盤をなすミニマム部分の根拠（最低賃金部分）を表し、Ⅱにおける年齢は、扶養家族数と対で扱われていることから、能力の読替えとしての年齢ではなく、労働者のライフステージに対応した必要な生計費の根拠（生活保障部分）を反映すると解釈できる。逆にⅢは、勤続年数と経験が対になっていることから、同一職種・同一職場における知識・スキルの蓄積に基づく能力に対する賃金要素の根拠（知識・スキル部分）である。しかし、Ⅳにおける技量と熟練度は、工具の技能と経験に対応しており、Ⅲの能力と重複している。しかも作業給は業務の難易度に対応するものであり、これは個人の能力ではなく業務に対応、付随した賃金要素、つまり職務給の構成要素であり、要素間の錯綜が見られる。一定の技量や熟練によって当該作業を担当すると考えれば、これは業務に対応した根拠（職務部分）と考えられる。Ⅴの勤怠、熱意、作業への取り組み、人格とは正に属人的要素であるが、これらは今日において情意考課[73]と称される内容と対応しており、日常の服務規律に対応する根拠（情意部分）と見なすことができる。最後のⅥの生産能率、作業結果の品質とは、作業結果あるいは業績を反映するものであり、パフォーマンスに対応する根拠（成果部分）に他ならない。

　上記より次の点が導かれる。一つは、当時の賃金構成要素および賃金根拠は、①最低賃金部分、②生活保障部分、③能力（1：知識・スキル、2：態度・意欲）部分、④役割（職務）部分、⑤成果部分の6点であり、基盤としての最低賃金の上に生活給、能力給、職務給が乗り、さらに成果給が加わるという基本モデルを成す点である（図表3-2）。そして、この「最低賃金、生活給、能力給、職務給、成果給」という構成は、後に見るように今日における賃金組成とも異なっていない。つまり、これらの構成

要素が賃金根拠として普遍的なものであり、明治期から昭和戦前期にかけてこの体系が徐々に形成・完成されたと考えることが可能である。

図表3-2　戦前における賃金構成要素モデル

③能力部分（能力給）	④職務部分（職務給）	⑤成果部分（成果給）
②生活保障部分（生活給）		
①最低賃金部分（最低賃金）		

出所：筆者作成

　もう一つは、能力を定義、分類、評価することの困難さであり、このモデルでは既に見たように、3点の誤謬が指摘できる。まず、勤続年数、経験、技量、熟練度、作業ぶり、人格が混在して賃金における能力部分を構成しており、能力要件の重複が見られることである。次に、技量、熟練度、作業給を並列することにおいて、能力と職務の混同が見られることである。最後に、勤続年数・経験と技量・熟練度が別に挙げられていることにおいて、能力の多重性（冗長性）が見られることである。能力の評価基準を設定するには、その前段としての役割（職務）の明確化と記述が必要であり、当時においてはこのことが困難であったことがうかがえる。ただしこの点は今日においても解消されていない。

2　能力主義への期待と職能資格制度の挫折

2-1　戦後から昭和20年代における生活給の完成

　戦時中に政府が推進した、生活給を重視する賃金体系が確立したのは、戦後間もなく成立した電産型賃金体系による。電産協[74]（日本電気産業労働組合協議会）は1947年5月6日に単一化を果たし、全逓[75]、全日本機器[76]と並ぶ産別会議の最有力組合として、占領期の日本労働運動の一翼を担った。この電産協の運動でもっとも注目されるのは、1946年の10月闘争と称される電産第1次争議である。電産協は、この10月闘争において3要求（電気事業の民主化、生活費を基礎とする最低賃金制の確立、退職金規程の改訂）の実現をスローガンに、政府および使用者側と激しく対決し、賃金要求ではいわゆる「電産型賃金」と称される、生活保障給を基礎とする賃金体系を勝ち取った。この電産型賃金体系は、1950年代半ばに職務給や職階制賃金が導入されるまで、日本でもっとも基本的なモデルの賃金体系として、多くの企業において採用され、これをもって日本の企業社会における年功制の基盤は確固たるものとなった。

　電産型賃金体系を図表3-3に示したが、年齢で決まる本人給が44.3%、勤続年数で決まる勤続給が4.4%、家族数で決まる家族給は18.9%を占めている。当時の男性従業員の場合には、家族数は年齢と密接に関係していたため、賃金の約7割が年齢および家族状況で決まるという生活費を重視した生活保障型の賃金であった。

　これについて笹島（2011）は、「電産型賃金体系の構造は、（中略）戦前あるいは戦時体制下で提案された賃金体系と酷似している。戦後の厳しい経済情勢の下では、生活保障型の賃金制度は労使双方に対して説得力のある制度であり、電産型賃金体系は多くの企業に広がり、生活給の

図表3-3 電産型賃金体系（1946年）

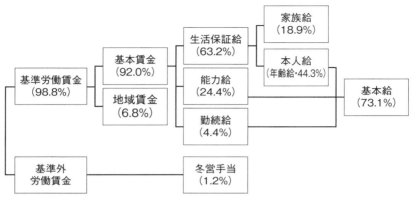

出所：笹島芳雄「日本の賃金制度：過去、現在そして未来」(2012) p.38より転載

賃金体系がここに確立された[77]」としている。なお、一般に電産型賃金は生活給重視とされているが、能力給部分も24.4％を占めており、同一年齢でも多少の差は存在した。しかし、図表3-2で見た戦前の賃金構成との比較を行うと、電産型賃金においては「職務」および「成果」を反映する部分が消失しており、「生活」を主要構成部分としながら、これに「能力」を加えた賃金体系と言って差し支えない。

また、三菱電機における人事制度に関する鈴木誠（2010）の研究によると、戦後の電産型賃金に基づく人事処遇制度は、学歴、勤続、能率、人事考課を基軸とするものであり、その後の改訂によって職務、職務遂行能力、人事考課を基軸とするものへ移行したとしている。そして、次節で見る能力主義下の人事処遇制度については、「本給」以外の賃金項目（とりわけ職務給）も踏まえた類型的な理解が必要であることを主張し、職務によって強く規定される類型である、職務重視型能力主義であると性格づけている。このように、職能給と職務給を相容れない対置概念と見なす通説とは異なり、職能給は職業能力（職能）の基盤としての職務の影響を受け、職務給も職務（役割および課業）の根拠としての職能によって導かれるという事実が浮かび上がる。賃金の構成要素を分析する際は、"重複なく、漏れなく"（MECE[78]：Mutually Exclusive and Collectively

Exhaustive）という視点よりも、各要素の相互的な関係に着目することが有効であると考えられる。

2-2　昭和20〜30年代における職務給、職階給の模索

　電産型賃金体系に基づく生活給体系は、戦災による復興によって経済が安定した1950年代前半から見直しが始まった。GHQの主導による米国型人事管理手法も様々な形で紹介され、賃金管理面においても、職務給制度の導入が賃金制度の合理化を目論む経営者側から主張された。職務給を中心に置いた人事管理手法は職務主義とも呼ばれ、組織における各職務の難易度を設定し、上位ランクの職務に上がれば、賃金が上がるという仕組みである。職務給は、1930年代以降に米国の大企業や官公庁など、多数の職種を抱える組織において採用されるようになった賃率設定の手法である。設定に際しては、①組織における様々な職務について、仕事の質・量、内容、方法、作業を遂行するために必要な資格要件と作業条件を記述し、作業の範囲、量、資格条件などを確定する（職務分析）、②その結果を各職務に必要な責任、技能、教育・訓練の程度、生理的・心理的条件、職務環境などの評価要素により、相対的に評定し、職務を分類する（職務分類）、③それに基づいて職務等級に格付けし、等級と賃金を対応させる賃金表を作成する（職務評価）、④各職務に従業員を配置するための昇進試験と人事考課の諸制度を作り、昇給・昇進管理のルールを設定するといった一連のプロセスが必要となり、この作業は膨大な時間、手間、および要員を必要とした。

　1948年に発足した日本経営者団体連盟（日経連）[79]において、賃金制度に関して能率給（成果を反映した賃金部分）や職務給（職務・役割を反映した賃金部分）を整備、導入することが推進され（日経連 1955）、1962年には鉄鋼大手3社（八幡、富士、日本鋼管）が生産労働者に対して職務給を導入した。この動きは他の鉄鋼メーカーや松下電器（当時）にも広がったが、企業全体から見れば職務給の導入は限定的であった。職務を反映した賃金の割合はいずれも基準内賃金の約15％程度であり、米国型の完全な職務給というよりも、当時の生活給中心の電産型賃金体系に、以前

の職務部分が復活したと考える方が妥当である。一方で、1950年代の中頃にはもう一つの給与制度として「資格給（職階給）」に基づく職階制賃金も次第に広がりはじめた。これは職務給の考え方と類似したものであるが、一定の職位（職階）につくために、学歴、職歴、年齢、人事考課などの基準を設け、この基準を満たす者が該当職位に任用されるというものである。こういった職務給および職階給への模索は、次に見る職能給に基づく職能資格制度において結実した。

2-3　高度成長期からバブル期における職能資格制度の席巻

　日経連は1957年1月に発表した『現下の賃金政策と賃金問題』において、大企業においては定例給の引上げは定期昇給制度（定昇）の確立によって行うことを述べ、勤続・年齢給体系から職能給体系へ漸進的に移行することを主張した（日経連、1957）。ここにおける職能給は多分に概念的なものであり、日経連が職能給体系への移行を本格的に主張したのは、1965年の総会における採択見解に基づく1968年10月の日経連能力主義管理研究会報告として出版された『能力主義管理』においてである。本書の序言では、以下のように新たな人事管理の必要性を主張している。

　能力主義管理は（中略）、従来の学歴・年齢・勤続年数などを基準とする年次別、属人的マス管理、処遇から、各個人の適性を発見し、能力を開発し、それを学歴や年齢、勤続年数などにとらわれず、適材適所主義にもとづいて活用・処遇していくという、能力別、職務主義を基準とする個別管理に変えていこうとするものである。能力本位でバッテキを思い切って行なう一方、降職も思い切って導入しようとするものである。静態的な従来の年功制的人事労務管理をかなり思い切ってダイナミックなものに切り換えていこうとするものである[80]。

　この背景としては、賃金の大幅な上昇、急速な技術革新、労働者の意識変化などが挙げられている。特に重要であったことは、高度成長を迎えつつあった当時における労働力不足に対する危惧と、1967年より始ま

った資本自由化に対応して諸外国と伍していくための早急な経営近代化への危機感であったことがうかがえる。能力主義管理の特徴としては、以下が挙げられている[81]。

①キャリア育成（自己啓発意欲の喚起）
②モチベーション、インセンティブの重視
③年功・学歴による学歴別年次別管理、形式的処遇からの脱皮、能力による真の平等処遇の確立(適性による配置、能力中心による昇進・昇給・降格・降給の積極的推進)
④能力主義管理の施策の統合的な一貫した手法の確立——目標管理、経歴管理制度（CDP）、スキルズ・インベントリー、人物調査制度など
⑤人事考課を中心とする個人別人事情報管理

　人材育成とキャリア開発については、組織による育成を前提にしながらも、自己啓発を重視した個人基点による米国の開発的人間主義アプローチ[82]をとっている点、従業員のコミットメントに基づくモチベーションを重視している点、目標管理制度やCDP[83]といった新たな諸制度の重要性を説きながらも人事管理を制度・施策の一連のパッケージと捉える点、さらに、システムを念頭に置いた人事情報管理の重要性を提言している点など、本提言は第1章で見た、米国における人的資源管理への動きを踏まえたものであることがわかる。さらに興味深い事実は、「形式的処遇」と「学歴別年次別管理」とを並列で言及している点である。形式的処遇とは個人属性に基づく曖昧な「見なし管理[84]」を意味すると考えることが可能であり、個人の適性を発見し、能力を開発し、学歴・年齢・勤続年数などにとらわれない適材適所主義に基づく活用・処遇への脱却を意図していたことがうかがえる。
　職務遂行能力を基礎とする職能給は、職務給と年功給（年齢給）の両者の性格を有していた。また、職務給における賃金の頭打ちを回避しながら、より柔軟な配置と能力開発を促進する特徴を持つことから、日経連は職階給の概念を反映しながら職務給に代わるものとしての職能給を

積極的に評価するに至った。さらに、能力主義を具体的な人事制度としてパッケージ化し、容易に運用できる仕組みに昇華させた具体的なマニュアル[85]が1970年代に出版され、職能要件書[86]（職能記述書）に基づく「職能資格制度」と称された日本型人事管理の仕組みは、高度成長期からバブル期にかけて日本中を席巻するに至った。1990年の労働省による雇用管理調査によると、職能資格制度の導入は5000人以上の大企業において77％に達した。

3 成果主義の登場と終焉

3-1 年功的運用による職能資格制度の破綻

職能資格制度は広く普及し、現在においても、多くの企業において社内資格制度（社員区分および社員格付け）として利用されており、2003年の調査でも68.8％の企業が実施していると回答している（労務行政研究所2003）。しかし、職能資格制度と職能給の実務上の経験を重ねるにつれて、様々な課題が発生した。もっとも主要な指摘は、職能資格制度の運用が年功的に行われるという点である。年功的運用とは、年齢、勤続年数、職務担当年数などによって、個人の能力が伸長したと仮定する「見なし管理」を意味する。職能資格制度における年功的運用について、平野光俊（2010）は次のように指摘している。

職能資格制度は人件費を変動費化しにくく賃金インフレ（高資格化が進み人件費が高騰）を起こしやすい。そもそも職能資格制度の導入目的は賃金決定における能力主義選別により年功制を改めることにあった。しかしインセンティブ強化のために等級数を増加させ、同時にその能力要件を曖昧にしてきたことが職能資格制度を年功的に傾けていった。人件費を変動費化しにくいという問題は、職能資格制度がもつ二つの基本思想に起因す

る。一つは、「資格は過去から積み上げてきた成果を反映したもの」であり、二つめは、「一度身についた能力は減らない」である。しかし、現実には過去の成果は現在の成果ではないし、能力は陳腐化する。職能資格制度ではこの当たり前のことが処遇に反映されない。賃金インフレも、高資格者に資格に見合う職務が与えられ、報酬を上回る付加価値をあげられれば問題にはならない。しかし低成長下では職務が変わらないのに資格が上昇し、同じ職務に異なる資格の社員が混在することが多くなる。

　年功的運用の他にも、社員の発揮能力に応じた昇格・降格ができない、高資格化による人件費の高騰、職能資格の定義や基準が実態から乖離している、職能資格が市場横断的に適用できない、職能要件書の有名無実化、職能資格がスペシャリスト養成に使えないなどの課題が企業の現場から指摘されている（社会経済生産性本部、2003）。これらの課題の多くは、職能資格制度の年功的運用に起因するものである。しかし、職能資格制度の破綻を検証する際に重要な点は、結果的に年功的運用に頼らざるを得なかった事実である。それに対しては、明治期以降の日本企業において、ホワイトカラーに対する業務における必要な能力の定義が不十分であったことが指摘できる。そのために、①職務遂行による経験の蓄積を技能向上の根拠と捉えざるを得なかったという「年功の曲解」、②戦後からの復興における人口増加によって中高年層が相対的に不足していたという「年功の許容」、③年長者を重用することが日本人の道徳観と一致していたという「年功の尊重」が結果的にまかり通ったと考えることが可能である。日本的経営の核心は、職務遂行と現場教育に基づく能力形成にあった（小池、1994）。しかし、これはそれまでのブルーカラーにのみ適応する理論であり、職能要件書の作成マニュアルが示すような一般的かつ最大公約数的な職業能力では、製造現場における定型作業の維持と改善には対応できても、高度成長とバブル経済の先にある新規事業の創造や商品・サービスの高付加価値化には対応できなかった。ホワイトカラーに必要な職業能力の定義、分類、評価基準、開発手法といった業績向上のプロセスに注目した人事管理構築への執念と努力を放棄する

のであれば、いずれ成果のみに焦点を当てた成果主義が登場するのは当然の帰結であった。

3-2　成果主義ブームの到来

　従来の年功制に代わるものと期待された職能資格制度は、1980年代には、大半の企業に定着し、同じく日本企業は業績のピークを迎えていく。実際には、個人の能力を正しく評価することは依然として難しく、結果的に年齢や入社年度で置きかえられる年功的運用となった。好調な企業業績は、このことを問題としなかったが、職能資格制度が四半世紀にわたって有効に機能した理由は、正にここにあった。賃金制度を中心とする人事管理は、人事制度と呼ばれる規範・規定に基づくものであり、規範や規定は組織の構成員に承諾されている限りは、いかなるものであっても機能する。こうして、1960年代から1990年頃までの好調な企業業績は、職能資格制度の課題を可視化させることはなかった。しかし、1990年代におけるバブル経済の崩壊により、企業は若手人口の減少に伴う労務構成の変化による、総額人件費の肥大化に苦しみ、大規模なリストラと賃金抑制を余儀なくされた。そこに登場したのが、職務と業績を重視する成果主義[87]であった。国の後押しによる年功制や、経済界の主導による職能資格制度とは異なり、成果主義を喧伝したのは人事コンサルティングファームであり、その採否と詳細な設計は各企業に委ねられていた。この事実はある意味で"人事管理の自由化"でもあった。2000年代に成果主義は多くの経営者から歓迎を受け、次々と職務評価、ジョブグレード、職務給（役割給）、年俸制、業績連動型賞与、目標管理制度、コンピテンシーなどの成果主義関連施策が導入されていった。立道信吾（2004）は、90年代の日本企業に急速に「成果志向型人的資源管理」が普及していった理由を次のように指摘する。

　第一の理由は、バブル崩壊後の不況の中で、人件費といえども聖域にすることができなくなった企業が総額人件費管理に取り組み始めたことである。経営体力にあった人件費の総額を算出し、その枠内で分配せざるを得

なくなったことが成果主義に結び付いたのである。第二の理由は、団塊の世代が最も人件費の掛かる40代後半になり始めたことから、企業の人件費に深刻な影響を与えており、このことが「40代以降の生計費的に最もコストの高い世代を優遇する年功的な賃金システム」の見直しを企業に要請したのである。第三の理由は、平成不況の長期化によって「頭数の上での人件費の削減を迫られた」企業が、優秀な人材は社内に残し、そうでない人材は社外に輩出するリストラの必要が生じたことから、短期間の業績によって篩にかける成果主義を「リストラのツール」として活用したことである。

成果主義（merit system, merit rating）に関しては、様々な定義が存在する。"主義"という名称が示す通り、年功制や職能資格制度に比較すると、成果重視の賃金制度のみならず、包括的な人事管理方針（ポリシー）を示すことが多い。一般的には、「賃金や賞与、昇格などについて、仕事の成果をもとに決定する考え方。人件費負担の増大を回避しながら、従業員のモチベーションを高めるために、企業業績への貢献度に応じて処遇を決定しようとするもの」と説明される（日本経団連出版 2011）。成果主義研究においては、奥西好夫（2001）の挙げる3要素を、その特徴とすることが一般的である。これによると成果主義とは、①賃金決定要因として、成果を左右する諸変数（技能、知識、努力など）よりも、結果としての成果を重視すること、②長期的な成果よりも短期的な成果を重視すること、③実際の賃金により大きな格差をつけることとされる。

成果主義という用語の持つ曖昧性に着目し、成果主義の実態と各企業における定義を調査した結果がある。筆者らが2003年に労務行政研究所編集部と実施した「成果主義時代の管理職構成、昇進等の実態調査[88]」（労務行政研究所 2003）では、回答をした中で成果主義を導入した企業は77.7％であった（図表3-4）。

成果主義の導入時期としては2000年が20.5％と最も多く、2000年以前が34.2％、2000年以降が65.8％となっており、一般的に認識されているように21世紀を目前とした2000年から成果主義が本格的に浸透していったことがうかがえる（図表3-5）。

図表3-4　成果主義の導入状況

区分		全産業				製造業	非製造業
		規模計	3000人以上	1000～2999人	1000人未満		
合計		(112) 100.0	(22) 100.0	(38) 100.0	(52) 100.0	(73) 100.0	(39) 100.0
導入している		**77.7**	**90.9**	**86.8**	**65.4**	**76.7**	**79.5**
導入していない		19.6		10.5	34.6	20.5	17.9
その他		2.7	9.1	2.6		2.7	2.6
導入している場合の対象（導入している＝100.0）	全社的に導入	**73.6**	**65.0**	**75.8**	**76.5**	**71.4**	**77.4**
	一部に導入	26.4	35.0	24.2	23.5	28.6	22.6

出所：労務行政研究所「成果主義時代の管理職構成、昇進等の実態」（2003）p.4より転載

図表3-5　成果主義の導入年

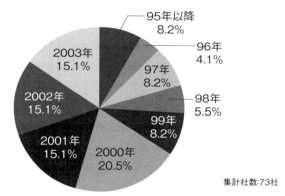

集計社数:73社

出所：労務行政研究所「成果主義時代の管理職構成、昇進等の実態」（2003）p.4より転載

　また、各社における成果主義の具体的な定義が自由記述によって集められており、これは企業における成果主義の目的、期待、施策を示した成果主義導入初期の貴重な史料である（図表3-6）。キーワードを抽出すると、「年功序列、属人的要素の払拭」「成果・職務を反映した評価・処遇」「全社業績への貢献」「評価の公平さ、透明さ」「目標管理制度の重視」が大半の企業から挙げられている。これは、先に見た一般的な定義や奥西の3要件とも符合している。

図表3-6　各社における成果主義の定義

会社名	内容
石原産業	〔02年：全社〕期待される役割や能力の違いを大きく「職掌」によって区分し、その職掌ごとに必要な能力は「職掌要件」「資格要件」に表している。能力は、年齢や経験年数、勤続年数といった「年功」で身に付く要素もあるが、単に年数を基準とする「年功」の比重を小さくし、特に「何ができるか」「何をしたのか」という仕事を重視
化学①	〔02年：全社〕男女、学歴、年齢など、属人的要素ではなく、各人の仕事の成果（プロセス・結果）を人事考課や処遇に反映する。明確に定義しているわけではないが、成果や業績をみて運用することと理解している
三洋化成工業	〔90年：全社〕年功序列を払拭し、各人の成果・能力を反映
日本新薬	〔99年：部課長級者〕個人の属性によるのではなく、真に能力を発揮した結果である成果を、職務においてはその達成度を重視
資生堂	〔97年：管理職、02年：一般社員〕成果と成果に至るまでの行動・発揮能力を適正に評価し、成果を上げた人により多く報いる（＝"成果発揮能力主義"）
東亜石油	〔全社〕①労働基準から仕事基準への意識変革を促進、②業績・成果主義の観点から、加点・成果色をより強化し構成、③職務職責をより明確化、④成果貢献度の加点をねらい「目標管理制度」を導入、⑤成果評価制度として整備し期待に応える者、成果を出したものを処遇する仕組みとした
ノリタケカンパニーリミテド	〔95年：全社〕年功色を払拭し、各人の成果・業績をより明確に反映
東京製鉄	〔00年：管理職〕年功色を払拭し、各人の成果・業績を反映
トープラ	〔03年：全社〕各自のチャレンジ目標およびその達成度評価に基づく賃金（年俸）と賞与
豊田工機	〔97年：全社〕①会社業績、個人の成果を反映した賃金、②年功、属人的要素の払拭
共立	〔01年：全社〕仕事に携わる個人が期待役割をどの程度達成したか、プロセスから結果に至る過程での具体的な行動と成果を評価し、処遇に反映する考え方
北川鉄工所	〔02年：管理職〕潜在的能力、年功重視から成果重視に移行し、メリハリのある処遇を行うとともに、プロとしての価値の高い目標にチャレンジする意識を高める
クボタ	〔02年：上級職（管理職層）、クリエイト職（総合職層）〕「年功要素の極小化」「終身雇用の弊害排除」「悪平等の払拭」をねらった「公正」で「透明」な人事制度
機械②	〔91年：全社〕公平な処遇、個人の能力の発揮、働きがいのある職場作りなどによる「組織の活性化」を通じて社業の発展に資することが目的
ダイフク	〔03年：全社〕頑張り、成果を出し、相応の処遇を得るシステム
機械④	〔98年：全社〕社員一人ひとりがやりがいを感じ、さらにチャレンジ精神をもって日々の職務に取り組むための制度
日立製作所	〔00年：管理職層〕年功を払拭した実力・成果主義による人事・処遇制度（キーワード＝人材の時価評価）
横河電機	〔01年：管理職〕付加価値貢献度に基づく処遇（付加価値貢献度＝役割の大きさ×成果の大きさ）
山武	〔97年：全社〕期待される役割の大きさや、職務内容の難しさとその達成度合いに応じて人事・賃金制度を運用すること
共和電器	〔03年：全社〕①年齢・年功的基準の廃止、②遂行すべき仕事の基準を明確にし、役割（職務）に応じた職責賃金を導入など
電気機器③	〔管理職〕①役割と成果を軸とした報酬体系、②年功的要素の払拭、③属人的手当の廃止
松下電工	〔97年：全社〕意欲・能力ある者にチャンスが与えられ、頑張れば報われる制度
豊田紡織	〔03年：管理職〕①年功色の払拭、②目標管理による達成度とプロセスを処遇にダイレクトに反映
輸送用機器①	〔00年：全社〕①学歴・職種による差をなくした格付け・役職制度、②仕事の成果と能力発揮に基づく評価制度、③仕事の成果と能力発揮を色濃く反映する賃金制度
タチエス	〔94年：全社〕年功色を払拭し、各自の成果・業績をより明確に反映
アイシン精機	〔上級資格役職者〕職能資格に基づく保有能力重視の制度を改め、現状の役割責任の重さ、実際に出した成果をより反映した制度とする

出所：労務行政研究所「成果主義時代の管理職構成、昇進等の実態」（2003）p.5より転載

3-3　成果主義の失敗と課題

　このように、21世紀の前夜から2000年代にかけて、成果主義は日本社会を席巻した。戦後50年を経た人事管理の制度疲労を治癒し、さらに、バブル経済が崩壊した後の失われた10年を取り戻すため、大企業を中心に未曽有の成果主義ブームが巻き起こった[89]。職能資格制度の廃止に伴う職務等級制度、年俸制、業績連動型賞与など、様々な人事制度改革が連日のように経済紙を賑わした。大きな期待を担った成果主義であるが、導入から10年を待たずに暴露本[90]や批判書[91]が相次ぎ、今日においてもその評価は芳しくない。成果主義については様々な問題点が指摘されている。

　成果主義の本来の目的は、個人の意思では変えることができない、年齢、性別、学歴、国籍といった属人的な要素を払拭し、組織における個人の役割と仕事の成果を客観的に評価し、企業業績と対応した個別の処遇を行うことにあった。しかし、成果主義についての認識や運用を誤ることによって、本来の目的は歪曲されたものとなる。運用を誤る要因の一つに、成果主義における個人の評価が短期的な成果志向を重視したことが挙げられる。たとえば、全社業績や部署業績よりも個人の人事考課結果が賞与に反映される度合いが大きい場合には、従業員は営業部署における押し込み販売に代表されるような、短期的かつ短絡的な志向を抱きかねない。成果主義ブームにおいて、人事コンサルティングファーム社長としてスポークスマン的な役割を果たした高橋俊介は、1999年の時点から、「人事制度改革は会社の将来的なビジョンや経営戦略と一体でなければならない」と説き、「ビジョンなき人件費削減の道具として成果主義が標榜されている例が数多くある」と警鐘を鳴らしていた（高橋、1999）。はたして彼が懸念する通り、成果主義はリストラに利用され、業績に基づく総額人件費管理という機能は非正規労働者の雇用と調整によって代替された。

　もう一つの要因として、チームワークやチームプレーの要素を評価に組み込めなかったことが挙げられる。同僚よりも高い成績を収めること

によって賞与が増え、昇進が早くなるといった個人主義的な志向が強まれば、周囲の人との協働や部下・後輩の指導に対する意欲が少なくなることは必然である。第6章で詳しく見ていくが、医師や弁護士のように個人で独立した専門的な職業に就いている「伝統的プロフェッショナル」とは異なり、会社に雇用されて働く人々は「組織内プロフェッショナル」（宮下清、2001）である。組織を継続させることを前提とすれば中長期的な視点は不可欠であり、組織内の役割分担、チームワーク、チームプレーといった要素を失うことによって、組織が破綻することは必然であった。このことから、日本における成果主義の失敗は、プロスポーツ選手などの「伝統的プロフェッショナル」に対する処遇方法を企業人である「組織内プロフェッショナル」に当てはめたことに起因するとも言える。

成果主義の失敗に関しては多くの研究が存在する[92]。第5章で取り上げる企業事例研究においても（島貫智行、2007）、成果主義の問題点として次のような社員の意見が収集されている。

・個人評価を重視するためにチームワークが失われ、社員が個人主義になってしまった。
・目標管理制度では中長期的な視野を持ちにくく、皆が短期志向になった。
・結果と定量目標ばかりを重視し、プロセスや定性面を軽視するようになった。
・新たな職務が生じても、職務評価の細かなメンテナンスが実際には不可能である。
・一時的に賃金を下げただけで、依然として賃金の下方硬直性は変わっていない。
・社内のコミュニケーションがかえって悪化し、古き良き企業風土が失われた。
・成果主義に期待したが、体よくリストラの手段として利用されたにすぎない。
・一人ひとりの評価や面談など、上司の管理負担が増えて辟易として

いる。
・人件費が減ったのは新卒を派遣社員で代替したからであり、成果主義は寄与してない。

こういった現場からの不満に対して、企業は成果主義の不備を修正すべく、具体的な評価項目の見直し、定量目標から定性目標へのウエイトシフト、職務グレードを大括りにする役割等級制度への改訂、継続的な考課者訓練の実施などの様々な修正を継続しており、この動きは今日に至っている[93]。

4 経済的報酬、心理的報酬、社会的報酬

4-1 報酬に関する先行研究

ここまで日本企業における報酬管理の変遷を辿ったが、本節ではあらためて「報酬」の意味と内容について先行研究を概観し、必要となる新たな報酬体系のフレームワークを模索する。

人事管理において、報酬制度は雇用関係の中核に位置づけられている。雇用関係とは、個人と作業組織の諸関係のダイナミズムを表現するものであり、雇用関係に関する先行研究は従業員と作業組織が取り結ぶ関係を、①経済的関係、②法的関係、③社会的関係、④心理的関係の四つの視点から捉えてきた（Bratton & Gold、2009）。一般的に雇用関係は、「賃金と労働の交換」（Brown、1988）という経済的関係として捉えられることが多い。労働の現場においては、雇用者と被雇用者の双方が"支払－努力"契約（pay-effort bargain）を取り交わしており、従業員は雇用主によって支払われる賃金の支払いと引き換えに、肉体的ないし精神的な労働を遂行する義務を負っている。資本主義労働市場において、労働者

は自らの労働力を売ることによって賃金の最大化を希求するが、雇用主にとって賃金は、費用であるために最小化する必要性が生ずる。よってBrownが述べているように「雇用関係には対立関係がそもそも構造化されている」ことになる。雇用関係の第2の構成要素は法的関係であり、契約の当事者に影響を与えるコモンロー（判例法）や、制定法における一連の権利義務の体系である。第3の構成要素は、社会的関係に関する事項であり、従業員は個々に孤立した存在ではなく、社会集団の構成員であり、職場行動に影響をおよぼす「社会規範」のもとで働いている。第4の要素は、従業員と組織ののの間に交わされた約束と義務の認知に関する双方向的で動的な交換関係であり、これを「心理的契約」と呼ぶ。

　Barnard（1938）が組織の要素として①コミュニケーション、②協働意欲（貢献意欲）、③共通目的を挙げていることを第1章で言及したが、貢献意欲は組織の有効性（環境的状況に対するその目的の関連）により規定され、同時に個々の貢献者たちによって得られる諸満足にも依存する。つまり、諸個人から諸貢献を必要ないし得ようとする組織の観点からは、効果的な諸インセンティブ（報酬）の問題は、「正の報酬」を見出すか、あるいは「負の報酬」を軽減または除去することの問題である。

　たとえば、雇用は労働時間の短縮（負の報酬の軽減）、あるいは賃上げ（正の報酬の増加）によって魅力あるものとなる。バーナードによる誘因と貢献の理論は、March & Simon（1958）によって、さらに「参加のモチベーション」と「生産のモチベーション」に分けられた。参加のモチベーションは組織のメンバーシップを獲得、維持しようとする動機づけであり、生産のモチベーションは生産のための動機づけである。参加のモチベーションは適切な誘因と貢献のバランスに起因するものであり、生産のモチベーションは、知覚された諸代替案、知覚された諸結果、および個人の諸目標などを含む、個人と組織の間のより複雑な心理的契約を表している。

　さらに、Belcher（1962）は、参加のモチベーションと生産のモチベーションは、報酬理論においては区別されなければならないとし、前者は衡平理論[94]（equity theory）によって説明され、後者は期待理論[95]

(expectancy theory) および満足理論[96] (content theory) によって説明されるとしている。彼は貢献と報酬に関する諸理論を整理し、貢献について、①職務に関連した貢献（役割）、②職務遂行に関連した貢献（成果）、③個人的諸インプット（能力）に分類した。報酬については、①外的報酬（金銭的報酬）、②内的報酬（心理的報酬）、③組織が与えていることに気付いていない諸報酬に分類を試みた。仕事に対して支払われる報酬の形態としては、①賃金俸給の形を取った貨幣的報酬、②付加給付の形の貨幣的報酬、③非貨幣的報酬の三種類があり、相互に密接に関連し合っていて、明確に区分することが困難であることを繰返し指摘している。高根民明（1979）はBelcherの非貨幣的報酬について、(1) 職務に附髄した報酬（職務満足）、(2) 組織に附随した報酬（権威、特権、地位）、(3) 社会関係からの報酬（人間関係）、(4) 地域社会からの報酬（社会人としての信用）、(5) 組織としての報酬（メンバーシップ）、(6) その他に体系化を行っている。今日の報酬体系についても、Barnard、March & Simon、Belcherらの系譜を受け継いだものになっており、一般的に企業内報酬システムの構成は以下が基本となっている（図表3-7）。

　外的報酬と内的報酬に二分する点は、満足理論、特にハーズバーグによる二要因理論における衛生要因（hygine factor）と動機づけ要因（motivation factor）の流れを汲むものである。外的報酬は、金銭的報酬と非金銭的報酬に分けられ、金銭的報酬は、賃金と付加給付によって構成される。そして非金銭的報酬は、地位、承認・称賛、評価、短期および長期的キャリア、能力開発、雇用保障といった具合に様々な要素が一纏（まと）めにされている。この分類に代表される現在の報酬体系については、大きな疑問が生ずる。第一に、外的報酬と内的報酬とは異なる報酬に見えて、実は表裏一体となって重複している点である。たとえば、課長に昇進したことによって達成感を感じる人がいることは容易に想像できるし、表彰を受けたことによって有能感を感じることもきわめて一般的な現象である。さらに言えば、プロスポーツ選手の年俸が前年の5億円から7億円になることによって、大きな充実感を得ることも容易に想像できる。つまり、外的報酬が内的報酬の要因（あるいは刺激）となり

図表3-7　企業内報酬システムの構成

1. 外的報酬	(1)金銭的報酬	①賃金（月例賃金、賞与・一時金、退職金）
		②付加的給付（報奨金、ストック・オプション、福利厚生）
	(2)非金銭的報酬	①組織上の地位・ステイタス（役職昇進、等級・資格の昇級・昇格）
		②承認・称譛（褒賞・報奨制度、表彰制度、従業員相互称賛制度、特別休暇制度）
		③評価制度
		④次の仕事
		⑤キャリア開発・形成の機会
		⑥能力開発の機会
		⑦雇用保障
2. 内的報酬	（達成感、充実感、成長感、有能感、自己効力感、自己決定感、仕事自体の有意味感、仕事自体への興味、仕事自体のおもしろさ）	

出所：谷田部光一「日本的雇用システムと報酬マネジメント」(2013) p.332より転載

うる事実であり、換言すると、内的報酬とは外的報酬の目的変数にすぎないことになる。そうであれば、生産性とモチベーションの説明変数である報酬は、企業が従業員に与えることのできる外的報酬に絞り込むことが報酬管理の議論を容易にするであろう。第二の疑問は、非金銭的報酬の内容がランダムに構成されているように見える点である。地位、承認、評価、短期・長期キャリア、能力開発、雇用保障は一見するとまとまりがないが、実はいずれもがキャリアに関する要因であり、「評価－（賃金以外の）処遇－育成」という人事管理システムの構成要素である。非金銭的報酬の重要性については異論を挟む余地はない。そうであれば、"（重要な）金銭的以外の"といった金銭的報酬の補完的、周辺的なニュアンスではない、非金銭的報酬を表す新たな概念と分類呼称が必要になるであろう。

4-2　社会的報酬とはなにか

　ここまで日本企業における経済的報酬を中心とした報酬管理の変遷を概観した。前項で見たように、報酬は大きく経済的報酬と非経済的報酬から構成されるが[97]、ここで重要なことは二点ある。第一には、経済的報酬は本来の成果主義が目指したように、仕事（役割）の重要度とその達成度（成果）で決定される方向で再編されねばならない点である。その方向は、社員の多様化が進むほど強化される必要があり、欧米多国籍企業はその典型例である。日本企業が行ってきた曖昧な基準と評価によって多様化していく社員の納得を得ることは難しい。ただし、成果主義の失敗が教えるように、細部にわたる運用の工夫が不可欠となる。

　第二に、非経済的報酬については、良好なキャリアを実現するための機会や支援を提供するという従来の非金銭的報酬（ここでは「キャリア的報酬」と呼ぶ）を心理的報酬から切り離すこと、あるいは心理的報酬を結果変数として一旦報酬の枠外へ追いやることが必要になる。つまり、賃金以外の「評価－処遇－育成」を新たな「キャリア的報酬」として位置づけることが必要となる。ただし、今日においては従来の非金銭的報酬として言及されなかったもう一つの重要な報酬が存在することが考えられる。それはこれまでに度々言及した「時間」である。今野浩一郎（2012）が主張する「制約社員」とは、働く場所、時間、あるいは仕事について何らかの制約をもつ社員を指す。ここで、働く人々の制約とは、時間の制約から生ずる、あるいは時間を提供することによって大半の制約を解除することができると考えるならば、今日において求められる新たな報酬は、時間に他ならない（ここでは「時間的報酬」と呼ぶ）。そして時間的報酬とは、社員を一個人と捉え、家族、地域、社会との関わりを有する自由な存在と認識することによって、初めて地平線上に立ち現れる概念である。

　これからの報酬政策の要諦としては、経済的報酬を現在の役割と成果によって厳密に決定する方向で純化させると同時に、将来の社員の価値を高めるためのキャリア的報酬と、多様な人材の活躍を許容する時間的

報酬を提供する必要性が仮説として浮かび上がる。そして時間的報酬は、第4章で見るように、ワーク・ライフ・バランスの実現によってもたらされるものであり、キャリア的報酬と時間的報酬を合わせたものを、ここでは「社会的報酬」と呼ぶことにする。「社会的」とした理由は、①良好なキャリアを実現するための機会や支援（キャリア的報酬）は金銭的な報酬のように一律の貨幣価値に換算することが不可能であり、企業という「組織社会」が内部当事者である従業員に個別に提供する報酬であること、②働く人々の時間的制約を解除すること（時間的報酬）は、企業が外部関係者である従業員の家族・地域・社会における活動を支援する報酬であること、③個人のキャリア実現は社外における生活時間とも密接な関係を有するものであり、社会的存在である企業こそが提供できる報酬であることに基づく。

年功や曖昧な能力を基盤にして報酬を決めてきた100年におよぶ日本企業の報酬政策は、ここに来て再編を迫られることになる。新たなモデルにおける総報酬は、経済的報酬と社会的報酬の関数によって表すことが可能である。報酬とはある意味で人事管理そのものであるが、二つの変数の単なる総和ではなく、関数として相乗効果を内包するものであり、どちらかが極小化された場合には（たとえば不適切な配置によるキャリア的報酬の減少、過重労働による時間的報酬の消滅など）、総報酬も極小化する性格を有する。新たな報酬概念を便宜的に簡略化したものが以下の体系である。

従来モデル ： 総報酬 ＝ 経済的（外的）報酬 ＋ 非経済的（内的）報酬

新モデル ： 総報酬 ＝ f(経済的報酬、社会的報酬)

第3章のまとめ —— 社会的報酬による人事管理へ

　本章では、人的資源管理が抱える二つ目の限界である「金銭的報酬と心理的報酬の偏重」について、明治期から今日に至る、日本における人事管理の変遷を辿ることによって検討を行い、以下を明らかにした。

　第一に、一定の長さを保って好況が持続する状況においては、属人的要素の大きい下方硬直的な年功給は有効であり、逆に、不況下における賃金抑制策としては職務給が必要とされたことである。明治初期から今日に至るまで、このことは普遍的な事実であることを見た。戦前における賃金構成要素モデルの各要素である最低賃金、生活給、能力給、職務給、成果給は、景気の変動に応じて各比率を場合によっては大きく変動させながらも、モデルそのものには大きな変更は加わっていない。通説とは異なり、文化や制度よりも、景気とその見通しによって賃金制度が規定されることを明らかにした。

　第二に、業務遂行に必要とされる具体的な能力（職業能力）を定義、分類、評価することは明治期以来の課題であり、未だに各企業はこの難題に苦労している事実である。この理由は、能力概念の曖昧さに基づく能力要件の重複、能力と職務の混同、能力の多重性であり、それと同時に業務遂行の3要件である、役割、能力、成果が相互に密接な影響をおよぼし合っていることにも起因する。能力主義を標榜する職能資格制度においても、この課題を克服することができず、第一の理由である好況を背景として、従業員の能力は属人的要素によって曖昧に「見なし評価」され、年功的・集団的な人事管理が定着したことを明らかにした。

　第三に、成果主義が登場した背景は、通説である経済的・技術的・社会的な経営環境の変化に加えて、社員区分、社員格付け、社員評価の根拠、つまり、それまでの人事管理の基軸とされていた能力の定義、能力基準の設定、能力の評価を放棄した帰結だったことである。人事管理において成果を重視することは、従業員の短期的志向と個人志向を強化す

ることになり、結果的にリストラの一手法として用いられることとなった。人事管理の本来の目的と乖離した成果主義は、必然的にその運用の見直しを迫られるに至ったことを明らかにした。

　第四に、従来の報酬体系における非金銭的報酬を、適切な「評価－処遇（賃金以外）－育成」を意味する「キャリア的報酬」と、様々な制約を有する人々に必要な「時間的報酬」によって再編する必要性である。報酬理論の先行研究を概観した上で、外的報酬と内的報酬との分類が重複していることを指摘し、心理的報酬とされる内的報酬が、外的報酬の目的変数である可能性も示唆した。その結果、企業が従業員に提供する報酬とは、金銭・非金銭を合わせた人事管理そのものということになり、第2章の結論を踏まえれば、ステークホルダーエンゲージメントとしての人事管理とは、適切な報酬を提供する仕組みとなる。

　以上より、第1章において指摘した従来の人事管理の抱える第二の限界である「金銭的報酬と心理的報酬の偏重」の検討を行った。人事管理は報酬管理をそのメインシステムとして機能しており、中でも金銭的報酬を中心に外部環境に応じた設計を年功制、職能資格制度、成果主義として行ってきた。しかし、ポスト成果主義の人事管理においては、従来の外的報酬－内的報酬、金銭的報酬－非金銭的報酬とは異なる新たな報酬概念（社会的報酬）が必要となることが本章の結論である。

66	Vogel (1979) は戦後の日本経済の高度成長要因を分析し、日本的経営を高く評価した。その要因を日本人の学習への意欲と読書習慣であるとしている。
67	工職身分差別、学歴別身分制などとする場合もある。職員とはホワイトカラー（欧米：non-manual、日本：管理、事務および技術労働者）を指し、工員（または職工）とはブルーカラー（欧米：manual、日本：生産労働者）を意味する。
68	2003年5〜7月に実施された木谷、宮下、労務行政研究所の調査結果（77.7％）など。
69	販売高、仕事量、業績などに応じて支給される給与。これらに直接比例させるのではなく、一定の枠を超えるごとに等級別に異なった率、あるいは額で加給する場合が多い。
70	ここでは日本語訳である『日本の経営 新訳版』（p.188）の記述に従った。
71	『日本の経営 新訳版』、pp.36-37。
72	一般に業務の難易度に応じた賃金を指す。
73	業績考課、能力考課と並んで人事考課を構成する要素とされることもある。一般的に規律性、協調性、積極性、責任性の四つの観点で日常の服務規律を観察し評価するものであり、若年層の評価として用いられることが多い。情意を意欲・態度と見なして、能力の一部分と考えることもあるが、ここでは一般的な定義に従う。
74	日本発送電株式会社、および北海道から九州までの9地域におかれた配電会社の10社の従業員によって1946年4月に結成された。
75	全逓信従業員組合の略称。1946年5月、逓信省の職員で作る労働組合として、戦後初の全国単一労働組合として結成された。
76	全日本機器労働組合の略称。1946年10月、日立製作所、三菱重工、日本精工、および多くの中小の機器関連企業によって結成された。
77	「生活給―生活給の源流と発展」、pp.42-45。
78	「相互に排他的な項目」による「完全な全体集合」を意味し、ロジカルシンキングの一手法であるグルーピング（grouping）の原理に基づく。
79	現在の経団連（日本経済団体連合会）の前身団体の一つ。業種別・地方別経営者団体の全国組織として昭和23年（1948）に発足。賃金交渉への対応などを通して労使関係の安定化を図った。
80	引用は日本経団連出版による2001年の復刻版、p.5。
81	『能力主義管理』、pp.21-22。
82	人材開発の決定は個人にあるとする考え方。政府の役割を重視する介入主義的アプローチ、企業の主体性を強調する主意主義的アプローチと対比される。
83	Career Development Programのこと。個々の社員のキャリア形成を中長期的な視点で支援していくための計画性を重視した仕組みを指す。
84	「見なし管理」については、第6章において詳述する。
85	戦後の労働省において職務給の調査にも携わった人事コンサルタントの楠田丘氏による『職能資格制度』が1974年に出版された。制度設計の手順、職能マニュアル（職能要件書）の設定方法、職群管理の手法、職能資格制度の運用方法、目標管理・キャリア開発・人事考課のノウハウに関する詳細な手引書として各企業に普及している。
86	職能資格の定義書を指す。職能要件とは、企業が期待し必要とする仕事の内容とレベルを職種別等級別に全社的に整理したものであり、全社共通と職種別の2種類が存在する。
87	米国の成果主義と日本的経営が結びついたとして、「日本型成果主義」と称すこともある。
88	2003年5月20日〜7月22日にかけて、筆者、宮下、労務行政研究所によって実施された

	共同調査。全国証券市場の上場企業2560社および上場企業に匹敵する352社の計2912社に調査票を送付し、有効回答数は112であった。
89	成果主義の背景を職能資格制度の破綻によるものではないとする意見も存在する。阿部（2006）は、技術革新やコーポレート・ガバナンスの変化によって企業の経営環境が変わり、同時に従業員の高齢化も進んだことで成果主義を取り入れる企業が増えたと主張する。
90	富士通の人事部社員として成果主義導入に携わった城繁幸は、成果主義が人件費削減の方便だったことと、米国とは文化の異なる日本企業における導入の難しさを指摘し、成果主義によって社内の士気が低下していった経緯を赤裸々に描いた（城、2004）。
91	高橋伸夫は『虚妄の成果主義』において、成果主義に伴う"自己責任"や"客観評価"を隠れ蓑にして、企業の経営トップは従業員への投資を怠り、管理職は部下の評価を回避したと批判した（高橋、2004）。
92	清水良郎（2011）は失敗の要因として、第一に従業員の消極的姿勢、第二に協力体制の阻害、第三に人事評価への不満を指摘した。
93	部下育成に関連する評価項目を管理職の評価ウエイトの2割に拡大する（資生堂）、目標管理制度における定量目標と定性目標の割合を8：2から2：8へ変更する（三井物産）など。
94	人は「自分の仕事への取り組みと対価としての報酬」と「他人の仕事への取り組みと対価としての報酬」を比較し、その内容に不公平を感じる場合、公平性を感じるような状態に近づく行動をとるように動機づけられるという理論。Adams（1965）らによって提唱された。
95	人がどのような心理的プロセスで動機づけられ、行動の選択とその持続がなされるのかというメカニズムを理論化したもの。動機づけは、職務遂行の努力が何らかの個人的報酬につながるであろうという期待と、その報酬に対して人が持つ主観的価値の二つの要因で決まるとした。Vroom（1964）、Porter & Lawler（1968）らによって提唱された。
96	マズローの欲求段階説やハーズバーグの二要因理論など。
97	あるいは「金銭的報酬」「非金銭的報酬」「心理的報酬」の3分類も可能である。ここでは、金銭的報酬と非金銭的報酬を「経済的報酬」、心理的報酬を「非経済的報酬」とした。

第4章

男性正社員に基軸を置いた管理構造

本章では、第1章で指摘した三番目の限界である「男性正社員に基軸を置いた管理構造」について検討する。そのためには多様な人材を活用するための人事管理（ここでは「多様な人材管理」と呼ぶ）の施策・制度の現状を検討する必要がある。そこで、多様な人材管理を代表する「ダイバーシティ・マネジメント」を取り上げ、第1節では、ダイバーシティ・マネジメントの概要、第2節では、ダイバーシティ・マネジメントの課題、第3節では、ダイバーシティ・マネジメントの代表的なテーマである女性活躍推進について検討し、新たな人事管理に必要な第三の視点を明らかにする。

1 ダイバーシティ・マネジメントの概要[98]

1-1　ダイバーシティ・マネジメントとはなにか

　近年における経済成長の柱として打ち出された女性社員の活躍推進、改正障害者雇用促進法による障害者法定雇用率の引き上げ、改正高年齢者雇用安定法に基づく希望者全員の継続雇用が必要となった高齢者、改正労働契約法による無期契約への転換要件が明示された非正社員、労働力不足による外国人労働者の受け入れ促進の検討など、最近、政府は人材多様化に関連する政策を立て続けに打ち出している。こういった政府の動きに加え、熾烈なグローバル競争に晒されている企業においては、多様な人材の管理を意味する「ダイバーシティ・マネジメント」が重要な経営課題として俄かに注目を集めており[99]、その研究も盛んになってきた。

　ダイバーシティの原語は"diversity"（相違、変化、多種多様性）であり、その対義語は"uniformity"（単一性、同質性）である。本来におけるダイバーシティは、1960年代の米国[100]では、性別、年齢、人種・民族の違いを示す概念であったが、現在は個人の有するあらゆる属性の次元をその対象としている。谷口真美（2005）によると、居住地、家族構成、習慣、所属組織、社会階級、教育、コミュニケーションスタイル、マネジメントスタイル、人種・民族、性的指向、職歴、年齢、未既婚、趣味、パーソナリティ、宗教、学習方式、外見、収入、国籍、出身地、役職、体格、性別、勤続年数、勤務形態（正社員・契約社員・短時間勤務）、社会経済的地位、身体的能力など、人が有するほとんどの属性がダイバーシティの対象領域となる[101]。本書では、ダイバーシティを「人材と働き方の多様性」として検討する。

　組織における多様な人材と働き方を管理することを、ダイバーシテ

ィ・マネジメント（多様な人材と働き方の管理）、あるいは"Diversity & Inclusion[102]"（多様性の受容）と呼んでいる。ダイバーシティ・マネジメントが意図するのは、「外見上の違いや内面的な違いにかかわりなく、すべての人が各自の持てる力をフルに発揮して、組織に貢献できるような環境を作る[103]」ことであり、人種、国籍、言語、性別、年齢、容姿、障害の有無などの外見的な違いだけでなく、価値観、宗教、生き方、考え方、生活、性的指向、趣味、好み、働き方、さらには時間制約といった、様々な内面の違いや個人の事情をも受容することである。外見上の違いとはHarrison, Price & Bell（1998）の分類による「表層的なダイバーシティ」に相当し、内面的な違いは同じく「深層的なダイバーシティ」を意味するものである[104]。このことは、個人の個性を活かして能力を発揮できる組織を作ることが、個人のみならず、組織にとっても大きなプラスになるという考え方であり、こういった組織を構築する管理手法がダイバーシティ・マネジメントとなる。谷口（2005）は、ダイバーシティ・マネジメントを「変化対応能力が求められる時代に、一人ひとりの多様性をいかして、創造性・モチベーションを高め、多面的な思考をとりこみながら、市場に対して柔軟に適応できる組織に変革するマネジメント手法」と定義している。ビジネスを取り巻く環境の変化に対応しながら、企業そのものも変化し競争を勝ち抜いていくためには、多様な人材に支えられた組織、つまりダイバーシティに富んだ組織が必要であるとする考え方である。

　ダイバーシティの考え方は、米国における公民権運動によって広まり、1960〜1970年代のダイバーシティは、雇用機会均等の対象とされていた。1980年代後半以降は、ダイバーシティを尊重するという議論への転換が行われ、1990年代初めには、ビジネス上の価値創造の資源へと変化した経緯がある。現在においては、多様な文化や背景、個人的特質をもった人々を組織に受け入れ、組織のパフォーマンスを高めることを目指した取り組みとされている。現在の企業を取り巻く環境は、1990年代以降の社会、経済、テクノロジー、価値観などの変化と急激なグローバル化によって、大きく変化してきている。海外企業とのM&Aのみならず女性

活躍推進、障がい者雇用、高齢者の再雇用、外国人労働者に関する課題は、どの企業においても看過できない重要なテーマである。たとえば、グローバリゼーションの文脈において、Adler（1991）は「異文化シナジー効果」という概念で多様性対応の必要性を主張しており、Bartlett & Ghoshal（1989）は、①グローバルな効率、②各国市場への対応、③世界規模の学習能力の開発、を兼ね備えた「トランスナショナル・モデル」という新たな多国籍企業の姿を提起し、多様性への適応と統合の重要性を指摘している。

1-2 ダイバーシティ・マネジメントの目的

先行研究を踏まえた上で、ダイバーシティ・マネジメントの目的は四つに集約できる[105]（図表4-1）。

図表4-1　ダイバーシティ・マネジメントの目的

①「必然性の視点」
- 外国人労働者・非正規社員、高齢者など、従来の同質的マネジメント手法の限界

②「危機管理の視点」
- コンプライアンス、ハラスメント、人権問題などのリスク対応

③「公正の視点」
- 基本的人権、男女共同参画、企業の社会的責任（CSR）の実現

④「成果の視点」
- 従業員の働きやすさ、働きがいの向上
- 従業員の定着率の向上
- 組織の創造性の向上、環境への柔軟な対応
- 組織変革、風土改革　など

出所：木谷宏『社会的人事論』（2013c）p.168より転載

まず一番目は、ダイバーシティ・マネジメントを行わざるを得ないという現実に基づく「必然性の視点」である。各企業は、国籍の異なる従業員の増加、職場の過半を占める非正社員、高まる離職率に見る価値観

の異なる若者、他企業との合併や提携による異文化統合、海外法人の管理など、従来の経営手法や人事管理手法が通用しない局面に遭遇している。そして、従来の同質性に基盤を置く「集団のマネジメント」から各個人の多様性に着目した「個のマネジメント」へと転換を余儀なくされている。二番目は、「危機管理の視点」、あるいは「コンプライアンスの視点」である。セクシャル・ハラスメントやパワー・ハラスメントを含めた様々な人権への対応を誤ることは、企業において致命傷となりかねない[106]。障がい者雇用についても、2013年4月から、民間企業における障がい者の法定雇用率が2.0％（50人に1人）となった。また、同年6月に成立した改正障害者雇用促進法により、2016年4月からは「障害者に対する差別の禁止」や「合理的配慮の義務化」、さらに、2018年4月から精神障がい者の雇用が義務化される。今後も行政による人権への配慮の要求は、ますます強まることが予測される。ダイバーシティ・マネジメントをリスクマネジメントの一環と位置づけ、適切な対応を行うことが必要となってくる。

　三番目は「公正の視点」である。基本的人権は言うまでもなく、男女均等推進、男女共同参画、ファミリー・フレンドリー（仕事と家庭の両立支援）、少子化対策といったジェンダーに関連する法令や施策の推移を見ても、ダイバーシティ・マネジメントが社会公正の文脈に沿っていることは明白である。このことは、企業の社会的責任（CSR：Corporate Social Responsibility）としてダイバーシティ・マネジメントを実践することの必要性を意味する。現在、各企業においてCSR経営が推進されているが、その際には従業員を大切なステークホルダーと位置づけ、一人ひとりの表層的な違いに対して配慮を行うと同時に、深層的な違いにも注意することが必要となる。そのためには、第2章で見たように、従業員の働きやすさと働きがいの向上をCSR領域に位置づけ、社内でダイバーシティ・マネジメントが、そのための必要条件であることを認識することが不可欠となる。「企業とは社会の課題解決を行い、あらゆる人々に働く場を提供する社会機関である」と考えない限り、公正の視点でダイバーシティ・マネジメントを実践することは困難である。

最後に、企業パフォーマンスを上げるという成果の視点である。個を尊重するダイバーシティ・マネジメントによって働きやすさが向上する、従業員のモチベーションや定着率が改善する、個人と組織の創造性を高める、市場に対して柔軟に対応できる、組織変革・風土改善につながる、組織の求心力を高めるといった点が、企業経営において競争力に直結することは明らかである。しかしながら、ダイバーシティ・マネジメントによる業績向上メリットを強調しすぎると、必然的に短期的な成果（売上・利益・株価など）との因果関係を、経営者から厳しく求められることになる。ダイバーシティ・マネジメントが既に避けられない現実に我々がいること、リスク・マネジメントしても捉えねばならないこと、そして社会の公器である企業の責任として取り組むことを併せて理解し、長期的な視点から推進することが重要である。短期的な成果を強調することは、必然性、危機管理、公正、成果の四つの視点に立ったバランスのとれたアプローチを欠くことになる。その結果として、ダイバーシティ・マネジメントは、グローバル化を目指す一部の大企業に特有の課題として誤解されることとなる。

1-3　ダイバーシティの構造

　ダイバーシティ・マネジメントに関わる多様性には、三つの種類があると考えられる（図表4-2）。つまり、多様性は個人の内なる多様性、組織構成員の多様性、集合体の多様性の三重構造を成しており、それぞれに対応するダイバーシティ・マネジメントの手法も異なる。中でも、個人の内なる多様性は、ワーク・ライフ・バランスの本質を構成する重要な概念である。

1　組織構成員の多様性

　一般的にもっともイメージしやすいダイバーシティであり、組織における従業員の個人属性の多様性を指す。狭義のダイバーシティとは、これを意味している。ジェンダー（性別）、年齢、人種、国籍、言語、民族、障害の有無、価値観、宗教、生き方、性格、態度、性的指向、在職期間、

図表4-2　ダイバーシティの分類

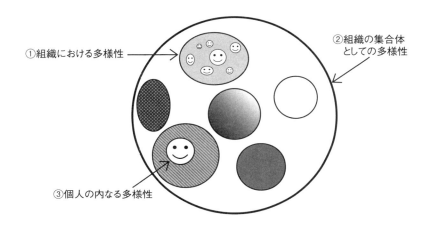

出所：木谷宏『社会的人事論』(2013c) p.170より転載

経歴、学歴などが異なる人々を受容するという、組織における構成員（企業においては従業員）の多様性である。前述したように、個人属性の多様性は表層的（外面的）ダイバーシティと深層的（内面的）ダイバーシティに分類されることが通説となっている。しかしながら、これらはある程度は固定的かつ生得的な個人属性であり、たとえば、雇用形態、時間制約、職業能力などは、流動的かつ後天的に変化するものであるために、この文脈では語れない。つまり、時間の経過によって刻々と変化する。あるいは状況の変化によって大きく変化する状況的な個人属性も存在する。これらを「状況的ダイバーシティ」と呼ぶならば、従来の固定的な外面上および内面上の個人の差異に配慮するだけでなく、状況的ダイバーシティの存在を認識することが人事管理において重要となる。なお、最近では、デモグラフィック・ダイバーシティ、オピニオン・ダイバーシティ、エクスプレッション・ダイバーシティ[107]の三つに分類する研究もある。組織構成員の多様性については、後述するように、その分類は目的によって無限であるが、現在の企業経営における主要なテーマを図表

4-3にまとめた。

図表4-3　一般的なダイバーシティ・マネジメントの対象領域

①女性社員:ポジティブ・アクション、ネットワーク、キャリア開発支援　など
②若年社員:雇用拡大、インターンシップ　など
③高齢社員:定年延長・廃止、再雇用制度　など
④外国人社員:採用拡大、幹部育成、評価基準統一、異文化受容　など
⑤障がいを持つ社員:法定雇用率を超える取り組み、特例子会社設立　など
⑥非正規社員:正社員登用、均等処遇　など
⑦出身の異なる社員:M&A等による統合人材マネジメント　など
⑧治療を必要とする社員:メンタルヘルス、がん　など

出所:筆者作成

2　集合体としての多様性

　一つの組織とは、その基本単位である一人ひとりの多様性によって構成されていると見なすことができる。このようにして、それぞれの集団は一つの組織として成立し、共通の目的を有した存在となり、その組織固有の文化や風土が育まれることにもなる。一方で、こういった組織が全く異なる存在として個別に成立することは、企業社会では稀である。たとえば、A社において、販売一課、販売二課、販売三課はそれぞれ異なる組織であり、課長も課員も異なり、各課の雰囲気や業績も当然ながら違うものである。しかし、課長も課員も上位組織である販売部に所属するという意味において、全く異なる動きをすることは許されないし、販売部の業績達成という共通の目標を持つ存在でもある。つまり、多様性には構成員の多様性の他に、組織としての多様性が存在している。これを「集合体としての多様性」と呼ぶことができる。

　この概念はさらに上位へ遡ることによって、販売一課の多様性（あるいは個別性）、販売部としての多様性、A社としての多様性を構成することになる。さらには、A社がXグループという企業群に所属しているならば、XグループはA社をはじめとする多様な企業の集合体と見なすことも可能である。他にも、合併、吸収、連携、提携、アライアンス、コ

ラボレーションなどにより、異なる組織が各々のアイデンティティを維持しながらも集合体として一つの組織を構成することも珍しくない。今日におけるグループ経営の要点は、集合体としての多様性をいかにマネジメントし、グループとして最大の成果を上げるかということに他ならない。

3　個人の内なる多様性

　個人の多様性を考えるにあたっての「状況的ダイバーシティ」の重要性を既に指摘した。このことをさらに突き詰めると、一個人そのものも多様な個人属性の組み合わせという点で、他の人々からユニークなだけでなく、内にあるそれぞれの個人属性が時間の経過や状況の変化によって、その姿や組み合わせを変えるという意味でもユニークである。つまり、「今の私」は「去年の私」とは全く別の存在と考えることが可能である。このことを「個人の内なる多様性」と呼ぶならば、自己の内にある様々な属性は、ライフステージにおいて変化することを意味する。ここで、「自己」を「ライフ（生活）」に、「属性」を「仕事（ワーク）も含めた生活を構成する領域」に読み替えれば、内なる多様性とはある個人におけるワーク・ライフ・バランスの状況を意味する。

　仮に企業に働く人々を、会社での仕事のみに忙殺される「会社人間」ではなく、仕事に加えて家庭（育児・介護など）、地域活動、自己啓発、趣味などの様々な領域において幸福を追求する「社会人間」とする。その際の人事管理は、男性、正社員、日本人、新卒採用、健康者といった特定の属性に基づく集団のマネジメントに基づくものではなく、家庭事情、健康事情、キャリアの志向性、発揮能力、潜在能力などの内なる多様性とその変化に着目することが必要になる。しかしながら、会社は従業員のすべての人生に関与することはできないし、本人もそのことは求めていない。個人の内なる多様性が人事管理に要求することは、第一に、従業員を自立した一個人と見なす敬意であり（ステークホルダーとしての尊重）、第二に、長期的な能力伸長に対する公正な評価と支援であり（キャリアの支援）、そして第三に、仕事以外の生活に対する配慮と時間的報

酬の提供（ワーク・ライフ・バランスへの支援）であり、これらは正に報酬と捉えることが可能である。

　このように、これからの人事管理においては、単に個人属性の違いに配慮するのみならず、内なる多様性にも着目することが必要となる。たとえば、能力、労働意欲、家族状況、専門性といった個人の差異は、非常に多様であり、また同一個人であっても、ライフステージ、本人の成熟度、周囲の支援体制によって大きく異なってくる。こういった差異は表層や深層、外面や内面といった文脈で語ることは不可能であり、動的かつ極めて個人的な差異である。このように、流動的かつ状況的な変化を見守るためには、個のマネジメントが必要であり、個人が十分に能力を発揮できるように背中を押したり、個人のキャリア選択を奨励、応援する人事管理が求められる。たとえば、社内人材公募制、看護休業制度、病児シッターの補助、留学制度、事由を問わない休業制度、一旦退職した社員の採用（再雇用制度）といった仕組みである。これらはキャリア開発支援策ならびにワーク・ライフ・バランス推進施策を意味し、前提としての公正な評価も不可欠となる。

　これからの企業社会においては、人権尊重や差別をしないという「守りのダイバーシティ・マネジメント」、組織の活性化による業績向上という「攻めのダイバーシティ・マネジメント」に加えて、個人の属性とライフステージにおける多様性を許容し、能力をいかんなく発揮させるという「個人のダイバーシティ・マネジメント」が重要である。このことによって組織における個人の創造性と個性が発揮され続けることとなり、日本企業がグローバル市場で生き残り、活力を持ち続けることができるかを左右する。優秀な人材を引きつけるためといった競争原理のみではなく、人間の可能性を信じて、能力を発揮させ続ける環境作りが不可欠になってきたとも言える。

2 多様性の抱える課題

2-1 恣意的概念としての多様性

　今日の企業においては多様性が必要とされており、その管理手法がダイバーシティ・マネジメントであることを述べた。ここでは以下のケースから組織における多様性の課題を指摘し、その本質を明らかにする。

〈ケース1〉
　X社では期末に従業員の人事考課を行っている。一次評価、二次評価を経て、最終評価ではS、A、B、Cの4段階としている。人事考課の視点から言えば、X社では高い能力の者、中くらいの能力の者、低い能力の者が多様に存在する。

〈ケース2〉
　Y社は明治時代に創立した企業である。資料を見ると、創業時には従業員の100％が日本人であった。多様性という意味では大きな問題があった。

〈ケース3〉
　東京に本社があり、全国展開しているZ社において従業員の出身地を調べたところ、47都道府県の出身者が均等であった。また、左利き社員の比率も日本全体の比率と同様の10％であった。Z社は多様性に富んだ組織である。

　ケース1は、多様性とその前提となる"分類"が極めて恣意的な概念であるという例である。能力や業績、さらにはコンピテンシーなどの基準は別として、企業において従業員を評価する場合、一定の基準で分類を試みているので、当然のことながら評価結果という意味では多様性が生じる。もしも評価を一切行わず、ランダムな処遇を組織において行う

のであれば、個人の能力や業績における多様性は存在し得ない。多様性とは何らかの基準や尺度の存在が前提となる意図的（恣意的）な概念である。

2-2 社会環境による多様性の変化

ケース2は、時代背景や社会環境によって多様性の概念が変化する例である。明治時代のようにほとんど外国人がいなかった社会において、企業で外国人を雇用するという発想は普通ではありえないし、何も問題はない。しかし、もしも現在のY社が日本のみならず、米国、ヨーロッパ、ロシア、アフリカ、中国に現地法人を有する海外売上比率が50％を超える製造業であった場合はどうなるのか。当然のことながら現地製造ラインの従業員が外国人であることは当然であり、現地のトップマネジメントも日本からの出向者だけでなく、現地化が進んでいるはずである。さらには、株主構成も外国人比率が高いことが容易に想像でき、東京の本社においては、経営陣に外国人がいてもおかしくない。社長が外国人である可能性も高い。つまり、Y社が今も日本人のみによって運営されていれば、そのことが問題になる可能性が高い。

ダイバーシティ・マネジメントは、女性、高齢者、若年者、障がい者、外国人、非正規労働者といった特定の個人属性を有する人々への対応とすることが一般的であるが、このことは時代背景や社会環境が大きな要因となっている。"より多くの女性が企業で活躍したいと願いながらも、そのことがほとんど実現されていない場合"に女性活躍推進はダイバーシティ・マネジメントの重要なテーマとなる。高齢者、若年者、障がい者、外国人、非正社員を、上記の文章に当てはめてもまったく同様である。ダイバーシティ・マネジメントにおいては、個別のテーマを丁寧に解決していくことは重要だが、そのことは対症療法にすぎず、社会環境の変化によって新たなテーマが次々と発生することになる。第2章で見たように、企業を社会的存在と認識し、社会や地域の縮図となるような従業員の構成を視野に入れ、時代や社会の推移に応じて、その要請を鋭く見抜く先見性と受容可能な組織と風土作りが必要である。

2-3　発生主義としての多様性の限界

　ケース3も重要な示唆を含んでいる。まず、Z社の場合に各都道府県から均等に従業員を採用することに意味があるのかという点である。全国の名産品を扱うビジネスに携わっているために、郷土愛が旺盛な従業員を全国から集めることで差別化を図るなどといった、特別な意図がない限りはその必要はない。また右利き、左利きについても同様である。しかし、たとえばある企業の創業者がA県の出身であり、上場しグローバル企業となった現在も優先的にA県から採用を行い、従業員に占める比率が3割を超え、役員の大半がA県出身となった場合はどうであるか。この場合も経営や業績に問題がなければ、Z社のユニークな個性に過ぎない。しかしながら、B県出身の有力な専務が別の派閥を作り、社内抗争によって経営がおかしくなった場合には問題となる。こうなった場合には、たとえば地方閥の解体によって、出身地の多様性を図るといった対応が必要となる。

　前述したように、社会的存在である企業においては、従業員の構成は、社会または地域の縮図に近いことが望ましい。しかし、多様性が必要とされるのは、その組織において属性間の摩擦が生じたり、気づくか気づかないかは別としても、従業員の属性の偏りが生産性を阻害する場合なのである。その意味で多様性とは、問題が起こってから初めて認識される発生主義的な概念と言える。ケース1のX社の場合には、能力評価結果の多様性は、特に摩擦を生じさせているわけではなく、何ら問題となっていない。問題が起こるとすれば、評価基準や評価プロセスに関する透明性といった、多様性とは別の課題である。ケース2のY社の場合も既に述べたように、当時は何の問題もなかったのである。グローバル企業となった今、はじめて問題が発生するのである。

　ケース3にはもう一点重要な点がある。それは前述した"気づくか気づかないかは別としても従業員の属性の偏りが生産性を阻害する場合"という事実である。一般的に、従業員の属性の偏りが生産性を阻害していると気づくことは困難である。そして気づかないからこそ、組織は硬

直化していく。ダイバーシティ・マネジメントに必要なことは、何らかの問題が発生してから対処するという受動的な姿勢ではなく、従業員の属性の偏りを是正することによってさらに生産性を向上させることができる、もしくは社会に寄与することができると考える能動的な姿勢である。

既にダイバーシティ・マネジメントの必要性を成果のみならず、既に避けられない現実に企業がいること、リスク・マネジメントしても捉えねばならないこと、そして企業の社会的責任として取り組むべきことを述べた。成果の視点は企業経営において最も期待されるが、従業員の属性の偏りが生産性を阻害している可能性、つまりダイバーシティ・マネジメントが組織の業績をさらに向上させうるという可能性は極めて認識しづらい。それゆえに必然性、危機管理、社会公正といった視点を組み合わせてダイバーシティ・マネジメントを推進していくことが有効であり、結果的に近道でもある。

3 ダイバーシティ・マネジメントとしてのポジティブ・アクション[108]

3-1 ポジティブ・アクションの概要

1986年4月に男女雇用機会均等法（以下、均等法）が施行されて四半世紀が経過した。この法律は、雇用の分野での男女の均等な機会・待遇の確保、女性労働者の職業能力の開発・向上を図ることなどにより、女性労働者が性別により差別されることなく、かつ母性を尊重されつつ、その能力を十分発揮することができる雇用環境の整備を目指したものである。確かにこの25年で企業は大きく変わり、様々な職場において女性が活躍している。

しかし、華々しい報道の一方で、女性社員の戦力化はいまだ十分には

実現されていない現実もある。取り組みが進まない原因は、"総論賛成、各論反対"に例えることができる。女性が能力を発揮してくれることはありがたい。しかし、女性社員の活躍を進めれば業績は本当に向上するのか、中小企業ゆえにそのような余裕はない。女性社員を甘やかせることにならないか、男性社員の士気が低下しないか、具体的にどう進めればよいのか、相変わらず女性社員はすぐに退職する——こういった経営や職場における懸念や阻害要因を丁寧かつ迅速に取り除いていくことが必要であり、そのための具体的な手法が必要である。

ポジティブ・アクションとは、女性社員の活躍を推進するための「男女雇用格差是正措置」を意味し、厚生労働省は以下と説明している[109]。

ポジティブ・アクションとは、固定的な性別による男女の役割分担意識や過去の経緯から
・営業職に女性はほとんどいない
・課長以上の管理職は男性が大半を占めている
等の差が男女労働者の間に生じている場合、このような差を解消しようと、個々の企業が行う自主的かつ積極的な取組を言います。

ポジティブ・アクションの目的は、①女性社員の活躍、②女性社員の就業継続、③女性社員の職域拡大、④優秀な女性社員の採用・育成であり、女性社員を中心とした人材の能力が十分に発揮されることが、企業にとって大きなプラスとなることを強調している。具体的には、①女性社員の労働意欲の向上、②男性社員を含めた生産性の向上、③多様な人材による新たな価値創造、④幅広い高質な労働力の確保、⑤企業イメージの向上といったメリットが企業にもたらされるとしている[110]。

ポジティブ・アクションとは、ダイバーシティ・マネジメント政策の一環である、米国におけるアファーマティブ・アクション（積極的差別是正措置）を基本とした概念である。アファーマティブ・アクションは、その対象を黒人・ヒスパニック・先住民族といったエスニック・マイノリティ、さらに女性、障がい者としており、社会的差別を是正するため、

雇用や高等教育などにおいて、それらの人々を積極的に選抜・登用することを意図した。このように、ある意味で急進的な施策を日本で取り入れた背景には、1986年における均等法の施行がある。これは事業主に対して、教育訓練、福利厚生、定年、退職、解雇についての女性差別を禁止する法律であり、1999年の改正では、募集・採用、配置・昇進に関する差別も禁止された。その際に、初めてポジティブ・アクションという言葉と規定が盛り込まれ、日本における男女均等処遇は大きく前進したとされている。さらに2006年の改正では、間接差別の禁止により、転居を伴う転勤を採用や昇進の条件としてはならないとされた。

　脇坂明（2011a）は、均等法施行直後の1989年から2008年までの10年間における企業の均等度の推移を均等度指標[111]によって丹念に調査しており、「これら企業調査や個人調査の結果からも、均等法施行後はおそらく均等が進んだことは間違いない」としている。女性就労に関する（表面的な）障害は、均等法によって一応は取り除かれたと言うことができる。以下では、ポジティブ・アクションの具体的な取り組み内容から、従来の女性活躍推進における取り組みの課題を指摘し、人事管理全体を再編する必要性を提起する。

3-2　ポジティブ・アクションの取り組み内容

　改正均等法施行の当初におけるポジティブ・アクションは、以下の五つの取り組みをその内容とするものであった。

①女性の採用拡大（募集・採用）

　「数は力なり」と言われるように、マイノリティの状態から脱するには量的拡大が一つの有効な手段であり、女性社員の採用拡大はポジティブ・アクションにおける重要な施策である。さらに、企業を経済的な側面のみならず、多様な責任を有する社会機関と位置づけるならば、企業が社会の縮図として多様な人材を適切な比率で擁することは自然である。既に日本全体の女性労働者の比率が42.7％となっていることを認識した上で[112]、自社の女性社員比率を様々な社員区分（正社員・非正社員、総合職・

一般職、一般社員・管理職、事業別、職種別、年齢別など）によって分析を行うことから取り組みは開始する。また、今までの採用（新卒および中途）実績を踏まえて、長期的なシミュレーションを行うことによって、自社の今後の女性比率を予測する。

　ここまでの準備を終えた時点で、女性社員比率の目標値を設定することになる。ある大手化学メーカーでは、女性社員比率が業界平均を大きく下回る6.9%であることに社長が愕然とし、その数字が大きく印刷された女性活躍推進リーフレットを作成して全社員に配布した[113]。具体的な目標数値を定める際には、①短期・中期・長期の目標設定、②全社および社員区分ごとの目標設定、③業界や他社とのベンチマーク比較、④無理のない目標設定が重要となる。具体的な達成手法は、女性の採用拡大施策と女性の退職防止施策であり、女性社員比率の向上には、採用拡大と退職防止を併行することが重要である。一般的には、女性の採用拡大とは総合職を対象とした取り組みとなるケースが多い。

　実際に女性の採用拡大を行った会社では、最大の課題は、役員をはじめとする男性の意識変革であったと言う[114]。応募者の母集団において、女性が大半を占めることは珍しくなく、成績や能力においても男性応募者に引けを取らないことは想像に難くない。重要なことは、男性を中心とする職場の固定観念を変えることである。そのためには先ほどの事例のように、経営トップのコミットメントが不可欠になる。

　採用拡大の波及効果は、少しずつではあるが、時間を経るに従って大きくなる。たとえば、次に述べる「職域の拡大」は、女性社員の増加に伴い、新たな職務を希望する人数が増えることによって容易になる。「管理職の増加」も優秀な女性管理職候補者が増えることによって一気に加速する。その意味でも、女性の採用拡大はポジティブ・アクションの中核的な施策である。

②女性の職域拡大（職域拡大）

　組織全体で女性の活躍を推進し、企業風土と業績を改善するには、絶対数に加えて、彼女らが組織内に遍く配置されることが必要になる。女

性の職域拡大とは、組織内での女性の偏在を是正する措置に他ならない。具体的には、「総合職女性社員の拡大」と「職種における偏りの是正」の二つの施策が必要である。総合職女性社員の拡大については、既に述べた総合職採用における女性比率の拡大が有効であり、それに加えて、一般職から総合職への転換制度が必要になる。多くの企業において、総合職転換制度は存在するが、問題はその実績および効果である[115]。女性総合職を実質的に採用していなかった均等法施行前とは異なり、女性総合職採用を開始した後のコース転換には、制度の運用と本人の意識において多くの困難が発生する。制度の存在が組織の免罪符となることなく実効性を発揮するためには、転換制度の利用しやすさと総合職として働くことのメリットが同時に要求される。手続きの簡便性、選考プロセスの透明性、また、上司による励ましや経営陣からのチャレンジを歓迎する旨のメッセージなども有効である。

　職種における女性社員比率の偏りを是正するには、職種ごとの女性社員比率を把握し、女性社員が少ない職種における阻害要因を洗い出すことが必要である。企業においては、管理、事務、営業、技術、研究、製造、情報などの様々な職種がある。こういった職種別の女性社員比率を把握し、偏りを是正すべく、異動と配置を通じた措置を講ずることになる。一般的には、事務、営業、製造、研究職には女性が多く、その他の職種ではほとんど女性がいないといった企業が多い。職種別採用を行っている企業においては、すべての職種で女性を採用することが近道である。ある企業では、事務職のみで女性を募集していたが、技術職についても若干名として募集したところ、多くの応募があった。現場からは「女性を採用しても、着替えやシャワーのスペースがない」といった困惑がありながらも、結果的に2名の女性を採用し、施設を増改築して対応した[116]。かつての固定観念とは異なり、すべての職種において女性の活躍が可能であることがうかがえる。

③女性の管理職の増加（登用）

　現在のポジティブ・アクションにおいて、もっとも中心的な施策であ

り、組織におけるリーダーが女性であることは企業に様々なメリットをもたらすはずである。管理職には、経営のエージェント、次代の幹部候補、職場のリーダーといった様々な役割があり、田尾雅夫（2005）は、今後の管理職の役割について、従来までのような官僚制機構を支えるだけのものではなく、管理職には組織業績を向上させ、また環境に適応すべく組織革新を導くような、より積極的な役割が期待されるようになってきたことを指摘する。このように、重要な役割を果たす管理職であるゆえに、かつての日本企業においては主流である男性によって独占されていたとも言える。ポジティブ・アクションの取り組みの中でも、女性管理職の増大は組織全体に大きな影響を与える施策である。

　具体的には、現時点での管理職の人数を把握し、その中に占める女性社員の割合を算定することから開始する。その際には「管理職」の範囲を自社として定義することが必要である。企業によって役職名は様々であるが、「担当者（いわゆる"平社員"）－主任－係長－課長代理－課長……」といった役職序列を確認し、求められる管理職の役割に基づいて範囲設定を行うことになる。一般的には、所定外労働の割増賃金が発生しない役職、あるいは、労働組合が存在する場合には非組合員を管理職と見なす企業が多い。ただし、こういった厳密な線引きを行った場合、企業によっては女性管理職比率が1％にも満たないケースが多く、取り組みが事実上不可能になることが懸念される。その場合には、二種類の目標を設定することが有効である。たとえば、前述のような役職序列において課長代理以上が管理職の場合には、その女性社員比率を「女性管理職比率1」とし、主任（あるいは係長）以上を「女性管理職比率2」とする。各々に目標は設定するが、まずは後者の比率を高めることを優先し、女性の主任や係長を増やすことによって、中長期的に女性管理職比率を向上させるという手法である。

　女性管理職を増加させるには、社内での登用と社外からの調達の二つの方法がある。理想としては両方を併せて行うことが望ましい。社内で登用するまでの育成に時間がかかる場合には、外部から有能な女性管理職を（できれば複数名）中途採用し、重要な職務を任せて職場や全社の風

土に大きな影響を与えることも有効である。また社内登用の際には、通常の管理職登用の枠内（つまり男性と一緒に登用）で行う方法と、別枠扱いとして女性限定で登用を行う方法がある。女性を優遇することによって男性の登用者数が減ることは、男性のモチベーションを低下させることにつながるため、別枠とする場合が多い[117]。

④女性の勤続年数の伸長（仕事と家庭の両立）
⑤職場環境・風土の改善（男女の役割分担意識の解消）

　これら二つの取り組みは、ファミリーフレンドリー施策[118]と男女均等処遇施策を意味する。さらに換言すれば、ワーク・ライフ・バランスの取り組みを全社的に推進し、性別や社員区分などの個人属性に拘らない公正な評価・処遇制度（個のマネジメント）を実践することである。このことはポジティブ・アクションの取り組みに限定されない、企業における重要施策、あるいは人事管理の転換施策であり、女性の採用拡大、女性の職域拡大、女性管理職の増加といった取り組みを行うための必要条件でもある。逆に言えば、どれほど女性社員の数が増え、女性の職域が拡大し、女性管理職や女性役員が増加しようとも、仕事と生活の調和が困難であったり、男女公正な評価・処遇が行われなければ、彼女たちは職場を去るか活躍を諦めることになる。

3-3　ポジティブ・アクションの課題

　平成22年に閣議決定された「新成長戦略（雇用・人材戦略）」において、人口減少社会における就業率上昇の実現策の一つとして、女性の活躍推進のための環境整備による女性の就労促進が対応策として挙げられた。中でも、結婚、出産、育児による退職により、就業を希望しながらも働いていない女性就業率の向上、いわゆる「M字型カーブ解消」については、平成32年までに25～44歳までの女性就業率を73％、第一子出産前後の女性の継続就業率を55％とする目標が設定されている。

　また、同じく閣議決定された、子どもと子育てを応援する社会の実現に向けた「子ども・子育てビジョン」、男女共同参画社会の実現に向け

た「男女共同参画基本計画（第3次）」において、ポジティブ・アクションを強力に推進する必要性がうたわれており、それに取り組む企業の割合を平成26年度までに40％超とする目標も設定されている。

このように、社会からも大きな期待のかかるポジティブ・アクションにおいては、中小企業における取り組みが十分でなかった点を踏まえ、平成24年より従来の五つの取り組みに二つの取り組みが加えられ、新たな全体像が示されている[119]（図表4-4）。これら七つの取り組みを有機的に組み合わせることが、今後のポジティブ・アクションにとって必要である。新たに加わった二つの取り組みは以下の通りとなる。

図表4-4　女性社員の戦力化に向けた取り組みの全体像

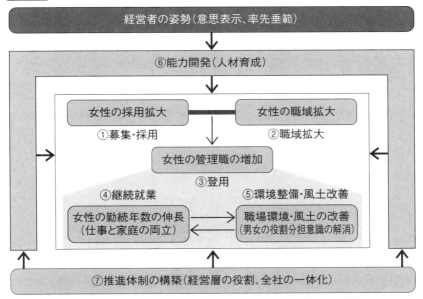

出所：厚生労働省『中堅・中小企業経営者のための女性社員の戦力化』（2012）p.8より転載

⑥能力開発（人材育成）

女性の少なかった職域や職種へ計画的に配置を行うためには、継続した能力開発（教育訓練）の仕組みと実践が必要である。また、継続して

女性の管理職を増員していくためにも、職務経験や業務知識の習得などの体系的な人材開発の仕組み、つまりキャリア開発が求められる。

　企業の視点による短期的な教育訓練と従業員の視点による長期的なキャリア開発の統合は、従来において非主流と位置づけられていた女性社員には特に必要であり、その際に有効な手法がメンター制度とロールモデル育成である。メンター制度とは、豊富な知識と職業経験を有した社会の先輩社員（メンター）が、後輩社員（メンティ）に対して行う個別支援活動であり、キャリア形成上の課題解決を援助して個人の成長を支えるとともに、職場内での悩みや問題解決をサポートする役割を果たす。ロールモデルとは、社員が将来の目標とする模範となる存在であり、そのスキルや行動を学んだり、模倣したりする対象となる人材である。先輩（メンター）がロールモデルとなり、対話を通じて後輩（メンティ）を指導することが有効である。

⑦推進体制の構築（経営層の役割、全社の一体化）

　ポジティブ・アクションの取り組みを継続して推進し、女性社員のさらなる戦力化につなげるためには、まず経営者による「会社として本気で取り組む」という明確な意思表示が欠かせない。また、人事担当者や一部の推進チームのみによる活動では、推進上の問題が発生した際に中断する懸念がある。経営層、管理職、一般社員、労働組合などが一体となり、現場を巻き込んだ推進体制の構築が必要である。

　以上の七つの取り組みテーマは、それぞれ単独に取り組むことも可能だが、その活動は密接に関係しあっている。①「募集・採用」と②「職域拡大」とは、社内の各職場における女性社員数の拡大という観点から相互に影響をおよぼし、これらの取り組みが進むことによって、③「登用」も効果的に進めることができる。④「就業継続」と⑤「環境整備・風土改善」は、ワーク・ライフ・バランス関連制度の充実や従業員の意識改革によって上記の取り組みを支える働きをする。これら五つの取り組みのすべての面において、これまで十分でなかった女性社員の⑥「能

力開発」が必要となり、継続して推進する基盤として⑦「推進体制の構築」が必須となる。

　企業を取り巻く環境が激しく変化する今日の職場においては、女性のみならず、高齢者、外国人、非正規社員、障がい者など、様々な従業員の活躍が不可欠である。ダイバーシティ・マネジメントは、企業における喫緊の課題であり、女性の活躍推進を目的とするポジティブ・アクションは、その施策の一つとして位置づけられる。さらには企業の社会的責任（CSR）やワーク・ライフ・バランスとも緊密に関係しており、導入から15年が経ったポジティブ・アクションは、次なるステージへと歩を進めたと言うことができる。

第4章のまとめ ── 多様な人材に対応した人事管理へ

　本章では、第1章において指摘した人的資源管理論の抱える第三の限界である「男性正社員に基軸を置いた管理構造」について検討を行い、企業における多様な人材管理の現状について以下を明らかにした。

　第一に、ダイバーシティ・マネジメントの目的を、①必然性、②危機管理、③社会公正、④企業業績の4点に整理し、その多目的性を指摘した。従来においてはこの多目的性が明確でなかったため、ダイバーシティ・マネジメントの取り組みがグローバル企業に限定されていたことを批判し、性別、年齢、人種といった特定の個人属性のみに限定されない人材多様性の現実、人権に関するリスクマネジメントの必要性、CSRとして取り組む意義、創造性発揮と市場対応への取り組みによる複合的アプローチの必要性を明らかにした。

　第二に、ダイバーシティの構造を、①個人の内なる多様性、②組織構成員の多様性、③集合体の多様性の三つに分類した。従来において多様性とは、主に組織構成員の多様性に焦点を当てた議論がなされていたが、グループ経営やM&Aなどにおいては、集合体を構成する各組織の多様性に基づく同化、分離、統合のマネジメントが必要となる。さらに、個人を特定の属性によって固定的に分類することの脆弱性を批判し、個人属性とは表層的あるいは深層的な違いにのみ限定されない、動的なものでもあるとして、「状況的ダイバーシティ」の概念を提起した。そのことにより、一個人の内にも多様性が存在することとなり、この多様性の根拠が仕事（ワーク）および個人・社会生活（ライフ）に起因することから、個人の内なる多様性がワーク・ライフ・バランスを意味することを明らかにした。

　第三に、多様性とは特定の目的に基づいた合目的的な恣意的概念であること、時代背景や社会環境によってその目的も変化する流動的な概念であること、さらに、コンフリクトが発生した時点で対処が検討される

発生主義的な概念であることを明らかにした。また、組織における多様性の疎外が生産性を妨げているという事実に気づくことは困難であることを指摘し、ダイバーシティ・マネジメントにおける能動的な姿勢として、個人属性の偏りを意図的に払拭する人事管理の重要性を明らかにした。

第四に、ダイバーシティ・マネジメントの中心的なテーマである女性活躍推進におけるポジティブ・アクションを分析し、女性社員の戦力化に向けた能力開発と推進体制整備を追加する重要性を指摘した。従来の取り組みである①女性の採用・拡大、②女性の職域拡大、③女性の管理職の増加が果たした機能と改善点を明らかにし、④女性の勤続年数の伸長、⑤職場環境・風土の改善の取り組みが均等処遇とワーク・ライフ・バランス施策を意味することを指摘した。さらに、これらの取り組みを補完する⑥女性社員の教育訓練とキャリア開発を統合する有効性、⑦推進体制の構築による継続的な取り組みの重要性を明らかにし、これらが一体となった包括的な人事管理の必要性を指摘した。

企業（特に日本企業）の人事管理は、男性正社員を標準的な人材モデルとして行われてきた歴史を持つ。しかし、今日においては、グローバル競争の激化と人々の価値観の変化に伴い、女性、外国人、障がい者、高齢者、加療就労者といった個人属性の多様性のみならず、個人の内なる多様性にも対応する必要に迫られている。ポスト成果主義の人事管理においては、従来の標準人材モデルに焦点を当てるのではなく、多様な人材の管理に対応した抜本的な改革が急務であることが本章の結論である。

ここまで、第1章では従来の人事管理が抱える三つの限界として、①人事管理における社会的視点の欠落、②金銭面と心理面に偏重した報酬制度、③フルタイム労働の男性正社員に基軸を置いた均質的な管理構造を指摘し、これらの限界を克服する新たな報酬概念の必要性を提起した。続く第2章では、第一の限界である「人事管理における社会的視点の欠

落」について検討を行い、社会における企業の役割が営利的な存在から社会的存在へ変遷した経緯を企業の社会的責任（CSR）の概念から吟味し、従業員の有する両面性（身内、ステークホルダー）を踏まえた人事管理を設計する意義を指摘した。第3章では、第二の限界である「金銭面と心理面に偏重した報酬制度」について検討を行い、今日に至るまでの年功制、職能資格制度、成果主義の特徴を報酬管理の視点から明らかにし、能力評価を放棄した結果としての成果主義とその破綻を指摘した上で、従来の報酬体系の分解・再編から帰結する社会的報酬概念を提起した。そして第4章では、第三の限界である「男性正社員に基軸を置いた均質的な管理構造」について検討を行い、多様な人材管理を代表するダイバーシティ・マネジメントを概観した上で、個人属性の多様性のみならず、個人の内なる多様性への対応が急務であることを指摘した。

　以上の検討によって、これからの人事管理における報酬の姿が明らかとなった。ここで、「ポスト成果主義と人材多様性に対応するためには新たな報酬概念である社会的報酬が必要であり、社会的報酬はキャリア的報酬と時間的報酬からなる」とする仮説を提起し、次章においては人事改革を行った詳細な企業事例によって、本仮説の妥当性を実証する。

98 本節は、『人事実務』(産労総合研究所) に2008年6月〜12月に連載された拙稿「ダイバーシティ・マネジメント入門 第1回〜第6回」を基に筆者が執筆したものである。

99 リコーは「人材の多様性はイノベーションや活力の源泉であり、中期経営計画の柱の一つである"グローバルブランドの確立"にはダイバーシティ推進が欠かせない」として、積極的な女性活躍推進に着手した(日経産業新聞、2010年8月27日)。

100 米国雇用機会均等法委員会における伝統的な定義では、「ダイバーシティとは、ジェンダー、人種・民族、年齢における違いのことをさす」としている。

101 その意味では、現代における一人ひとりが有する「個性」という言葉がもっとも適合するものと考えられる。

102 「ダイバーシティ」は個人の差異を意識し、「インクルージョン」は組織による統合を意識した言葉である。ダイバーシティは多様性のある状態を作ることに、インクルージョンは人々の対等な関わりと組織参加に焦点を当てている。また、ダイバーシティが多様な人々が働くことのできる環境を整える考え方に近いのに対し、インクルージョンは一人ひとりが自分らしく組織に参加できる機会を創出し、貢献していると感じることができる日々のマネジメントや文化を作ろうとする発想に基づいている。

103 東京に本社を置く大手126社(2013年10月現在)による、東京人権啓発企業連絡会の定義による。http://www.jinken-net.com/gozonji/knowledge/0302.html を参照。

104 筆者は個人の多様性は、表層的ダイバーシティと深層的ダイバーシティに二分できないと考えるものであり、次項にて説明する。

105 Ely & Thomas(2001)はダイバーシティ・マネジメントを「差別と公平性のパラダイム」「市場アクセスと正当性のパラダイム」「学習と効率性のパラダイム」に分類し、谷口(2005)はこれに、「同化」「分離」「統合」の概念を当てはめて検証を行った。

106 1996年、MMMA(米国三菱自動車製造)の女性社員に対するセクシャル・ハラスメントが雇用機会均等委員会(EEOC)に公民権法違反で提訴され、「日本企業では、女子社員はゲイシャであることを求められている」との日本文化への批判、大規模なジャパンバッシング、消費者の不買運動などを経て、最終的には約48億円の支払いで和解した。

107 女性、高齢者、外国人のような人間の人口統計的属性で区分される多様性をデモグラフィック(Demographic)ダイバーシティ、異なったものの見方を経営上の決定に活かしていこうという考え方をオピニオン(Opinion)ダイバーシティ、また手や体を同時に動かし、社会的に意義がありビジネスとしても評価される何かを"表現"していくことをエクスプレッション(Expression)ダイバーシティとするものである。

108 本節は筆者が座長として取りまとめを行った、平成23年度厚生労働省委託事業 実践的導入マニュアル作成検討委員会による「中堅・中小企業のための女性社員の戦力化 ポジティブ・アクション 実践的導入マニュアル」、同じく平成24年度厚生労働省委託事業 ポジティブ・アクション展開事業研究会による「女性社員の活躍を推進するためのメンター制度導入・ロールモデル普及マニュアル」を基にして執筆した。

109 厚生労働省委託事業「ポジティブ・アクション情報ポータルサイト」http://www.positiveaction.jp/ を参照。

110 厚生労働省委託事業「ポジティブ・アクション情報ポータルサイト」http://www.positiveaction.jp/ を参照。

111 脇坂は「募集状況」「配置状況」「均等取扱苦情・不満処理」「男性の認識、理解不足」「女性管理職比率」「採用状況」「研修の実施状況」「男子のみ配置の理由」「女性の活用方法がわからない」の九つの指標を設定し、0点から4点までの数値化を行っている。

112 厚生労働省「平成23年版 働く女性の実情」より。

113 昭和電工㈱では、2008年より「社員の多様性を尊重した経営の推進」が経営方針の一つに掲げられ、その一環として2008〜2012年の5年間、女性社員の活躍推進に取り組むことを社長が決定した。リーフレット『6.9%』(2008年時点の国内連結での女性社員比率)を発行し、社員全員に女性活躍推進の基本方針を周知した。

114 広島県の食品製造会社(社員数61名)では、男性社員の意識改革を行うため、社内報などを通じて①雑用は男女区別なく行うこと、②会議の準備、社内文書の仕分け等は男女で分担すること、③社員による自由な提案が行える環境作りを全員で行うことを啓発した。

115 脇坂(1996)は、東京都の調査においてコース別人事制度を導入している企業の65.0%にコース転換制度があるとしており、制度の存在よりも転換型キャリアが実際にうまくいくかどうかが鍵となるとして、その効果が限定的であることを指摘している。

116 滋賀県のプレス加工会社(社員数127名)の事例。

117 「女性の管理職登用にどう取り組んでいるか」『労政時報 第3550号』労務行政研究所、2002年、pp.33-38。

118 ファミリーフレンドリー施策とは、「従業員が『出産』『子育て』『介護』といった様々なライフイベントに直面した際に、仕事を継続しながらそれらと取り組むことができる、家庭生活と仕事の両立を可能にするシステムをつくる施策」である。ファミリーフレンドリーの概念は、両立の領域を生活における家庭に限定したものであることから、その後はワーク・ライフ・バランスに包含されることとなった。

119 前述の「平成23年度厚生労働省委託事業 実践的導入マニュアル作成検討委員会」においてこのことが検討された。

第5章

ケーススタディ
——A社における人事改革

本章では、仮説として提示した「ポスト成果主義と人材多様性に対応する人事管理には社会的報酬が必要である」ことの妥当性を実証することを目的として、実際に職能資格制度から成果主義へと人事改革を行ったA社の事例を取り上げる。第1節では、人事改革に至った経緯と内容を概観し、第2節では、成果主義がA社にもたらした人材のプロフェッショナル化、労働価値観の変化、組合員の不満の増大を指摘する。続く第3節では、成果主義導入が契機となった女性活躍推進の取り組みを取り上げ、第4節では、人事改革の成果と課題を明らかにする。

1　A社における人事改革の概要

1-1　成果主義導入の背景

　外部環境および内部環境の変化によって、2000年に従来の職能資格制度を改め、日本型成果主義を導入したA社の事例を取り上げる[120]。数多ある企業事例の中で、A社を選んだ理由は二つある。一つは、筆者が実際に1999年～2005年にわたって、同社人事部企画グループリーダーとして制度設計、導入、定着、メンテナンスの責任者として実務に携わった事実であり、A社における人事管理体系全体の詳細かつ膨大な情報を活用できることである。もう一つは、A社の事例が成果主義導入の前後を扱っている点である。人事管理に関する一般的な事例研究は、賃金体系、能力開発、ワーク・ライフ・バランスなどの特化した一領域を対象とすることが通常であるが、人事管理の課題を明らかにするためには一制度の内容のみならず、諸制度の相互関連性や運用の実態を一定期間の観察から詳らかにする必要がある。

　本事例は、こういった希少性を有するものであり、論文、書籍、ケーススタディにおいても日本企業が行った成果主義導入の代表的かつ包括的な事例としてしばしば引用されている[121]。

　A社は、1942年5月19日公布の水産統制令に基づき、海洋漁業に伴う水産物の販売、製氷・冷蔵業などの中央統制機関として、水産会社を中心に、18社などの出資（資本金50,000千円）により1942年12月24日に設立された。その後、1945年11月30日の水産統制令の廃止を受け、1945年12月1日に商法上の株式会社への改組が行われた。冷凍食品や清涼飲料水をはじめとする加工食品業と低温物流業を事業の柱として成長を続け、1985年4月1日には現在の社名に変更した。2003年4月現在の連結売上高は5634億円、従業員数は単体で2083人（連結で6622人）、平均年齢は39.0歳、

平均勤続年数は16.8年、平均年間賃金は643万円である。

1985年の社名変更を機会に、それまでの年功賃金体系を改め、職能資格制度を導入した。社員は、一般社員と役職社員（管理職）からなる。一般社員は、大卒男子を想定した全国転勤が前提である総合職（資格：S4〜S6）、短大卒および高校卒の女子を想定した転勤に制限を設けた一般職（資格：J1〜J3）、食品生産工場において作業を行う製造職（資格：J1〜J3）、生産工場や冷蔵倉庫にてライン・施設のメンテナンスを行う技術職（資格：J1〜J3）の四つの職群に整理統合した。

職群によって賃金体系と水準は異なり、職群の転換も限定的であった。役職社員は、M6からM11までの6等級が設けられ、毎年の人事考課によって下方硬直的に昇格していく。昇給率や賞与支給月数は労働組合との交渉によって決定され、役職社員も一般社員に準ずるものであった。

女性社員は、入社7年前後で退社する者が多く、総合職の役職への登用は入社から約15年〜20年を要した。資格と職位は分離されており、担当職務と賃金に乖離がある場合もあった。因みに当時の食品業界では、人事制度に関する情報交換が緊密に行われていたため、どの企業もきわめて類似した人事制度をほぼ同じ時期に導入した。A社も例外ではなかった。

導入されてから十数年が経過した同社の職能資格制度は、いくつかの課題に突き当たった。

一つ目は、労務構成（社員の年齢別人口構成）が変化する中で総額人件費が膨れ上がった点である。団塊の世代を多く抱えたまま、昭和50年代不況の際には採用を絞り、バブル期には採用を拡大し、バブル崩壊後には再び採用を抑えた結果として、人口構成はピラミッド型から瓢箪型へと変化した。本来であれば職能を厳密に評価して昇給、昇格、昇進に用いるはずであったが、結果的には職能を経験と読み替えざるを得ず、賃金は年齢によって下方硬直的に上昇しつづけた。

二つ目は、全社の業績と総額人件費を連動させることができなかった点である。安定的な処遇を要求する労働組合との昇給・賞与の交渉においては、業績の変動を大きく賃金に反映させることが困難であった。

三つ目が最も重要である。それは社員の意識変化である。バブル崩壊後には競争が激化し、業界および企業の勝ち組と負け組が明確になる中、同社の社員には会社の将来に対する懸念が生じた。また、少しずつではあるが、労働市場の流動化が始まり、同社でも、過去において2〜5%であった入社2年後の離職率が、1999年には約20％となった。

終身雇用と年功序列がセットになった職能資格制度においては、賃金やポストは結果的に年齢と強い相関を持ち、優秀な若手社員を中心としたモチベーションの低下が危ぶまれた。特に、男女雇用機会均等法が施行された1986年以降は、女性総合職の採用も始まったが、男性上司によるマネジメントの不慣れと女性一般職からの疎外によって、その定着率は思わしくなかった。

1-2　A社の成果主義の概要

1998年度において、A社は戦後の混乱期を除いた初の赤字決算を喫した。主たる要因は、バブル期に行った米国投資の失敗と関係会社の不祥事に加え、戦後培ったビジネスモデルの疲弊であった。このことをきっかけに、売価のデフレ傾向や規制緩和といった競争時代を勝ち抜き、持続的な成長が可能な企業体質への転換に向けて、1998年度から2000年度の3ヵ年にわたる収益構造改革計画を策定した。事業競争力を強化して収益力を確立するためには、「社員全員が『専門能力によって付加価値を生み出しつづけるプロフェッショナル集団』へと進化することが必須である」というメッセージが、社長より全社員へ伝えられた。

2000年4月より870名の役職社員を対象として、職能資格制度に基づく年功制が強く残る賃金制度を改め、役割と成果に基づく付加価値重視の成果主義に基づく賃金制度を導入した。また賃金制度改訂のみでなく、職能資格制度の撤廃をはじめとして、目標管理制度、評価制度、人材開発、人事異動といった人事管理体系を一新し、「フレッシュ＆フェアプログラム（FFプログラム）」と名づけられた。

新制度導入により、年齢、性別、学歴、入社年度といった個人属性ではなく、個々人の会社への貢献度を重視し、明確な基準による納得性と

透明性のある評価および処遇の確立を目指した。この制度は2001年6月より役員層、2001年10月からは一般社員へも展開された[122]。同社のプログラムの特徴は、企業の存在意義を「付加価値による社会への貢献」、つまり「成果」と定義し、各組織や個人に対しても「成果」を求めるとともに、成果を生み出す基盤である「役割」に着目し、各自の役割と成果に応じた処遇を実現する点にある。また、役割や成果を拡大するための根拠である「能力」の開発を重視し、バーチャルな企業大学を開設して、各種研修や通信教育にも力を入れた。

　賃金体系については、従来の職能資格制度とこれに基づく職能給や本人給等を撤廃し、職務調査をもとに役割給（職務給）に変更した。役職社員については、七つのファクター[123]を尺度とした各職務の生み出す付加価値の大きさを点数化し、6段階の職務グレード（P0～P5）を設けて、コンサルタントの調査に基づく職務の市場価格に応じた役割給を設定した。役職社員の場合、職務グレードはあくまでも担当職務価値の大きさを表しているため、異動に伴う担当職務の変更によって職務グレードも役割給も上下する。一般社員については、一般職と総合職を統合し、旧資格を新しい職務グレード（E1～E4）に貼りつけた。職務グレードの構成と旧資格の対応を図表5-1にまとめた。賃金体系については、役職社員については、原則として基準内・基準外賃金の全てを役割給に一本化したシンプルな形になっている。一般社員については、組合員であることを加味して一部の手当を残した（図表5-2参照）。また、賞与を成果給と呼び、目標管理制度の人事考課結果によって従来よりも個人の支給金額に大きな格差を設けている。役職者については、定期昇給や昇格といった考え方はなく、成果による賞与インセンティブとキャリア開発に基づくコンピテンシー評価による役割の獲得がモチベーションとなる。その他の具体的な制度内容を図表5-3に示した。

図表5-1 職務グレードと旧資格の対応

職務グレード	旧資格	主要役割
E1	初級一般職	実務の担当者
E2	初級総合職 中級一般職	実務主担当の標準者まで
E3	中級総合職	中核的主担当者以上の応用判定職 職域限定の指導監督職（主任）
E4	上級総合職	実務の推進責任者・準専門職 準専門領域の指導支援職（係長）
P0〜P5	役職社員	ライン長・専門職
X1〜X4	役員	経営職

出所：木谷宏「企業における成果主義導入の実証的研究」(2004) p.265より転載

図表5-2 賃金構成

		旧制度	新（役職社員）	新（一般社員）
基準内賃金	本人給	年齢と対応（48歳上限）	役割給に一本化	役割給に一本化
	職能給	資格・号棒と対応（100号）		
	資格手当	一般社員：J1〜J3、S4〜S6 役職社員：M6〜M11に対応		
	職務手当	製造主任、職長等30種類		一部従来と同じ
	扶養手当	扶養家族1名につき1400円		役割給に一本化
	地域手当	地域・性別・婚姻等に準ずる	社宅非利用者のみ 25000円支給	従来と同じ
基準外賃金		各種手当	役割給に一本化	従来と同じ

出所：木谷宏「企業における成果主義導入の実証的研究」(2004) p.265より転載

図表5-3　新人事制度の概要

①役割と成果に応じた競争力のある新賃金制度
- 職能資格制度の撤廃により、月例給を職務グレードに基づく「役割給」へ一本化
- 移行前賃金が該当職務グレードの上限金額を超えている場合には減額（約200名）
- 移行前賃金が該当職務グレードの下限金額を下回る場合には増額（約180名）
- コンピテンシー評価に基づく役割給の増減を実施　＊2001年5月より
- 同一職能資格においては10%の格差であった賞与金額の評価差を約60%へと拡大
- 管理職は自らの職務記述書（「役割シート」）を作成し全社公開

②組織目標と連動した新目標管理制度
- 全社・組織・個人目標をイントラ上で設定し、全社公開
- 役割に目標の達成度と難易度を乗じて成果を測定し、成果に応じた賞与を支給

③明確な基準と本人へのフィードバックによる新評価制度
- 従来の能力評価に代えて「コンピテンシー評価」を導入　＊2001年5月より
- 目標管理制度による成果評価
- コンピテンシー評価、成果評価ともに最終評価の結果を本人へフィードバック

④キャリア開発に基づいた新しい人材開発体系
- 能力開発プログラムの拡充と資源投下（研修・通信教育・スクリーング支援）
- コーポレートユニバーシティの設立

⑤グループ経営視点による新異動・配置制度
- 総合職、一般職といった職群管理および勤務地区分の撤廃
- 年次管理を排した公募による役職登用制度の実施
- 社内人材公募制度、自己申告制度の拡充
- 関係会社役員を含めた職務管理　＊2002年3月より
- 人数枠を設定しない管理職進路選択制度

⑥人財委員会の設置
- 経営トップによる評価調整・決定機関
- ポジティブ・アクションの推進

出所：木谷宏「企業における成果主義導入の実証的研究」（2004）p.270を基に筆者作成

2 成果主義がもたらしたもの

2-1 成果主義とプロフェッショナル

　A社においては職能資格制度を廃止したことにより、現行の資格は「一般社員」と「役職社員」の二種類のみである。2003年4月時点における全社員約2200名のうち、一般社員が約1300名、役職社員が約900名となっている。全社員に占める役職者の比率は40％を超えるが、10年以上前は10〜15％であった。管理職比率については、大手製造業の場合には15％前後、非製造業の場合でも20〜25％程度と言われているが[124]、これらの数字と比較しても同社の管理職比率が高いことがうかがえる。ただし、900名の役職社員のうち、部下を持つ「ライン管理職」に就いているのは約300名であり、残りの600名はいわゆる「専門役・専任役」である。この事実には二つの原因がある。一つは、同社が他の日本企業と同様に職能資格制度に基づく入社年次を重視した役職登用を行った結果、年齢別人員構成の歪み（団塊の世代の入社以降については裾広がりの人員構成が崩れた）が大量の役職社員を生み出したことである（図表5-4）。もう一つは、組織の業績責任と部下の育成責任を持つ、いわゆる「管理職」のポスト数が限定されていたにも関わらず、ポスト不足解消といった後ろ向きの理由に加えて、職務の高度化・専門化が進む中で階層のフラット化や柔軟な組織作りが推進され、その結果として、相対的に高い職務価値を生み出す多数の社員の存在が組織として必要とされた（正確には"問題とならなかった"）ことに起因する。つまり、同社において社員のプロフェッショナル化が、様々な内的・外的要因によって徐々に進行していたことがうかがえる。

　この現実を踏まえ、同社では求める人材像に基づいて、全社員を「広義のプロフェッショナル」と位置づけている。役員および社員は、生み出す職務価値の大きさによって大きく三つの階層に分かれる。役員は、

図表5-4　A社の年齢別社員構成（2002年3月末）

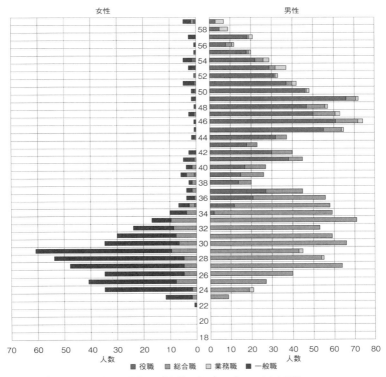

出所：木谷宏「企業における成果主義導入の実証的研究」(2004) p.268より転載

経営のプロである「エグゼクティブ」であり、生み出す付加価値はもっとも大きい。役職社員は「（狭義の）プロフェッショナル」であり、その職務は役員に類似する職務を担当する部長・支社長といった「ビジネスリーダー（職）」、組織の管理責任を持つ「リーダー（職）」と、部下を持たない「組織内プロフェッショナル（職）」に分かれる。一般社員は、「エキスパート」と呼ばれ、「組織内プロフェッショナル」との実質的な違いは担当する職務価値の大きさの違いのみである。「組織内プロフェッショナル」は、リーダーやビジネスリーダー、また、これらを経由してエグゼクティブへキャリア変更するというキャリアパス以外に、「組織

図表5-5　プロフェッショナルの階層

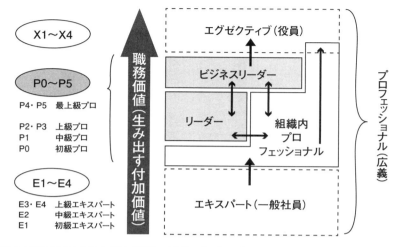

出所：木谷宏「企業における成果主義導入の実証的研究」(2004) p.269より転載

内プロフェッショナル」のままで高い処遇を得ることも可能である。このことは次の点を示唆する。人材のプロフェッショナル化に対応するキャリア開発には、"キャリアアップ"という言葉に代表されるような従来の下方硬直的なメカニズムではなく、上下左右、さらには育児や介護といった事情による休止もありうる、縦横無尽でダイナミックな仕組みが必要とされる点である（図表5-5）。

　この点から、(A社が意識していたかはともかく) 内的・外的要因による企業における人材のプロフェッショナル化が、A社における成果主義導入の背景にあったことが推定できる。そうであれば、成果主義はプロフェッショナルに適した処遇体系であることが必要となり、プロフェッショナルの職務満足度を高める制度や施策を備えていることが成果主義に求められる要件と考えられる。

2-2　成果主義による労働価値観の変化

　成果主義を経営戦略との関連性が強調された人事管理の一形態と捉え

た場合、その有効性はいかなる手法で測定できるのか。これには二つのアプローチが考えられる。一つは、経営戦略の実現度合いによって有効性を把握するアプローチであり、具体的には企業パフォーマンスを示す、売上高、営業利益、経常利益、ROA（総資本利益率）、ROI（投資利益率）、ROE（株主資本利益率）、EPS（1株に対する利益）、EVA（経済的付加価値）、株価といった経営指標を従属変数とするものである。しかしながら、企業パフォーマンスの向上には成果主義の導入以外にも様々な独立変数（たとえば為替の変動やヒット商品の開発など）が寄与するために、このアプローチを行うためには精緻なモデル作成が必要となる。もう一つは、成果主義が社員に与える影響を測定して、これを経営指標の媒介変数とするアプローチであり、たとえば社員の職務満足度を従属変数とする方法である。

　社員に与える影響を測定するアプローチにおいては、労働価値観の変化を分析する方法も可能である。A社では、成果主義導入前の2000年3月と導入一年後の2001年5月に実施された社員満足度調査結果から、役職社員の労働価値観の変容が確認されている。なお、同社の社員満足度調査は、全社員を対象に実施されているが、分析には2001年の時点で成果主義が導入されていた役職社員のデータを用いた。該当データ数は2000年270名、2001年299名であり、両年とも役職社員の有効回答率は約33％である。同調査は全90問で構成されており、人事部によって2000年より毎年実施されている。図表5－6は、同調査の第6問「働く上で重要だと思うものを五つ選んでください」という問いに関する結果であるが、15項目の中から各自が重要だと思うものを五つ選ぶ形式であり、各項目を何パーセントの回答者が選んだか（支持したか）、が数字で記されている。ここでは便宜上、導入後（2001年）の調査結果に基づき、支持率の降順に並べた。

　結果として、「①仕事の目標がはっきりしていること」については、ほとんど変化がなく、70％を超える高い支持となっている。次いで、47.2％から54.5％へと大きく支持を上げたのが、「②知識・経験・能力が向上すること」である。成果主義におけるエンプロイアビリティ[125]の重

視や能力開発重視の施策が影響を与えていると思われる。逆に、成果主義導入前に2位であった「④雇用に不安がないこと」は、61.3%から48.5

```
調査の概要
調査名       A社に所属する組織成員に対する意識調査
調査対象     全社員（この内、役職社員のデータを分析に用いた）
調査方法     インターネット画面上の質問票によるアンケート
             調査、および留置法
実施機関     A社人事部
調査内容     「社員満足度調査」全90問
調査期間     第1回　2000年3月10日～3月31日　（成果主義導入前）
             第2回　2001年5月10日～5月31日　（成果主義導入後）
```

図表5-6　成果主義導入による労働価値観の変化

	質問6　働く上で重要だと思うものを五つ選んでください	導入後	導入前
→	①仕事の目的がはっきりしていること	75.9%	75.8%
↑	②知識・経験・能力が向上すること	54.5%	47.2%
→	③成果だけでなく、努力も考慮に入れて評価されること	54.5%	55.8%
↓	④雇用に不安がないこと	48.5%	61.3%
↑	⑤自分の評価結果や理由を知らせてくれること	42.5%	39.0%
↑	⑥自分のやりたい仕事が選択できること	41.1%	38.7%
→	⑦実績や評価が大きく賃金に反映されること	38.5%	37.2%
→	⑧快適な職場環境が整っていること	33.4%	33.8%
↑	⑨高い賃金を得ること	27.8%	22.7%
↑	⑩一度昇進が遅れても、成績を上げれば取り戻すことができること	22.1%	15.6%
↑	⑪休日・休暇が十分にあり、自由に取れること	21.1%	18.6%
↓	⑫昇進または昇格すること	16.7%	24.2%
→	⑬年齢や勤続にとらわれず、早くから重要な仕事やポストにつける	14.7%	16.0%
↓	⑭昇進や賃金面で、多少不利になっても、勤務地が限定されている	5.4%	10.0%
→	⑮働く時間を自分の都合に合わせて決められること	3.3%	4.1%

（注）↑：増、→：変化なし、↓：減

出所：木谷宏「企業における成果主義導入の実証的研究」（2004）p.273を基に筆者作成

％へと大きく支持を下げた。このことは、経済環境の悪化や当該企業に成果主義が導入されたことによる、ある種の諦念（ていねん）とも解釈できる。「⑥自分のやりたい仕事が選択できること」および「⑨高い賃金を得ること」が支持を上げる一方で、「⑫昇進または昇格すること」が下がっている点は、従来の年功的な昇進や昇格という概念を持たない成果主義の性格を表し、そのことが役職社員に浸透しつつあることがうかがえる。また、「⑩一度昇進が遅れても、成績を上げれば取り戻すことができること」の支持が増えていることは、従来の年功的で段階的競争を特徴とする人事制度では叶えられなかった敗者復活を期待する表れとも言えよう。このようにA社の事例では、成果主義の導入によって従業員の労働価値観が大きく変化することが確認された。

2-3　成果主義に対する労働組合員の不満

　新たな人事制度の仕組みは、労働組合との協議を経て、2001年10月より労働組合員である一般社員層にも導入された。一般社員の制度は、一部コンサルタントを交えながら、基本的には自社内において労働組合とのプロジェクト形式によって設計した。一般社員には職務調査を行わず、旧資格（職群別で各6階層）をそのまま新資格（E1〜E4、E2が旧総合職初任レベル）に読み替えた。もともとは、一般社員も役職者と同じ方法で格付けるつもりだったが、1500〜1600人全員に職務調査を行うことは物理的に難しく、一般社員は成長途上であり、"能力"の考え方を残したほうが実態に合った運用が可能と判断した。

　従来は、一般職・総合職・業務職に分けて職群別に管理していたが、新制度ではこのような区分は廃止した。人事部では、「最終的には職掌ごとに異なる処遇体系があってしかるべき」と考えたが、当時の体系は性別・学歴などによって処遇に格差をつけていたため、一旦は一つの体系にすることとした。つまり、真の"複線型処遇"へと進化していくために、個人的属性を排除した"単線型"へと一旦移行したのである。一般社員の制度で特徴的な点は、職務が変わっても職務グレードは変わらない点である。コンピテンシーの累積点数が一定以上になると昇格する

仕組みであり、担当職務とグレードがそのまま連動しているわけではない。月例給は「役割給」と諸手当からなるが、職務が変わっても役割給は増減しない。ただし、「能力の向上に応じて職務グレードが上がり、職務グレードが上がれば高いレベルの職務に就ける」と考えれば、担当職務と役割給にまったく連動性がないわけではない。つまり、一般社員は"能力を重視した役割給"、管理職は"職務を重視した役割給"と考えることが可能である。一般社員の役割給は役職者と比較して賃金カーブはなだらかであり、リスクが相対的に小さい代わりに、リターンも相応な体系となっている。A社では役員にもX1〜X4の職務グレードを設定し、役員、役職者、一般社員のそれぞれのバリュー・リスク・リターンに合った形で制度を構築した。

　一般社員への導入は、労働組合の協力もあって順調に進んだ。その後導入から1年が経過した2002年の9月から11月にかけ、労働組合の幹部3名は、全国87カ所の事業所を訪問してオルグ[126]を行い、新人事制度に関する意見の集約を行った。2002年12月の人財委員会[127]に提出された報告資料の一部を図表5-7に示したが、人事部の思惑とは大きく異なり、成果主義に対する多くの不満が寄せられる結果となった。人事評価システムの基軸となる上司との面談については、実施されていない事業所が数多く報告された。行われていると答えた事業所においても、面談の内容や進め方については上長者によってばらつきがあり、単なる評価結果のフィードバックに終始して育成指導となっていないことが指摘された。目標管理制度に関しても、目標が上司から一方的に押しつけられるという不満や、間接部門による目標設定の困難さなどが挙げられた。評価に関しては、新たに導入されたコンピテンシー評価（行動特性評価）に関する不満が多く、評価項目の解釈の難しさのみならず、評価者である上司が多忙なために部下の行動を観察していないとする基本的な課題も指摘された。また、時間外勤務の多さや休日・休暇の取得が困難であるとの声も多く聞かれ、業績悪化による採用の絞り込みと非正規社員の増加によって、現場の組合員が疲弊している状況が明らかになった。

　以下に示すC事業所のある組合員の意見は、成果主義の抱える運用の

図表5-7　労働組合オルグ報告結果（2002年9月～11月）

①上司面談	・実施されない事業所が多い ・フィードバックしても育成指導が行われない
②目標管理制度	・予算策定プロセスへの不満（押しつけ） ・間接業務の場合、目標が立てにくい ・マネヘルが遅い、不便である
③多面観察	・リーダー全員に拡大してほしい
④コンピ	・記述されているレベルが低すぎる
⑤プロチャレ	・役員プレゼンの詳細なフィードバックがほしい
⑥時短	・時間外勤務が多いがサービス残業になっている ・休日が取りにくい
⑦福利厚生	・社宅は自分で選びたい
⑧要員数	・要員が少ない、正社員が少ない
⑨情報の提供	・出向しているのでノーツが使えない、掲示板が見られない
⑩再雇用制度	・OB／OGの活用をお願いしたい
⑪人事制度	・運用に問題がある、説明が不十分

出所：A社社内資料より作成[129]

難しさと職場における人事管理の当事者である上司の力量不足を指摘しており、当時の組合員の不満を代表するものである[128]。成果主義が目的とする役割と成果に基づく公正な経済的報酬の分配に対して、基本的な異議を唱える社員は存在しない。しかしながら、適切な評価、配置、育成（キャリア的報酬）の提供が同時に行われない場合には、成果主義が機能しないことを組合員の不満は示唆している。

　人事（部）を含めて、制度を頻繁に変えすぎている。移行期間だからでは、うまく運用できない言い訳にならない。うまく運用できるような仕組みを確認してから、導入するのが本来の姿。いつもシステム（仕組み）だけ先に作って、運用者の教育を後回しにする。結局うまくいかず、システムの変更がされるが、本当にシステムが悪いのか疑問である。評価者、上長のレベル統一、評価基準の徹底がされていないことが一番の原因ではないか。社員一人ひとりへの説明もおろそかであり、お粗末な評価しかできていないのは当たり前で、納得できるはずがない。

3 女性活躍推進からワーク・ライフ・バランスへ

3-1 社員満足度における男女格差

A社における社員満足度調査の結果から、別の課題が浮かび上がってきた。成果主義導入前の第一回調査において、大半の項目において男女のスコアに大きな格差が見られた事実である。仕事のやりがいや面白さ、同社で働くことについての誇りといった項目では、全社平均としては比較的高いスコアを示したが、「会社や部署の方針がよくわかる」「5年後、10年後の社内での自分を肯定的に思い描ける」といった項目をはじめとして、女性のスコアが男性よりも著しく低い傾向が見られた（図表5-8）。

図表5-8　男女による職務満足度の格差[130]

	質問	全社	男性	女性
質問1	仕事にやりがいを感じる	3.61	3.73	3.20
質問2	仕事がおもしろい	3.45	3.55	3.11
質問7	会社の方針がよくわかる	3.25	3.34	2.90
質問8	部署の方針がよくわかる	3.36	3.48	2.94
質問13	上司の指示は適切かつ的確である	3.13	3.20	2.90
質問15	上司の言動で私の精神衛生上が悪くなることはあまりない	3.16	3.23	2.89
質問44	男女で処遇に大きな格差がある	3.34	3.31	3.44
質問55	職場にセクハラ（性的な嫌がらせ）がある	2.42	2.35	2.70
質問68	5年後、10年後の社内での自分を肯定的に思い描ける	2.77	2.83	2.55
質問69	入社以来、能力開発の機会が十分に与えられてきた	2.95	3.02	2.70
質問79	当社で働いていることを誇りに思っている	3.52	3.60	3.23
質問80	自分の家族や友人にもよい会社だと話している	3.37	3.46	3.04
質問81	当社に入りたいという友人がいれば積極的にすすめる	3.05	3.12	2.81
質問82	当社をもっと良い会社にしたいと考える	4.10	4.24	3.62

※5点満点（5：そのとおりだと思う、3：どちらともいえない、1：全然違うと思う）
出所：木谷宏「ポジティブ・アクションの限界とワーク・ライフ・バランスの必然性」（2008a）P.31より転載

同社の役職登用は、以前は入社年次と人事考課を参考に部門からの推薦によって決定していたが、成果主義の導入にあたって人材の発掘と育成を目的とした公募制に改め、以下の選抜プロセスによって登用を行うこととした。

　①上司の推薦を得て応募書類提出
　②MBA通信教育3科目の受講
　③管理職適性検査の受検
　④役員プレゼンテーション

　第一回目の公募は2000年9月に実施された。応募者は対象者全体の4割に相当する160名であり、そのうち女性は5名であった。この女性応募者の少なさが役員会で問題となり、ポジティブ・アクションの導入が決定された。加工食品を事業の柱とする同社にとって、女性は大切な顧客であり、女性がもっと活躍できる会社にしたいと経営陣は考えたのである。事実、当時の役職社員に占める女性の割合は870人中わずか11人（1.2％）であった。

3-2　ポジティブ・アクションの導入と成果

　ポジティブ・アクションの導入において、まずは役職社員に占める女性比率に注目し、この向上を図ることから女性活躍推進を開始した。2000年4月に1.2％であった比率を2001年には2.5％へ、そして2003年には5％に引上げることとした。このことは、役員会で検討され、社長から「ポジティブ・アクションの時限的（3年間に限定）制度化」が指示された。具体策として、女性のみを対象とした役職登用優遇措置を実施した。選抜プロセスは男性と全く同じであるが、男性と比較して能力開発の機会が限定されていたことや、補助的な職務を行う社員が多いことを考慮し、必要に応じて合格点数を考慮することを全社に伝えた。また、女性の登用枠は別枠であり、このことが男性の登用数を侵食するものでないことも強調し、女性の登用人数目安（年間10～15人）もあえて公開した。

さらに応募資格も緩和した。役職登用の対象層は原則として主任以上だが、主任への昇格は当時、大卒男子が総合職で入社しても10年近くかかっていたため、短大卒や高校卒が中心であった女性の有資格者は非常に少なかった。そこで、この要件を取り払い、勤続8年以上の女性社員であれば、総合職・一般職を問わずに応募可能とした。この措置によって女性の対象者は328名となった。対象者には人事部より個別にメールを送り、有資格者であることと、会社として支援することを伝えた。

　その結果、20名の女性応募者から最終的に13名が登用され、役職社員に占める女性の比率は2.6％となった。この優遇措置は予定通り3年間実施され、2年目は11名（応募者数18名）、3年目は15名（同32名）を登用した。2003年4月時点で女性役職社員数は43名となり、役職社員に占める女性比率はほぼ目標に近い4.7％となった。

　同社におけるポジティブ・アクションの成果としては、次の4点が挙げられる。

　① 女性役職社員の増加
　② 女性新入社員の増加
　③ 女性社員の職域拡大
　④ 企業間連携の始まり

　女性役職社員は3年間で11名から43名に増加し、現在もその多くが全国の職場にてプロフェッショナル（専門職）またはリーダー（管理職）として活躍しており、2003年4月の人事異動においては、初の部長職も誕生した。また、同社のポジティブ・アクションは採用にも波及効果をもたらした。図表5－9は2000年以降の新卒採用人数（旧総合職採用）を表しているが、2000年まで10数％で推移していた女性比率が2001年以降は30％から40％近くに達している。2007年の持株会社体制の移行に伴って比率は少し減少したが、その後も安定的に推移している。なお、この実績は特に目標数値を定めて意図的に行ったわけではなく、同社の取り組みを聞いた優秀な女子学生が多数応募したことに加え、採用を決定する

図表5-9　A社の新卒採用実績の推移

採用年度	2000	2001	2002	2003	2004	2005	2006
合計	30名	44名	65名	57名	67名	62名	64名
男性	25名	31名	45名	35名	42名	44名	39名
女性	5名	13名	20名	22名	25名	18名	25名
女性比率	16.7%	29.5%	30.8%	38.6%	37.3%	29.0%	39.1%

出所：木谷宏「ポジティブ・アクションの限界とワーク・ライフ・バランスの必然性」(2008a) p.32より転載

事業部の役員が適切な意思決定を行ったことを意味する。

さらに、女性新入社員の増加は女性の職域拡大ももたらした。2002年度から職種別採用を導入したことにより、過去において配属実績のなかった物流倉庫の企画職や技術職に志望する女子学生が現れ、彼女達を採用したことによって自然に職域が広がってきている。また、新たな試みである他企業との合同による女性社員を対象とした能力開発も始まった。女性の活躍推進を経営課題と認識する各社の人事担当者が集まり、女性のネットワーキングとロールモデル作りを行うことを目的に、2003年度より、東京・大阪にて4社合同での「女性社員のためのキャリア開発セミナー」を実施した。参加者の評価も高く、2004年度は8社にて4会場で実施、2005年度は12社にて6会場、2006年度は15社にて4会場で開催された。ポジティブ・アクションの導入によって、様々な領域で企業風土の変革が始まったことがうかがえる。

3-3　ポジティブ・アクションの課題とワーク・ライフ・バランス

ポジティブ・アクションを実施した3年間に登用された女性役職社員に対しては、フォローアップ・アンケート調査を実施した（図表5-10）。これは、役職登用後の意識の変化と抱える課題とを明らかにすることが目的である。一般社員時と比較して職務内容・担当職務・責任度合が変わったかという質問に対しては、大半が「変わった」と答えた（平均1.4点）が、職務範囲と責任の広がりを歓迎する一方で、労働時間の増大に対する不満や能力開発支援を求める意見が非常に目立った。満足度に関

図表5-10 新任女性役職社員の意識[131]

質問	平均点
①役職となって職務内容・責任度合が変わった	1.4
②役職となって満足度・やりがいが向上した	2.1
③今後もポジティブ・アクションを進めるべき	2.3

*① 1：変わった 2：何ともいえない 3：変わらない
② 1：向上した 3：あまり変わらない 5：低下した
③ 1：ぜひともそう思う 3：何ともいえない 5：そうは思わない

出所：木谷宏「ポジティブ・アクションの限界とワーク・ライフ・バランスの必然性」（2008a）p.33より転載

しては低下したと答えた者はおらず（平均2.1点）、「様々な機会が与えられるようになった」「頑張れば認めてもらえるという自信がついた」という回答が代表的であった。今後もポジティブ・アクションを進めるべきかについては、興味深い結果となった。「形から入る強引なやり方も時には必要、女性に機会はなかなか与えられない」という推進派の意見と「自主性を反映した人事異動と能力開発の充実が実現すれば必要はなくなる」という慎重派の意見とに二分された（平均2.3点）。また自由回答においては、育児環境の整備を会社に求める意見が多数寄せられた。

　3年間限定のポジティブ・アクションが終了した2004年度の女性応募者数は、驚くべき結果となった。2001年度以降、20名、18名、32名と推移していた人数は、2004年度は1名に終わった。優遇措置の終了に伴い、難易度の上がることを懸念した結果とも解釈できるが、翌2005年度も同様に2名であった。人事部が各職場の女性社員にヒヤリングを行ったところ、「一般社員である今の職務に満足している」「役職社員になると長く働くことができそうにない」「男性社員のような長時間労働を行いたくない」「育児・介護があるために残業はなるべくしたくない」といった多数の意見を聞くことができた。これは、いみじくも新任女性役職社員の危惧と符合する。この結果、第二次ポジティブ・アクションとして役員や部長職の女性比率増加を検討していた人事部は、その検討を中止し、男女を含めた働き方の改革が必要であるとして、ワーク・ライフ・バランスの取り組みへ歩を進めた。

　1990年代初めに証券会社による損失補てんが社会問題化し、1991年に

は経済団体連合会（現在の日本経済団体連合会）が企業の守るべき「企業行動憲章」を設けた。その後も会員企業の不祥事は続き、1998年の関西経済連合会による「企業と社会委員会」の設置や、経済同友会が2003年3月に公表した第15回企業白書「市場の進化と社会的責任経営」によって、日本でも企業の社会的責任（CSR）が経営における重要なテーマとなった。A社においても2004年6月より「CSRプロジェクト」によって同社の社会的責任に関する議論が行われ、それは2005年9月に「A社グループ　6つの責任」として社内外に公表された[132]。そして、その中の「働きがいの向上」においては「仕事と生活の両立」、つまりワーク・ライフ・バランスの実現が明記されることとなった。このことによって人事部のみならず、経営層も停滞していたポジティブ・アクション施策から全社員を対象とするワーク・ライフ・バランス施策へと重点を移行した。

　2005年4月1日の施行を控えた、次世代育成支援対策推進法への対応を検討する民間企業34社によるネットワークである「ワーク・ライフ・バランス塾」が2004年5月に発足し、A社も幹事企業としてこの活動に参加した。同社は次世代育成支援対策推進法に伴う行動計画の一環として、①育児休業を取得しやすく職場復帰しやすい環境整備策、②看護休暇の拡充、③在宅勤務制度の導入、④相談窓口の設置といった取り組みを積極的に進めている[133]。さらにワーク・ライフ・バランス塾は、2007年1月に学習院大学経済経営研究所との共同研究によって「WLB−JUKU INDEX」を開発した。これは、ワーク・ライフ・バランスに関する政策・制度の導入段階から社員のワーク・ライフ・バランスが実現するまでの一連のプロセスを評価する指標であり、制度の有無を問う企業調査票に加えて個人調査票によってワーク・ライフ・バランスの実態を把握することが可能となっている。

　A社においては、成果主義の導入を契機に慢性的な女性社員の満足度の低さが明らかになり、積極的な女性活躍支援策であるポジティブ・アクションを行った結果、全社的なワーク・ライフ・バランスの必要性が浮き彫りとなった。このことは女性を代表とする多様な人材に対する柔軟な働き方（時間的報酬）の提供が必要なことを実証するものである。

4 人事改革の成果と課題

4-1 A社における人事改革の成果

　A社では、職務価値に基づく格付け制度、役割給・成果給の導入、コーポレート・ユニバーシティやキャリア開発プログラムの設置、コンピテンシーの導入など、一つひとつの人事施策を積み上げながら、5年の歳月をかけて人事改革を進めていった。この間、事業における資本効率の改善や積極的な新商品開発などによる収益力の改善に取り組み、その結果としてA社の業績は赤字決算から大きく回復した。

　A社の人事改革における一番目の成果は、初年度に大幅な賃金ダウンを行ったことと、全社業績と個人成績によっては降給を当たり前とする"賃金の弾力化"によって膨張し続ける総額人件費を抑え込み、結果的にリストラを回避できたことである。経営陣は業績悪化の時点で他社と同様の希望退職制度を導入することを計画したが、人件費の圧縮と業績改善の幸運も伴ってその必要はなくなった。雇用を提供・維持することが企業の社会的責任と考えるのであれば、年功制と職能資格制度における社員の既得権（賃金の下方硬直性）を聖域とせず、思い切って賃金を弾力化することが業績回復に有効であることが証明された。

　二番目はこの点と関連して、賃金を弾力化したことによって総額人件費と企業業績との連動が継続的に可能になったことである。実際に改革から5年後の平均基準内賃金を見ても、改革前の約マイナス0.1％にコントロールされている[134]。これは企業の利益に対して毎年十数億円の貢献が行われたことに等しい。成果主義を導入した企業の多くは、導入時のみに賃金を下げても、その後は漸進的な昇給を維持するケースが大半である。しかし、A社の役職社員においては、既に「昇給」や「賃上げ」という言葉や概念はなく、代わって「賃金改定」という昇降給を前提とした言葉が使用されている。

三番目の成果は、入社年次および年齢という個人属性を社員の意識から払拭した点である。このことに寄与したのは、役割と成果に基づく賃金体系に加えて、従来の指名から公募による役職登用へと制度変更を行ったことであった。役職公募制においては、従来のような一定の人数枠を設定して入社年次を考慮しながら登用する仕組みを撤廃し、前年度の人事考課、MBA通信プログラムの成績、役員プレゼンテーションなどに基づく絶対評価による登用を行った。人事改革の結果として、上位ポストにおける年功序列が崩れると同時に、年齢に関わらず多くの若手社員が役職登用された[135]。かつては挨拶代わりであった「君は何年入社？」といった会話も社内では聞かれなくなった。さらにポジティブ・アクションの取り組みによって、男女の処遇格差の改善や全社的な意識改革も進んだ。年齢や性別という個人属性を拭い去り、組織が活性化したことは、A社の人事改革における大きな成果であった。

4-2　A社における人事改革の課題[136]

　一方で、一連の人事制度改革について、A社の社員は様々な受け止め方をしている[137]。人事改革の基礎にある「プロフェッショナル」という人材像や職務価値を重視した従業員格付け制度の考え方は、広く従業員に受け入れられていた。しかし、新しい人事管理の考え方を実現する上での課題として、若手層はプロフェッショナル像のさらなる明確化やロールモデルの必要性を挙げた。また、役職社員はリーダー以外の高度な専門性を持つ「プロフェッショナル」層を有効活用する重要性を指摘した。さらに、質・量ともに仕事の負担が増しているビジネスリーダーやリーダーの能力開発を支援する必要性も指摘された[138]。

　最後の点からは、一つの仮説を導くことができる。それは、「成果主義の失敗は職場のマネジメントにおける取引コスト[139]の増大に起因する」というものである。取引コスト理論では、取引コストを節約するために組織が形成され、取引コスト節約原理に基づいて様々な組織のデザインも説明される。また、取引コストが発生するために個別合理性と全体合理性が一致しないことも生じるが、一致させるためには多くの利害

関係者と交渉取引する必要があり、膨大な取引コストが発生するので結果的に一致しないとも説明される。

　成果主義における業務遂行のサイクルは、①部下の役割（職務）と成果（目標）を設定し、②結果について公正な測定（評価）を行い、③本人へのフィードバックを通じて能力の開発につなげていく、という「個のマネジメント」である。これはある意味で人事管理のマネジメントサイクルそのものであり、目新しいものではない。しかし、日本企業における従来の人事管理においては、年功制であれ、職能資格制度であれ、各個人への職務の設定が特にホワイトカラーでは曖昧であり、目標設定もままならない場合が多かった。結果的に公正な評価は難しく、成果の根拠となる能力を年功によって読み替える運用を行ってきた。その結果を本人へフィードバックする術もない。つまり、日本企業における曖昧な「見なし管理」とは、取引コストを大きく低減させる仕組みであったために、企業の支持を受けたと仮定することが可能である。一方、成果主義は成果を重視し、成果が賃金に大きく反映される仕組みゆえに、そのマネジメントが煩雑となる構造を有している。つまり、成果主義によって、経済的報酬の決定は、上司および部下の双方におけるコストとなり、同時にリスクともなったのである。この点は既に見た労働組合員の不満である、制度運用の困難さと上司の力量不足に符合している。

　成果主義の是非に関する社内インタビューでは、役割給や成果給の導入により、個人の役割や責任、業績目標が明確になったことを評価する意見が多かった。しかし、成果主義型賃金制度は目標管理の面談機会や評価プロセスの透明性が確保されない場合、従業員の納得性を得たり、モラールを維持することは難しいことも明らかになった。また、現場での人材育成やチームワーク、チャレンジングな組織風土を阻害する可能性を危惧する意見も寄せられた。キャリア開発支援については、役職社員・一般社員を問わず、従業員の意思を反映できる人事異動や能力開発を評価する意見が多く出された。しかし、自律的なキャリア意識の醸成については、人事部門が期待する効果はまだ得られていない。中高年層からは、会社のキャリア開発の考え方が従来から転換したと戸惑う様子

が見られた。また、キャリア開発の主体が本社人事部門からカンパニーや個人に移行した場合に、現場の人材育成や個人の能力開発に差が生じる可能性を指摘する意見もあった。このことは、成果主義によってキャリア開発の主体が会社から個人へと移ることを意味する。キャリアに関する知識やスキルをほとんど持たなかった従業員に対するキャリア開発支援は、従来には存在しなかった新たな報酬と見なすことが可能である。

　今後の課題として多くの従業員が指摘したのが、成果主義を浸透させるための人事部門から経営層や従業員に対する継続的な対話の必要性であった。また、社内カンパニー制の導入や分社化などの組織構造の変更によって、従業員の一体感や事業間のシナジーが失われることを心配する意見も寄せられた。さらに人事改革によって、A社が長年継承してきた強みに与える負の影響を指摘する意見もあった。成果主義に基づくA社の人事改革が、短期的な事業戦略の達成だけでなく、長期的な競争力の強化に貢献するには、まだいくつかの課題が残されている。A社においては、その後も細かな制度改定や運用改善が継続的に行われている。

　人事管理自体には具体的なゴールや終着点は存在しない。たとえば、成果主義に基づく一つの制度を導入した瞬間から、その制度のもつ運用上の問題が明らかになると同時に陳腐化し、新たな課題が次々と生まれていく宿命を持つ。重要なことはいかなる制度であれ、内部・外部環境の変化に従って、人事管理の課題が発生する事実を認める覚悟である。そのためには、モラールサーベイのような課題を可視化する仕組みを内在させることが不可欠である。人事管理とは見つかった課題に対応すべく、新たな策を講じながら運用改善を行うという終わりなき試みに他ならない。その意味では、第3章で見た、年功制、職能資格制度、成果主義という推移も決して分断されたものではなく、環境変化に応じた修正と改変が加わりながら蓄積されていった"企業文化"（あるいは"日本文化"）と考えることが自然である。都留康、阿部正浩、久保克行（2005）は成果主義的人事制度改革の教訓として、①人事改革の効果検証の重要性、②リスクとインセンティブのバランスへの配慮、③リストラによ

る逆選択現象の覚悟などを指摘している。中でも、リスク（経済的報酬）とインセンティブ（社会的報酬）が適切にバランスしているかについて、効果検証を継続的に行う仕組みを人事管理にビルトインすることが重要であることをA社の事例は示唆している。

第5章のまとめ ── ポスト成果主義と人材多様性への対応

　本章の目的は、企業における人事改革の具体的な事例を通じ、成果主義の導入に至った背景と導入後の課題を明らかにすることによって、既に提示した仮説の妥当性を検証することであった。明らかにした一点目は、A社における成果主義導入の背景には、総額人件費の圧縮と業績連動の必要性、年功的な職能資格制度の運用破綻、若手社員・女性社員のモチベーション低下が存在したことである。日本的経営の主柱である年功的な人事管理が行き詰まった1990年代の後半において、成果主義は然るべくして登場したと言えよう。

　二点目は、A社をはじめとする日本企業においては外部環境の急速な変化に加え、職務の高度化、専門性の高まり、組織のフラット化、ピラミッド型の年齢別人員構成の崩壊といった内部環境の変化によって、従業員のプロフェッショナル化が予想以上に進展していた事実である。成果主義は、部下の有無に限らず、知識社会において高度な専門性の発揮が期待される組織内のプロフェッショナルに対応した人事管理手法なのである。

　三点目は、成果主義が人事管理にもたらした影響として、成果主義の導入前と導入後では従業員の労働価値観が変容することである。人事管理の仕組みを変更することは従業員に対して大きなインパクトを与えることであり、モラールや価値観を定期的にモニタリングし、適切な施策を講じることが必要である。

　四点目は、労働組合のオルグ結果を用いて、多数の組合員が成果主義の運用、中でも評価について大きな不満を有する事実を指摘した。役割と成果に基づく公正な経済的報酬の分配にあたっては、その根拠となる適切な配置－評価－育成（キャリア的報酬）が不可欠であることを実証するものである。

　五点目は、成果主義の導入過程において男性社員と女性社員のモラー

ルの格差が明らかになり、成果主義と並行して女性活躍推進およびワーク・ライフ・バランスの推進が必然的に行われた事実である。成果主義を個人の成果、役割、能力に着目した個のマネジメントとするならば、組織内部の能力およびモチベーションの格差是正は人事戦略上の重要課題となり、さらに企業の社会的責任（CSR）として経営戦略上の課題となることを確認した。この課題克服の鍵はワーク・ライフ・バランスの実現を通じて、「個人の希望によって時間を選択できること」を報酬（時間的報酬）とみなすことである。

　最後に、成果主義の課題を実証的に明らかにしたことである。社員の評価結果に関するフォロー、職務調査のメンテナンス、プロフェッショナルに期待する成果の明確化、リーダーの能力開発、中高年に対するキャリア開発支援といった運用上の問題を指摘することに加え、根源的な課題として「成果主義の破綻は職場のマネジメントにおける取引コストの増大に起因する」という仮説を提示した。

　以上より、「ポスト成果主義と人材多様性に対応するには、評価－処遇－育成に基づく人事管理そのものを従業員に対する報酬と捉え、①役割と成果に基づく公正な経済的報酬の分配、②適切な評価、配置、育成によるキャリア的報酬（第1の社会的報酬）の付与、③多様な人材に対する柔軟な働き方による時間的報酬（第2の社会的報酬）の提供が必要である」とする仮説の妥当性が実証できた。ついては第6章において、キャリア的報酬の内容について具体的な方向性を示し[140]、第7章では、時間的報酬の詳細をワーク・ライフ・バランスの概念によって明らかにする。

120 本章は拙稿「企業における成果主義導入の実証的研究」『企業研究』第4号、2004年3月、を基に執筆したものである。
121 川喜多喬「キャリア開発の現場を見る 第3回」『企業と人材』2005年6月5日号、薄上二郎『人的資源戦略としての入社前研修』中央経済社、2006年など。
122 A社は成果主義の導入にあたって、役職社員→役員層→一般社員というステップを踏んだ。まず管理職へ導入し、労働組合との協議を重ねた上での一般社員への拡大は他社でも多く見られるが、役員層の処遇に対して社員との整合性を持たせた例は珍しい。
123 職務調査を代行したコンサルティングファームが提示した基準(①組織への影響度、②人の指揮・管理、③責任の範囲、④折衝度、⑤職務の難易度、⑥問題解決、⑦仕事環境)。
124 たとえば、前出の管理職構成に関する調査(労務行政研究所 2003)において、正社員に占める管理職比率は、ライン管理職が14.5%、専門職が7.1%であった。
125 employability：企業が従業員を雇用する際に、その従業員が保有している「雇用されうる能力」のこと。逆に、雇用される側からみて魅力的な企業か、継続的に雇用されたいかといった「雇用主としての能力(優秀な人材を惹きつける力)」をエンプロイメンタビリティ(employmentability)と呼ぶ。
126 オルグ(オルガナイザー)とは本来は勧誘の意味であり、労働組合や政党の組織拡充などのため、本部から派遣されて労働者・大衆の中で宣伝・勧誘活動を行うことである。一般に労働組合による職場オルグは、執行委員が職場を訪問して執行部の活動を報告したり、特定のテーマに関する意見を吸い上げたり、その是非を問う場である。
127 A社の人事改革を契機に導入された意思決定機関。社長を委員長、人事部を事務局とし、全役員から構成される委員によって人事制度に関する課題検討や社員の苦情に対応した。
128 2002年12月に開催されたA社人財委員会の会議資料より。
129 資料中の「マネヘル」とはイントラネットを用いた目標管理システム、「コンピ」とはコンピテンシー評価、「プロチャレ」とは役職公募制度、「ノーツ」は社内システムを意味している。
130 2000年3月実施。N=1343(男性：1049、女性：294)。
131 2001〜2003年度登用の新任女性役職社員(N=38)に対し、登用後8カ月が経過した時点で留置法にて実施。
132 6つの責任とは、①新たな顧客価値の創造、②働きがいの向上、③コンプライアンスの徹底、④コーポレート・ガバナンスの確立、⑤環境への配慮、⑥自社らしい社会貢献の推進を指す。
133 2007年10月にA社は認定マークを取得している。
134 A社「2007-2009年度　中期経営計画予算作成資料」より。
135 実際に2003年度には、29歳の課長代理が誕生している。
136 本項の記述は、筆者が協力者として携わった、島貫(2007)の研究に基づいている。
137 2004年に行われた外部の研究者(島貫)による社員17名(幅広い年齢、性別、役職、職種に基づく)のインタビュー結果に基づく。インタビューに際してA社の人事部門の社員は同席せず、社員の率直な意見を引き出すことを目的とした。
138 島貫(2007)p.169。
139 取引コスト理論はCoase(1960)の考えに基づいてWilliamson(1981)によって確立された。新古典派経済学では完全合理的に効用を最大化する人間(経済人)が仮定されてきたが、Williamsonは人間を限定合理的であり、機会主義的な性格をもつものと仮定した。このような人間が市場で知らない人々と取引する場合は相互に駆け引きが起こり、多大な取引上の無駄が発生するこの取引上の無駄のことを「取引コスト」と呼んだ。

140 Belcher（1962）も指摘したように、報酬の構成要素は互いに複雑に関係しあっており、"漏れなく、ダブリなく"分類することは困難である。特に経済的報酬の分配については、キャリア的報酬に含めた「評価」に大きく依存する。第6章ではキャリア的報酬を主に扱うが、当然ながら経済的報酬についても言及することとなる。言わば、評価（つまりキャリア的報酬）を経済的報酬の決定プロセスと見なすことが本書の趣旨である。

第6章

第1の社会的報酬：「キャリア的報酬」

本章では、第1の社会的報酬であるキャリア的報酬に関する施策・制度を具体的に提示する。第1節では、従来の日本企業が行ってきた見なし型人事管理（見なし管理）から人材価値に基づく人材価値型人事管理（人材価値管理）に転換する必要性とその施策を詳らかにし、第2節では、プロフェッショナルの概念を通して必要とされる人材像を明らかにする。

1 人材価値による人事管理の再編[141]

1-1 人事管理再編の背景と視点

　企業と個人の間に交わされる心理的契約は人事管理の前提条件であり、その根拠を双方の期待として整理したものが図表6-1である。社員は会社に対して常に（短期的に）「良好な報酬」を求め、その蓄積として長期的には「良好なキャリア」を企業に期待する。ここでの報酬とは賃金だけを指すものではなく、従来の分類に基づくならば、①金銭的報酬、②非金銭的報酬[142]、③心理的報酬の総和を意味する。また、長期的視点に基づくキャリアへの期待は、諏訪康雄（1999）の唱えた「キャリア権[143]」の考えとも通じるものである。一方で企業は、社員に対して常に（短期的に）「高い業績」を求め、その結果として第2章で見たように、「経営の持続的な存続と成長（サステナビリティ）」を期待する。こうした個人と企業の期待を実現することが人事管理の普遍的な役割であり、人事管理のあり方は様々な環境条件によって変化していく宿命を持つ。

　社員については第4章で見たように、労働価値観と働き方の多様化（あるいは社員の多様化）が進んでおり、経営活動のグローバル化は外国人社員の増大によってさらなる社員の多様化を促進する。企業についても、市場の成熟化や国際競争の激化を背景とした規模拡大型の経営スタイルから高付加価値型の経営スタイルへの転換が求められている。これからの人事管理は、「社員の多様化を促進し、経営の高付加価値化・グローバル化を支える人材を確保し活用できる人事管理」ということになる。問題は従来の伝統的人事管理（年功制、職能資格制度、成果主義）がこのことに対応できるかである。新たな人事管理の枠組みを考えるにあたっては、まずこの点を検証する必要がある。

　第3章で見たように、伝統的人事管理は「見なし型人事管理」である

図表6-1　企業と社員の「求めること」

	個人	企業
短期	良好な報酬	高い業績
長期	良好なキャリア	持続的な存続と成長

出所：日本生産性本部『社員の多様性をいかす人事管理の3つの戦略「これからの雇用処遇研究会」報告書』(2013) p.1より転載

点に特徴がある。個々の社員は企業にとってどのような価値をもつ人材であるか、つまり、現在さらには将来にわたって経営にどれくらい貢献する人材であるか。これを「人材価値」と呼ぶならば、人材価値をどのように測定するかが、評価－処遇－育成のあらゆる分野における人事管理の基盤となる。この点から伝統的人事管理を見ると、年功制に代表される年齢や家族構成による属人的要素、職能資格制度に代表される能力の違いに基づく社員区分や社員格付けを用いて人材価値を集団的かつ長期的に見なし評価する「見なし型人事管理」の形態をとってきたことが指摘できる。伝統的人事管理の基本人材モデルを構成する主要な要素は、①正社員、②男性、③日本人、④新卒採用者、⑤健康者であるが、集団的な見なし評価には、個々の社員の人材価値を役割、能力、成果から個別的に評価する方法に比べて取引コストを最小化できる利点があることを第5章で指摘した。正社員は基幹社員で非正社員は周辺社員、正社員の中では男性は基幹社員で女性は周辺社員、男性正社員の中では勤続の長い社員ほど地位と給与の高い（つまり人材価値の大きい）社員とする普通に見られる現象は、見なし評価という方法で人材価値を評価してきたことの現われである[144]。

　こうした見なし評価が機能するには、見なした人材価値が本来の人材価値と高い精度で近似することが必要であり、規模拡大型の経営戦略であること、社員集団の労働価値観と働き方が類似していることがそのための条件であった。しかし、前述した経営の高付加価値化・グローバル化と社員の多様化が進む中、これらの条件は失われつつある。正社員と同等の業務を行う非正社員、男性正社員と同等の成果を上げる女性社員、日本からの出向者よりも高い業績を上げる現地採用社員等が増えてきて

いる。つまり、「基本人材モデルと異なる社員は周辺社員として異なる管理をしてよい」という前提が崩れてくると、属人的要素や雇用形態の違いによって見なし評価される人材価値と、本来の人材価値との間の乖離は大きくなる。このような状況を放置すると、男性社員と女性社員、正社員と非正社員、日本人社員と外国人社員、年齢の異なる社員の間で評価・処遇基準が異なることが問題になり、女性社員、非正社員、外国人社員、若年社員、高齢社員等の有効活用が阻害される。企業が直面しているこうした問題は、職能資格制度に基づく「見なし型人事管理」が機能不全を起こしていることを示す現象なのである。

　このようにみてくると、企業の進むべき方向は、社員の多様化を促進し、経営の高付加価値化・グローバル化を支える人材を確保し活用できる人事管理を構築することである。これを「多様性を活かす人事管理」と呼ぶと、それは図表6－2に示すように、共通機能となる「基本となる分野（基本分野）」と、基本分野が環境条件の変化の中で機能するための基盤となる「土台となる分野（土台分野）」から構成されることになる。

　基本分野は、短期的な経営成果を実現するために、人材を特定の仕事に配置した上で、「目標を設定し、評価し、報酬を決める」という活動からなる「短期的なパフォーマンス・マネジメント」、個人の役割（職務）の獲得と付与に基づくキャリア開発を実現するための「中期的なキャリア・マネジメント」、戦略的に人材を育成し活用する活動を通して組織の人材力の向上を図る「長期的なタレント・マネジメント」の三つから構成される。これらはそれぞれ、短期的な成果管理、中期的な役割管理、長期的な能力管理と呼ぶことが可能である。この基本分野は社員の多様化という環境変化の下で機能することが求められ、それを支える社員の①多様化を促進する人事管理、②多様化を統合する人事管理、③多様化を活用する人事管理からなる土台分野を必要とする。つまり、基本分野が機能するためには、社員の個人属性のみならず、労働価値観や希望する働き方が多様化していることを認識した上で、社員の多様化を促すことが重要となる。次に、多様性を超えて社員を組織目標に統合することが必要になり、さらに社員の多様性を活かし、有能な人材を確保して有

図表6-2　多様性を活かす人事管理のフレームワーク

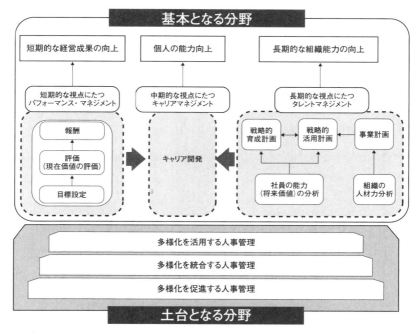

出所：『社員の多様性をいかす人事管理の3つの戦略「これからの雇用処遇研究会」報告書』(2013) p.3の図表2をもとに筆者作成

効に活用することが必要になる。

　今日の企業に求められていることは、多様化を促進、活用、統合する人事管理の構築である。多様化の促進と活用については、次章でワーク・ライフ・バランスの観点から明らかにすることとし、以下では、多様化を統合する人事管理の仕組みを具体的に検討する。

1-2　伝統的な評価方法の体系

　組織を効果的かつ効率的に運営するには、組織構成員の行動のみならず、その背景にある価値観や働く意識を組織目標に向かって統合する「組織統合」が不可欠であり、それを実現する難しさは環境条件によって異なる。この点から現状をみると、従来の基本人材モデルと異なる多様な

従業員の存在[145]は組織統合の困難さを確実に高めており、企業はこれまで以上に組織統合を実現するための人事管理上の装置を整備することが求められる。組織が成立するためには、Barnard（1938）が述べたように、①組織目的、②貢献意欲、③コミュニケーションの3要素が必要となる。ここでは、"多様な人材によって構成させる組織において、多様化の現実を正しく認識し、組織目的・目標を従業員に浸透させ、一人ひとりの貢献意欲を高めて、職場におけるコミュニケーションを活性化させる人事管理上の装置"を「多様化を統合する人事管理」と呼ぶ。

　組織統合を実現する方法は多様である。第2章で見たように、科学的、政治的、統制的、実践的、倫理的なマネジメントに加えて、特定の信仰や経営者のカリスマ性をもって統合する企業も存在する。多様性の統合には、異質性を受容する段階から同質性を強化する段階へ進むことが一般的である[146]。これまでは、多様な従業員に共通する同質性として、経営理念（組織目的）が強調されてきた。企業とは経営理念を同じくする人々の集まりであると考えれば、宗教やカリスマも経営理念の浸透を強化する一手段と見なすことが可能である。しかし、これからの企業が追求すべきことは、経営理念と結びついた「人材価値」による組織統合である。企業はそれぞれの歴史や文化を背景にして、経営理念に基づく持続的な存続と成長を実現するための固有の価値観や行動スタイルを形成している[147]。これを基準に人材価値を定義し、社員の価値観や行動スタイルを統合することが重要である。つまり、社員が多様化する現在において、こうした人材価値を通して組織統合を実現することがこれまで以上に必要となり、「多様化を統合する人事管理」は、経営理念やCSRとも結びついた仕組みとして構築されねばならない。

　それでは、人材価値はどのように測定されるのか。企業にとっての人材価値を「現在あるいは将来における経営成果の実現に貢献する個人の価値」と定義するならば、実務における問題はそれをどのように定義し、基準を設け、評価するかである。人材価値の評価は、これまでも様々な方法で行われてきた。これを整理したのが図表6−3である。

図表6-3 人材価値評価方法の構成

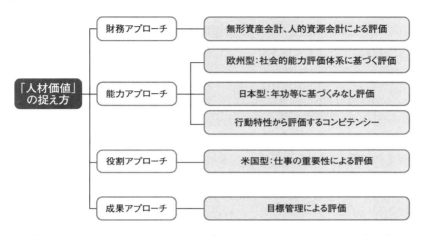

出所：『社員の多様性をいかす人事管理の3つの戦略「これからの雇用処遇研究会」報告書』(2013) p.7の図表3をもとに筆者作成

　第一の方法は、会計上の観点から人材価値を評価する「財務アプローチ」である。人的資源会計、無形資産会計等がこれに当たる。しかしながら人事管理の面では、実務的に使える評価方法とはならなかった。それは、人的資源（あるいは人的資産）の組織レベル（全社あるいは部門レベル）の状況を会計情報（金銭的価値）として正確に把握することが事実上不可能であったことに起因する。内山哲彦（2010）は、人的資源会計の課題として、人的資源会計モデルの持つ「環境（の変化）―戦略の策定―戦略に整合した人的資源（知識・能力）の開発と動機づけ―財務業績の達成・向上」というフレームワークの限界と、それを認識した上での統合的業績管理システムの構築に向けた研究課題を指摘している。

　第二の方法は、能力の面から人材価値を評価する「能力アプローチ」であり、これには幾つかのタイプがある。伝統的に欧州諸国は職業資格などの社会的な職業能力評価システムによって人材価値を社会的に評価する傾向が強い。現在、EUが推進している欧州資格枠組み[148]は労働者の能力（人材価値）を企業横断的に評価する仕組みである。こうしたEUレベルの取り組みの以前から、欧州各国はそれぞれの方法で職業能力評

価システムを構築しており、イギリスのNVQ[149]、ドイツのデュアル・システム[150]とマイスター制度[151]はよく知られている例である。日本においても、日経連による能力主義の提案に基づく職能資格制度が1980年代に一般的となったが、欧州型とは異なり、個々の企業の中で年功等の代理変数で能力（人材価値）を見なし評価してきた。

第三の方法は、いま従事している仕事（職務あるいは役割）の重要度から社員の人材価値を評価する「役割アプローチ」であり、米国企業の伝統的な方法がこれにあたる。その根拠は企業における機能を体系的に整理した組織図であり、各職務に必要な要件を詳細に記述した職務記述書・人材要件書である。この方法は現在従事している仕事に注目して人材価値を評価するものであり、社員が将来にわたってどの程度まで経営に貢献する人材であるのかという長期的視点が欠落し、評価結果を育成や配置等に活用できないという問題をもつ。

最後の方法は、仕事の成果によって担当する社員の人材価値を評価する「成果アプローチ」であり、これも米国企業においては一般的な手法である。目標管理制度を用いて期初に年間の目標を設定し、担当する役割に基づいた期待される成果の達成度によって評価が行われる。日本型成果主義が目指したものは正にこのアプローチであったが、成果を生む基盤となる役割が会社から一方的に与えられることに対する不公平感と、各職務における成果測定の基準と評価の困難さに加え、短期業績重視による中長期的視点の欠如といった複数の課題を抱えていることを既に指摘した。

このように、人材価値の測定（基準設定と評価）に関する伝統的な方法の特徴を見ると、「多様な人材を活用する」という要請が現在のように強くなかったことによって、日本企業は結果的に人材価値を総合的かつ簡易（あるいは安易）に評価し、それを基盤として人事管理を展開してきたことになる。すなわち、年功等による見なし評価を行うことにより、人材価値の評価コスト（あるいはマネジメントにおける取引コスト）をミニマイズすることができた。しかし、社員の多様化が進み、人材活用力の強化が求められると、見なし評価の問題点が顕在化する。特に多様な社

員の中から重要な仕事に配置する社員を選ぶにあたっては、年功等で見なし評価された人材価値に依存することには問題が多く、同じような問題は日本企業のみならず欧米企業でも見られる。

米国企業について見ると、社員の従事する仕事の重要度に基づいて人材価値を評価する「役割アプローチ」は、客観的に評価しやすい仕事の内容に焦点を当てるものであり、コストをかけずに人材価値を評価する方法である。しかし、将来性を含めた人材価値に注目していないため、長期的な観点から多様な社員の中で最適な人材を選抜し、育成し、配置するという現代的な要請に応えることができない構造を有している。たとえば、重要なポジションに配置する最適な人材を選ぶに際し、現在の担当職務に基づく人材価値では、今後も別の重要なポジションで成果を上げることができるか否かという潜在的な力（将来性あるいは伸びしろ）を評価することができない。

欧州企業は、人材価値を社会的な能力評価システムによって評価するため、社員の多様性を超えて人材価値を普遍的に評価できる低コストの評価方法という強みをもつ。しかし、企業が長期的な観点から社員の育成、配置、昇進を考えるには、余りにも評価基準が一般的であるため（つまり企業特殊的人材価値[152]が考慮されていないため）、「人材の高度な活用を求める」という人事管理上の要請に応えることは難しい。

このように、これまで各国企業が活用してきた伝統的な手法では「多様な人材を活用する」という要請に応えることが難しく、人材価値の評価方法の再編・統合が求められている。こうした中で米国発のコンピテンシー[153]概念は、米国企業が社員の多様化等に対応するために開発した「能力アプローチ」による評価方法であり、これからの人材価値の評価方法を考えるにあたっては重要な出発点となる。

1-3　人材価値による評価の再編

ここまで人材価値の伝統的な評価方法の特徴と限界を見てきた。このことを踏まえ、これからの人材評価はどうあるべきか。理論的にみると人材価値は図表6-4に示したように二つ（あるいは三つ）の価値から構

図表6-4 二つの人材価値

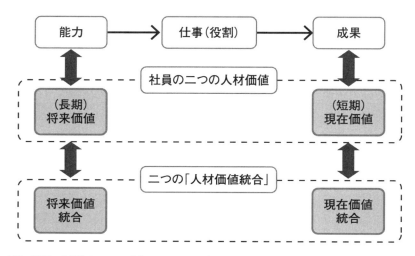

出所:『社員の多様性をいかす人事管理の3つの戦略「これからの雇用処遇研究会」報告書』(2013) p.11の図表4をもとに筆者作成

成されている。

　第一は、短期的に経営成果にどの程度貢献できているかということから見た人材の短期的な価値（以下では、「現在価値」と呼ぶ）であり、職務遂行の結果としての成果が現在価値を決める。さらに、期待される成果が具体的に示されると、社員は短期的な成果を高める方向に向かって共同歩調をとり、組織統合が進む。この短期的な成果による組織統合スタイルを、「現在価値による組織統合」と呼ぶこととする。図表6-3で示した「成果アプローチ」がこれである。

　第二は、長期的に経営成果にどの程度貢献できるかということから見た人材の長期的な価値（「将来価値」と呼ぶ）であり、職務遂行に求められる能力が将来価値を決める。ここでの能力とは、個人にとっては現時点で成果に結びついている顕在能力よりも、将来必要とされる潜在能力を意味する。将来必要になる職務能力が明確にされると、社員は将来価値を高める方向に向かって行動することになるため、この長期的な能力による組織統合スタイルを、「将来価値による組織統合」と呼ぶことに

する。図表6-3の「能力アプローチ」は、将来価値を評価するための一つの方法である。さらにこれらの現在価値と将来価値をつなぐ連結環としての中期的な機能を担うのが「仕事の遂行」、つまり役割ということになり、「役割アプローチ」に相当する。

　以上のように、組織統合の基盤となる人材価値に現在価値と将来価値の二つがあるとすれば、「多様化を統合する人事管理」は、現在価値による組織統合のためのプラットフォームと将来価値による組織統合のためのプラットフォームの二つから構成されることになる。また図表6-2で示したフレームワークの基本分野との関連では、パフォーマンス・マネジメントは、現在の役割と成果（つまり現在価値）に基づいて報酬を決めることによって社員の納得性と労働意欲を高め、経営成果の実現に向けて社員を動員するという意味で、現在価値に基づく人事管理である。それに対してタレント・マネジメントは、将来性も含めた能力（つまり将来価値）の評価に基づいて、長期的な観点から組織能力向上に向けて社員を配置・育成するという意味で、将来価値に基づく人事管理である。そしてこれを個人支援の側面から捉えた仕組みが、中期的なキャリア・マネジメントということになる。

　なお、実務的にみると、現在価値による組織統合と将来価値による組織統合の適用方法は、社員タイプによって変えることが必要になる。社員を次世代幹部として期待される中核社員と、定型的業務に従事することが期待される標準社員に分けると、標準社員は比較的容易に外部労働市場から調達できるため、現在の仕事と成果に基づく現在価値重視型の人事管理を適用することになる。一方で中核社員には、企業特有の価値観、行動スタイル、スキルをもつ人材として社内育成すべき社員であるため、現在価値とともに将来価値を重視する人事管理を適用することが合理的な選択になる。将来価値は、経営理念（ミッション、ビジョン、バリューなど）から導かれた人材像に基づき、社員の多様性を超えた社内における普遍的な価値として明確に定められる必要があり、配置、人材育成、昇進等の人事管理はこれに基づき構築されることになる。

それでは、将来価値（長期的視点に立った能力）は具体的にどのように基準を設定し、測定（評価）すればよいか。将来価値は、「知識・技能」とこれらを成果に結びつけることができる「成果転換能力」の二つの軸から評価される必要がある。図表6－5は、それをモデルとして示したものであり、そこでは、「知識・技能」と「成果転換能力」がともに高いHH型が将来価値の最も大きい人材であり、LL型が最も小さい人材ということになる。基準設定および測定が難しいのは「成果転換能力」であり、コンピテンシーはそのために開発された能力評価法の一つである。

　一方で現在価値は、社員が実現している経営に対する貢献（つまり成果）の大きさと定義される。しかし、それを評価することは難しく、これまでも多様な方法が開発されてきた。それらの特徴は、成果は企業にとっての「仕事の重要度（当該の仕事が予定通りに遂行されたときの経営成果におよぼす影響の大きさ）」と、その「達成度」によって決まるという点である。日本企業は一般的に、社員区分制度として職能資格制度を採用しており、目標管理制度のもとで当該職能資格に定義された能力を基準に成果を評価する方法がとられている。つまり、定義された能力からみてより難しい仕事（企業にとって、より重要な仕事）において、より大きな達成度を実現した社員ほど成果が大きく、現在価値が大きい社員と評価される。従って、現在価値による組織統合は、能力と成果を基盤に形成

図表6-5　将来価値の評価方法の考え方

成果転換能力 （コンピテンシー）	High	HL型	HM型	HH型
	Mid	ML型	MM型	MH型
	Low	LL型	LM型	LH型
		Low	Mid	High
		知識・技能		

出所：『社員の多様性をいかす人事管理の3つの戦略「これからの雇用処遇研究会」報告書』（2013）p.13の図表5をもとに筆者作成

される。

　もう一つの代表的な方法は米国型である。経営に対する貢献は仕事を通して実現される成果として現れるため、社員の現在価値は配分された仕事の重要度とその達成度に基づいて明快に評価される。つまり、現在価値の統合は、仕事と成果を基盤に形成される。具体的には、米国企業においては社員区分制度として職務分類制度が採用され、社員は担当する仕事の重要度に基づいて特定グレードに格付けされており、より高いグレードの社員がより大きな達成度を実現するほど成果、つまり、現在価値は大きくなる。

　能力を基準に置く日本型と仕事に基準に置く米国型を踏まえ、「多様な人材を活用する」という今日の要請に応えることのできる現在価値の評価方法を考える必要がある。ここで重要なことは、人材が多様化したときに、社員が納得でき、労働意欲を高めることのできる成果（現在価値）の公正な評価基準である。この点で、能力を基盤に置く日本型には幾つかの弱点がある。

　第一には、能力に基づいて成果を測ることの理論的な意味が不明確な点である。つまり、能力は仕事を通じて、はじめて成果に結びつくにも関わらず、成果を直接測定するための基準とすることには無理がある。第二には、もともと能力の定義が曖昧であるため、それに基づいて測定されている仕事の重要度も曖昧な点である。第2章でみたように、職能資格制度における能力定義はかなり抽象的であり、しかも、その運用においては、年功的な要素が色濃く反映される見なし評価が行われている。

　このように、能力基準の日本型の方法では、多様化する社員が納得する現在価値の評価は難しい。さらに、社員が多様化するほど、評価の公正さが厳しく問われることにもなる。結論としては、"成果とは仕事を介して実現された現在価値である"という基本に戻って人材価値の評価方法を再考する必要がある。つまり、成果とは、その基盤である仕事（あるいは役割）の重要度とその達成度に基づいて評価されることが望ましく、従って、現在価値による組織統合は、仕事（役割）と成果に基づいて構築される必要がある。以上を踏まえて構築される現在価値による人

事管理の骨格は、図表6－2で示した「目標設定－評価－報酬[154]」からなるパフォーマンス・マネジメントになる。また、その基盤となる社員格付け制度は仕事（あるいは役割）を基準とした仕組みとなり、今、多くの日本企業が導入している役割等級制度[155]はそのための試みである。

1-4　人材価値に基づく人事戦略

　人材価値に基づき人事管理を再編するには、三つの分野に関する人事戦略を構築することが必要になる。

　①人材確保のシームレス化とオンタイム化（迅速調達）
　②最適マッチングの高度化（最適配置）
　③全社員のプロフェッショナル化（全員育成）

　第一の分野は、「どの範囲」から「いつ」人材を確保するかの決定である。これまでは、男性社員と女性社員、総合職と一般職、正社員と非正社員といった個人属性や社員区分を用いて人材の確保を行っていた。しかし、こうした伝統的な方法は、社員の多様化が進む中で人材活用力の劣化を招いた。できる限り広い範囲（シームレス）の適材を迅速（オンタイム）に確保するという人材確保のシームレス化とオンタイム化戦略が求められる。次に問題となる分野は、人材と仕事の最適マッチングの実現である。多様な社員を活用するほどに、つまり、広い範囲の適材を迅速に確保することによって、マッチングの対象となる人材と仕事の範囲が広がることになり、結果として最適マッチングの高度化戦略が求められることになる。最後の分野は人材育成である。社員が多様化することで、人材育成やキャリア支援は個々の社員の事情を踏まえて個別的に対応することが求められる。それは、全社員のプロフェッショナル化戦略が不可欠な要素になるということである。

　現在多くの企業が、男女格差等を解消するための積極的是正措置（ポジティブ・アクション）、女性社員が働きやすい職場を構築するための両立支援策やワーク・ライフ・バランス施策、多様な人材を活かすための

ダイバーシティ・マネジメント施策を展開している。これらはいずれも先に示した三つの人事戦略を実現するための有効な、しかし、過渡的な施策である。

多様な社員を活かすためには、適材を広範囲から迅速に確保し、適所に配置し、全員を育成することが必要になる。その起点となるのが「人材確保のシームレス化とオンタイム化戦略」であり、日本企業は社員の多様化に合わせ、人材確保の範囲を限定する伝統的な人事政策を大きく再編する必要がある。具体的には、現地採用、外国人採用、障がい者採用、女性採用、高齢者雇用、出向受入などの幅広い人材確保を行うことが必要となる。つまり、社員の多様化に伴って、従来の基本人材モデル（男性、正社員、日本人、新卒採用、健康）に限定せず、確保する人材の範囲を将来価値ベースに基づいて決めることが必要である。また、従来のような一括採用に加えて、第二新卒採用、通年採用、中途採用、正社員登用、あるいは一度退職した社員の再雇用などの柔軟かつ迅速な人材確保を必要に応じて、都度行うことも重要である。人材確保のオンタイム化は、外部労働市場からの確保のみを指すものではなく、定期人事異動に加えて、自己申告制度、社内公募制度、社内FA制度といった、様々な施策を組み合わせることによる内部労働市場の流動化も意味する。

以上の戦略によって、確保する人材の範囲が拡大されることになる。次に必要なことは、仕事に求められる人材要件と人材のもつ能力特性をマッチングさせ、人材配置の精度を高めることである。そのための人事戦略が、二番目の「最適マッチングの高度化戦略」である。具体的には、将来価値基準に基づいて社員の能力の「見える化」を進め、それに基づいて最適な人材の選定と配置を行うものである。日本企業はこれまでも、配置や昇進の決定にあたっては、将来性をみて適材を探すということをしてきたとされる。しかし、社員の多様化が進み、人材活用レベルの向上が求められ、経営のグローバル化が進む中で、最適な人材選定と配置決定の体系化が必要となっている。

将来価値に基づく人材と仕事のマッチングには、以下の効果が期待できる。第一には、将来価値基準に基づいた能力の「見える化」が進むこ

とにより、配置、あるいは昇進させる社員を選択する際の透明性が高まり、多様な社員の間の配置・昇進決定に対する納得性が高まる。第二には、能力の「見える化」が進むことで、社内の部門や地域にどのような能力をもつ人材がいるかが明確になるため、より広い範囲の社員、より多様な社員の中から適材を選択することが可能となり、人材探索力が向上する。第三には、重要なポストを将来担うことができると思われる人材群を明確にすることによって、人材面のリスクマネジメントが高まることが期待できる。つまり、当該ポストが空席になった場合でも対応が容易になり、重要ポストに将来つくことが見込まれる人材であることを本人に明示することによって、有能な社員の転職を防止する効果も期待できる[156]。

　最後は、「全社員のプロフェッショナル化戦略」に基づく人材育成の促進である。第5章において、A社の人事改革がプロフェッショナルを人材像としたことを述べたが、人事管理の再編においては、全社員のプロフェッショナル化が不可欠である。そのためには、将来価値（能力）の可視化を進めることにより、将来のキャリアを視野に入れて、仕事に必要とされる能力開発機会を計画的に提供することが必要である。この戦略は、社員の能力を開発する施策（教育訓練施策）と社員のキャリア開発を支援する施策（キャリア開発支援策）の二つからなる。前者については、職場における学習支援力を高めることが必要である。その背景には、職場で行われるOJTが人材育成の最も効果的な方法でありながらもホワイトカラーに対しては機能していなかった事実[157]に加えて、社員の多様化が進むことによって人材育成の個別性が高まり、その適切な対応は職場においてのみ可能であるという現象がある。そうなると、現場管理者の部下に対する能力開発上の責任は拡大し、人事部門は管理者の能力開発行動を支援する機能の向上が求められる。

　キャリア開発支援にあたっては、会社による一方向的な人事異動に加えて、社員が自ら責任をもって自律的にキャリア形成に取り組む企業風土の実現が目標となる[158]。具体的には、社員の現有の能力（社員が現有する将来価値）と会社が求める能力（会社が必要とする将来価値）を明確に

開示し、社員が正しく認識することが必要となる。そのためには、将来価値の評価基準が明確に設定されねばならず、コンピテンシーはその一例である。また、社員が自らの能力を会社に提示し、キャリア開発が自律的に行われる仕組みを整備することも同時に必要となる。そのためには、社内を内部労働市場ではなく疑似外部労働市場と捉え、社員が自らの職務経歴、キャリア計画、スキル・専門性によって仕事を探索する仕組みと、それを支える個人の能力の可視化が必要となる。

ここで「プロフェッショナル」という概念について注意を喚起したい。一般にプロフェッショナルとは、専門家あるいは職業としてそれを行う人[159]、専門的な職業をもつ人[160]を意味し、今までも企業における人材育成のキーワードとして用いられていた。しかし、プロフェッショナルという言葉は、経済学や経営学における専門用語ではなく、通常に使われる一般的な単語でもあるため、人事管理においては曖昧に使用されてきた経緯がある。次節ではこの点を補足し、これからの人材価値型人事管理におけるプロフェッショナルとは、一部のエリートを意味するのではなく、全社員を育成の対象とした、言わば「小さなプロフェッショナル」であることを提起する。

2 エリート選別から プロフェッショナル育成へ[161]

2-1 プロフェッショナルの一般的認識

本節は、プロフェッショナルの概念が現代において、①単に伝統的な職業や大企業のエリートを象徴する人材像（「組織内プロフェッショナル」）に留まらず、②多様な社会において働くすべての人々を対象とすること（「小さなプロフェッショナル」）、③その対象を特定の職業、組織、層ではなくすべての個人へと転換する必要があること、④この概念が人事管理

の再構築において重要であることを主張するものである。

　まず、筆者による大学生を対象としたプロフェッショナルに関する調査結果を参考にしながら、プロフェッショナルに対する一般的な認識を明らかにする。図表6-6はその際の調査結果の一例である[162]。Q1は「プロフェッショナル」と聞いて思い浮かぶ職業と個人名を答えさせる質問であり、プロフェッショナルの具体的なイメージを描かせることを狙いとしている。続くQ2では、その職業や個人をプロフェッショナルと思う理由を述べさせる。つまり、プロフェッショナルの要件を考えさせる質問である。そしてQ3は、「会社員」「サラリーマン」「OL」といった組織に雇用される人々がプロフェッショナルか否かを問う質問であるが、Yes／Noはさほど重要ではなく、その理由と考えるプロセスを重視して

図表6-6　プロフェッショナルに関する大学生の回答例

Q1　プロフェッショナルという言葉で思い浮かぶ職業は何ですか？
　　具体的に誰をイメージしますか？

【職業】プロスポーツ選手、芸能人（歌手）、医師、大学教授、芸術家（カメラマン、ピアニスト）、警官、
　　　　運転手、広報担当者、職人
【名前】イチロー、ダルビッシュ有、石川遼、長友佑都、三浦知良、アントニオ猪木、渡部陽一、ルパン三世、
　　　　いっこく堂、ミッキーマウス、原田永幸、伊藤美恵、レオナルド・ダ・ヴィンチ、全ての人（敬称略）

Q2　何故その職業（その人）をプロフェッショナルと思うのですか？

①資格を持つ
②実績を挙げている
③人間としての魅力（オーラ）
④有名である、歴史に名を残している
⑤努力研鑽を重ねている
⑥真面目、真剣な姿勢による継続性
⑦高い向上心を持つ
⑧高い技術・専門性・感覚を持つ
⑨挑戦心、開拓精神がある
⑩他人から称賛される
⑪自信、誇り、情熱を持つ
⑫他人に夢、感動、憧れ、影響を与える
⑬成果に応じた処遇
⑭大金を稼ぐ
⑮他人の人から必要とされる
⑯責任感がある
⑰才能がある
⑱仕事が好きである
⑲自律心、自己管理
⑳平常心

Q3　「会社員」「サラリーマン」「OL」はプロフェッショナルですか？ それは何故ですか？

はい：働く人は全員がプロであると言いたい、お金をもらっているからにはプロ
いいえ：殆どの人がサラリーマン、なんとなくサラリーマンの人もいる
何とも：人それぞれ、プロもいればそうでない人もいる

出所：木谷宏「プロフェッショナル論の限界と展望」（2011a）p.60より転載

いる。

　この調査は、大学生のみならず、企業における新入社員研修や新任管理職研修においても実施したが、毎回さほど結果は変わらない。職業ではプロスポーツ選手が圧倒的に多い。そして、医師、弁護士、芸術家、職人といった職業も必ず挙げられる。プランナーやセールスマンといったビジネスパーソンの範疇に入る答えは極めて稀であり、「すべての働く人々」という回答に出会うことはほとんどない。個人名についてはその時々の有名人がランダムに列挙される。プロフェッショナルの要件については、専門分野への帰属、成果や業績による評価、顧客第一主義、さらにはプロとしての意識などが挙げられる。この結果から、一般的にプロフェッショナルとは、①資格に代表される外的要件、②高い技術や専門性といった内的要件、③努力研鑽、向上心、プロ意識といった心理的要件、④規範を遵守するという倫理的要件を備えた専門的職業にある人として認識されると解釈できる。プロフェッショナルとは、個人よりもその職業によって強く規定されており、帰属集団を前提とする概念として認識されている。

2-2　プロフェッショナルに関する先行研究

　プロフェッショナル（professional）の原義はprofess（宣誓する）から来ており、ギリシャ神話の医神であるアポロンに対し、医師たちがその職業規範を誓ったこと（ヒポクラテスの誓い）に由来することを第2章でも触れた。16世紀頃から職業を意味するようになったプロフェッション（profession）とは、神学・法律・医学などの職業を意味するものであった。20世紀になると産業化の進展によって領域が変化し、医師、弁護士、大学教授、牧師といった「伝統的プロフェッショナル」に加えて、技師、会計士、科学者、芸術家、建築家といった「新興プロフェッショナル」が形成された。プロフェッショナルの要件としては、欧米の多くの研究者によって、①長期教育により獲得する理論・知識、②倫理的規範の存在、③専門職業団体の存在、④自律性、⑤法律・制度の確立による独占的権限、⑥教育訓練機関の存在等が挙げられている（宮下、2001）。

日本においては企業を対象としたプロフェッショナル研究が盛んであり、専門スタッフとゼネラル・スタッフの対比（本明寛、1969）、ゼネラリストと認識されていた大卒サラリーマンを一定範囲のスペシャリストと評価する研究（宮下、1991）、プロフェッショナルとスペシャリストの比較（太田肇、1993）、職務の幅や専門性の高さ、および市場価値に基づくプロフェッショナル、スペシャリスト、エキスパートの比較（産能大学、1996）といったものが代表的である。また最近では、ここ20年の日本経済の停滞を受けて、"全体最適型プロデューサー"といった企業における新たな人材像に関する議論も起こっている[163]。

　このような学界における活発な議論にも関わらず、企業の現場においては高度な専門性を発揮する人材を、プロフェッショナルと総体的に見なすことが一般的であり、厳密な定義が試みられることはほとんどなかった。宮下（2001）は「組織内プロフェッショナル」という概念を提起し、その前提を、①医師や弁護士といった伝統的プロフェッショナルでない"新興プロフェッショナル"であること、②組織内の人材であること、③日本の大企業のホワイトカラーであることを挙げており、「企業など組織に雇用され、職務に対する主体性と専門性を持ち、組織の中核として評価される人材」と定義し、プロフェッショナルを活かすように人事管理を変更しなければならないと指摘した[164]。

　組織内プロフェッショナルの考え方は、従来の伝統的プロフェッショナルから新興プロフェッショナルへの系譜を継承しながら、エキスパートやスペシャリストの相違といった枝葉末節には拘らず、企業におけるプロフェッショナルの具体的な姿と重要性を提起する役割を果たした。しかしながら「組織内プロフェッショナル」とは、"大企業のエリート層を象徴する人材像"という限界を抱えた概念でもあった。

2-3 「小さなプロフェッショナル」の必要性

　1990年代半ば以降に、SHRM（戦略的人的資源管理）が全盛となり、人事管理は経営戦略との関連性が強調された企業全体のマネジメントに関わるものとして重要性を増した。日本企業においても、成果主義の導入

に代表されるように、人事管理の内容は変化している。そうした変化の底流の一つに専門性の重視があることを、第5章ではA社の事例において明らかにした。従来、職務の専門性は中堅層までのもので、それより上位の管理職には問われなかったが、生産システムの効率性が競争優位の源泉であった工業社会のビジネスモデルから、革新性、創造性や問題解決力という知識創造が競争優位の源泉となる、知識社会のビジネスモデルへの変化がその背景にある[165]。

　こうした専門性の重視は、情報技術の進展によるグローバル競争の激化や職務の高度複雑化への高い関心からもうかがえる。さらに、組織の複雑化と社会的な価値観の変化によっても専門性が重視され、多様多彩な人材に対処するシステムが強く要求されている。より多くの知識や情報が職務遂行者に求められるようになり、専門性を担う人材が新たな「プロフェッショナル」として位置づけられてきている。これまで日本企業の人事管理では、職能資格制度がその根幹をなしていた。しかし、高学歴化が進み、入社年次や滞留年数などを重視した運用が強まるにつれて、実質的には年功的な人事管理となった。さらに、少子高齢化による新入社員の減少や学歴が大学に一本化されたことによって、大企業ではピラミッド型組織を維持することが困難になってきている。一方で、ビジネスモデルは既に変化し、右肩上がりの環境下での事業運営に適したピラミッド型組織を維持する必要性も薄れてきた。多様な事業、膨大な情報、国際的な競争などを背景に、組織には多くの専門家と多様な人材が必要とされている。多くの部下を束ねる管理職より、専門家の方が高い価値を生み出す可能性もあるのが知識社会である。

　専門性を重視することは、仕事から生み出された成果を純粋に評価することに他ならない。業績重視や年俸制に代表される成果主義は、年功や経験などによる人物や功績による評価、つまり、個人の属性に基づく評価から、仕事の成果へと評価と処遇をシフトするものである。このように、日本企業がこれまで以上に職務の専門性に着目し、専門性を持つ組織内プロフェッショナル（プロフェッショナル人材）を生かすべく、マネジメントを変化させている事実は、成果主義の導入とまさに符合する。

この点から、成果主義が前提としている人材はプロフェッショナル人材である、あるいは日本企業における人材のプロフェッショナル化に対応した人事管理の変化の表れが成果主義であると考えることができる。

　それでは、プロフェッショナルとはどのような人材であるべきか。それは必ずしもスーパースターやエリートとではなく、言わば"小さなプロフェッショナル"であり、働く全員が目指すべきプロフェッショナルの姿である。たとえ役割や責任が限定されていても、あるいは仕事に費やすことができる時間が限られていても、高い専門性を持ち、努力と研鑽を続け、顧客のためにプロフェッショナルとして精進する。そこには正社員も非正社員も関係なく、働く全員が小さなプロフェッショナルとなった時、その組織は大きな力を発揮するのである。また、今後におけるプロフェッショナルとは、特定の職業を指す概念ではなくなるであろう。プロスポーツ選手でも、プロフェッショナルの要件を満たさない人は少なからず存在する。企業で働いている人でも、小さなプロフェッショナルは数多く存在する。プロフェッショナルと聞いて思い浮かぶ職業は何かという質問のあるべき答えは、「プロフェッショナルとは特定の職業には関係なく、個人によって規定される概念である」ということになる。

　本章では、適切な評価－配置－育成の一連のプロセスを意味する「キャリア的報酬」に基づく人事管理の施策・制度の方向性を人材価値型人事管理として提示したが、その具体的な人材像あるいはキャリア像こそ「小さなプロフェッショナル」に他ならない。

> **第6章のまとめ** ── キャリア的報酬としての
>   公正な評価、配置、育成

　本章の目的は、仮説における第1の社会的報酬である「キャリア的報酬」の具体的な施策・制度を提示することであった。公正な評価－配置－育成がキャリア的報酬の姿であり、人事管理再編の具体的な検討によって、以下を明らかにした。第一に、年功制と職能資格制度に代表される伝統的人事管理は、属人的要素、雇用形態、社員区分・社員格付けを用いて人材価値を集団的かつ長期的に見なし評価する「見なし型人事管理」であり、それに基づいてキャリア的報酬を決める人事管理でもあった。これを「人材価値型人事管理（人材価値管理）」へと再編することが必要である。バブル崩壊後はこの「見なし型人事管理による取引コスト低減メリット」が「年功的賃金制度運用による総額人件費の増大リスク」によって打ち消されたことにより、年功的要素を排除する成果主義によって代替された。しかし、見なし型人事管理は今日も続いており、このことによって日本企業は人材の多様性を活かすことができない。また、成果主義の根拠である個のマネジメントは管理職の取引コスト増大を要求するものであり、そのメリットも消滅しつつある。

　第二に、新たな人事管理は、人材の多様性を促し、統合し、活かすための三つの土台分野を基盤とし、短期的視点によるパフォーマンス・マネジメント、中期的視点によるキャリア・マネジメント、長期的視点によるタレント・マネジメントの基本分野によって構成される。その際に必要な視点は、従業員を「人材価値」の概念によって管理することであり、短期的な成果を「現在価値」、長期的な能力を「将来価値」として、日々継続する役割の遂行を、この二つの連結環と位置づけることが重要である。現在価値は職務の重要度と達成度によって評価されることが望ましく、成果主義の徹底が必要となる。将来価値の正しい評価のためには能力の再定義が必要となり、中でも成果転換能力としてのコンピテンシーの有効な活用が期待される。

第三に、人材価値型人事管理には三つの人事戦略が必要となる。一つは人材確保のシームレス化とオンタイム化戦略であり、従来の個人属性や社員区分を超えた広範囲の人材を定期採用に拘らずに、迅速に調達することが求められる。さらに、最適マッチングの高度化戦略が重要であり、社員一人ひとりの能力の可視化によって、このことが可能となる。最後が全社員のプロフェッショナル化戦略であり、少数のエリート社員から全社員による「小さなプロフェッショナル」へと人材育成を進化させることが重要である。

　以上より、ポスト成果主義と人材多様性への対応において必要とされる第1の社会的報酬である、「キャリア的報酬」の内容を明らかにした。従来の「見なし型人事管理」に代わり、人材の現在価値と将来価値に基づく公正な評価、処遇、育成による「人材価値型人事管理」に基づくキャリア的報酬の再編が不可欠であり、そこで実現される人材像は、「小さなプロフェッショナル」であることが本章の結論である。

141 本節は、筆者が委員として参画した「これからの雇用処遇研究会」(主催：公益財団法人日本生産性本部 生産性労働情報センター)における議論を反映したものであり、その報告書である『社員の多様化をいかす人事管理の3つの戦略』(同センター、2013年11月)を基に執筆した。

142 間接的な金銭的給付を意味し、福利厚生がその代表である。

143 職業キャリア展開の基軸となる権利を意味し、働く人びとが自分なりに職業生活を準備し、開始し、展開することを基礎づける権利とする。諏訪はその理念はすでに憲法に包含されているとし、キャリア権を具体的な規範の次元にまで降ろしていく場合にどのような課題があるかについて、既存の労働法理や判例法理と引き比べる重要性を指摘している。

144 そして、年功制と職能資格制度の持つこれらの点を改善すべく登場した人事管理が成果主義であったことを第3章で明らかにした。

145 今野(2012)は、伝統的人事管理における基本人材モデルを「無制約社員」と呼び、働く場所、時間、仕事について制約がなく、会社の指示や業務上の都合に合わせて場所、時間、仕事を柔軟に変えることができる社員とした。これに対して、働く場所、時間あるいは仕事について何らかの制約をもつ社員を「制約社員」としている。

146 たとえば、Adler(1991)は異文化シナジー・アプローチとして、異文化組織のマネジメントにおける状況記述、文化的解釈を行った後の文化的創造性の重要性を強調している。これは、構成員一人ひとりの規範(価値観あるいは抱える制約)を確認し配慮した上で、これを侵さずに組織の生産性を向上させる解決法を創造するアプローチである。

147 一般には「企業のDNA」「組織風土」「企業文化」などと呼ばれることが多い。

148 欧州では社会で共有される「資格」(qualification)が定着しており、①教育、訓練、労働市場間のリンクを強化する、②教育訓練の様々な部分を結合し、理解しやすくすることで資格制度の一貫性を強化する、③各国の国内資格システムを各国間で理解・通覧しやすいものにする等の目的から教育と労働を横断した資格枠組みづくりに向かっている。これが、EQF(European Qualifications Framework：欧州資格枠組み)とそれに準拠したNQF(National Qualifications Framework：国単位の資格枠組み)である。

149 全国職業資格(National Vocational Qualification)。国民共通の職業能力評価制度として訓練や仕事の実績を客観的に評価し、再就職やキャリアにつなげる役割を果たしている。

150 企業で職業訓練を受けながら定時制職業学校に通い、商工会議所などが実施する試験に合格すると職業資格を得られる制度。中世からマイスターの下で行われた徒弟制度の流れをくみ、19世紀から制度化が進んだ。中学校段階を終えた人が3年半の間、週3日を企業で、週2日を学校で学ぶのが典型例である。

151 手工業マイスター(Handwerksmeister)とは、ドイツにおいて2004年に施行された手工業規則法により規定される資格。手工業者が職業訓練生および職人の過程を経て、マイスター試験に合格することで取得できる。取得することにより、営業権と職業訓練生を採用し教育する権利を得ることができる。ドイツ国内の41業種については開業のためにマイスター資格が必要とされている。

152 人的資本の概念から、企業において必要とされる能力を一般的能力と企業特殊的能力の二つに分類したBecker(1964)の主張に従えば、人材価値も「一般的人材価値」と「企業特殊的人材価値」に分けて考えることが必要となる。

153 competency：ある職務や役割において優秀な成果を発揮する高業績者に共通してみられる行動特性。各職務や職位で必要なコンピテンシーのレベルをモデル化することで能力評価や能力開発に応用される。1990年頃から米国企業において、職務主義に代わる手法として導入された。日本においては成果主義を導入した際に、職能資格制度を棄却した

154 ここでの報酬とは「経済的報酬」を指す。

155 成果主義は、職務分析、職務分類、職務評価に基づく「職務分類制度」をその基本とするが、その煩雑な運用に苦しんだ日本企業は、職務を大括りにした簡易な仕組みとしての「役割等級制度」を作り出すに至った。

156 この方法は「サクセッションプラン（プログラム）」として、従来も一部の大企業において実施されていたが、その対象は幹部ポストなどに限定され、秘密裡に行われるものであった。これを正しく機能させるためには、対象ポストの拡大、定期的な候補者の見直し、本人への開示、育成プログラムの提供といった体系的な運用が必要となる。

157 筆者が行った、生産性新聞「2012年度 人事部門が抱える課題とその取り組みに関するアンケート調査」では、過去10年間における従業員の成長や学び続ける姿勢を支援するための取り組み状況について、「十分であった」と回答した企業は全体の36.2％であった。

158 Nonaka & Takeuchi（1995）は、組織的知識創造は個人（全社員）、グループ（職場）、組織の三つのレベルで行われるとした。その際に人事ローテーションを"内部のゆらぎ"とし、知識創造の一つの起点と位置づけている。

159 新村出編『広辞苑 第六版』岩波書店、2008年。

160 Scott T. Davis監修『日英 人事・賃金用語辞典』経営書院、2001年。

161 本節は、拙稿「プロフェッショナル論の限界と展望──「企業内プロフェッショナル」から「小さなプロフェッショナル」へ──」『労働経済春秋 2011 Vol.4』を基に執筆したものである。

162 本調査は、麗澤大学経済学部における学部生49名（3〜4年生）を対象とした、「人材開発論A－プロフェッショナルとは何か」の講義において、2010年4月23日に実施した。

163 伊藤邦雄「経済教室 経営革新へ視野広げよ ──『総合型人材』の育成を」日本経済新聞2010年8月12日。

164 宮下（2001）は「組織内プロフェッショナル」について、従来の「スペシャリスト－ジェネラリスト（ゼネラリスト）」の枠組みとは異なるものとしている。スペシャリストは特定分野に深い知識や優れた技術をもった社員を指し、ジェネラリストは分野を限定しない広範囲な知識・技術・経験を持つ社員を指すが、組織内プロフェッショナルとはその両方を包含する上位概念である。

165 知識や知識創造を企業の競争優位とすることは、P. Drucker（1958）、Nonaka & Takeuchi（1995）など多くの論者によって主張されている。

第7章

第2の社会的報酬：「時間的報酬」

　本章では、第2の社会的報酬である時間的報酬に関する施策・制度をワーク・ライフ・バランス（WLB）の概念を用いて具体的に提示する。第1節では、WLBが時間的報酬を従業員に提供することを明らかにし、その誤解と課題を抽出することによってWLBが新たな人事管理の基本概念となることを指摘する。第2節では、WLBを推進するための人事管理の姿を「WLBマネジメント」として、具体的な人事制度と就業規則の詳細を提示する[166]。

1 「時間的報酬」としての
ワーク・ライフ・バランス

1-1 ワーク・ライフ・バランスの現状

　2007年12月18日、政労使代表者らが参加した「官民トップ会議」において、政府は「仕事と生活の調和（ワーク・ライフ・バランス）憲章」と行動指針を策定した。憲章では、仕事と生活の調和が実現した社会とは、「国民一人ひとりがやりがいや充実感を感じながら働き、仕事上の責任を果たすとともに、家庭や地域生活などにおいても、子育て期、中高年期といった人生の各段階に応じて多様な生き方が選択・実現できる社会」としている[167]。

　行動指針においては、2017年までに年次有給休暇を完全取得させ、男性の育児休業取得率を現在の0.5％～10％に引き上げるなど、具体的な数値目標が盛り込まれた。当時の上川陽子内閣府特命担当大臣（少子化対策・男女共同参画）は、「今年を『仕事と生活の調和元年』とし、憲章の理念を国民一人ひとりに伝えたい」と強調した。数値目標については、行政からの規制を懸念する経済団体の動きや達成できなかった場合の罰則がないことによる実効性を疑問視する声もあった。しかし、先に施行された次世代育成支援対策推進法と本憲章の策定によって日本におけるWLBの取り組みは急速に拡大した。

　その後、策定から2年半が経過した2010年6月29日に、「憲章」と「行動指針」が改定された[168]。これは政労使のトップ交代を機としてさらに積極的に取り組む決意を表明したものであり、WLBの取り組みを通じたディーセント・ワーク（働きがいのある人間らしい仕事）の実現などの新たな視点も盛り込まれた。行動指針の改定に伴い、数値目標に関しても項目を含めた見直しが行われ、達成期限も2017年～2020年へと延長された。重要な数値目標とされる4点に基づき、内閣府「仕事と生活の

調和レポート2010」では、WLBの現状、目標、および課題について以下の整理を行っている。

① フリーターの数
　187万人（2006年）⇒178万人（2009年）⇒124万人（2020年目標）
「就労による経済的自立」は憲章の目的の一つであるが、非正規雇用者の雇用者全体に対する割合は、1990年代後半以降に上昇し、2000年代後半以降は、男性が20％近く、女性が50％を超えて推移している。フリーターの数は2004年以降、5年連続で減少しながらも、2009年は前年に比べて8万人増の178万人となっている。非正規雇用の課題は、職場における能力開発の機会を得にくいこと、自発的な選択よりもやむを得ず選択されているケースが増加していること、経済的な不安定が結婚や家族の形成を妨げることなどが挙げられている。

② 週労働時間60時間以上の雇用者の割合
　10.8％（2006年）⇒9.2％（2009年）⇒5.0％（2020年目標）
「健康で豊かな生活のための時間の確保」も憲章で掲げられた目的である。全労働者の年間総実労働時間は長期的に減少しながらも、2008年までは一般労働者のそれはほとんど減っておらず、全労働者の労働時間の減少は、パートタイム労働者の増加によってもたらされたことが明らかになった。2009年に全労働者の労働時間が前年に比べて68時間減少した原因は、2008年9月以降の経済危機（リーマンショック）による景気の悪化が影響したものである。こういった背景により、週労働時間が60時間以上の雇用者の割合は、9.2％と依然として高い水準を維持している。

③ 年次有給休暇取得率
　46.6％（2006年）⇒47.4％（2008年）⇒70％（2020年目標）
年次有給休暇取得率については、2000年以降は50％を下回る水準で推移している。WLBを実現するためには、労使による仕事の進め方の効率化に取り組みつつ、長時間労働の抑制と年次有給休暇の取得促進が必

要であるとしている。

④男性の育児休業取得率
0.50％（2005年）⇒1.72％（2009年）⇒13％（2020年目標）

憲章の目的の三つ目は、「多様な働き方・生き方の選択」である。しかしながら、自己啓発を行っている労働者の割合は正社員、非正社員ともに2007年以降は大幅に減少している。また、女性の育児休業取得率は一定の定着を見せているが、育休を利用した就業継続が増加する一方で、出産退職も増えている。男性の育児休業取得率も依然として非常に低い水準に留まっている。

結論としては、憲章策定後の数年において年間総実労働時間の減少や年次有給休暇取得率の向上は見られたが、雇用形態や勤務先の規模・業種等によって状況は異なっており、さらに、2008年後半からの経済状況の悪化による影響が考えられるため、成果のほどは明らかではない。先進企業を中心とした華やかなメディア報道や数多くのイベントが行われているにも関わらず、WLBが社会的な広がりには至っていない現実がある。憲章策定から既に5年以上が経過する中、WLBは概念の導入を目的としたファーストステージから、実質的な成果が求められるセカンドステージへと歩を進めている。

1-2　ワーク・ライフ・バランスの本質

WLBの本質を理解するにあたっては、ワークとライフを天秤でバランスを取るという一般的認識の棄却が必要である。Platt（1997）はWLBについて、「従業員のWLB、すなわち仕事と余暇・家庭での活動間の均衡を保つという考え方は、職場での人々の管理様式に影響を与える」とし、欧米では一般的に次のようなイメージ図（図表7-1）で示される。「ワーク」とは、会議、プロジェクト、納期、出張、昇進、競争などによって代表される「仕事」であり、「ライフ」とは、家事、育児、介護、地域活動、趣味、休日に代表される「生活・余暇」とされ、この両者の均

衡を図ることが従業員の幸福につながり、企業はその支援を行うことが必要であるとする。

　WLBとは、賃労働と無賃労働の家事とが完全に分離していると考える西洋の資本主義経済国に固有の概念であり、Felstead、Jewson、Phizacklea and Walters（2002）は、WLBを「所得が主に労働市場を通じて生成・配分される社会における、仕事および非仕事に占める時間と空間に関する制度的・文化的関係」と定義する。このことは、WLB概念が成立する前提として、賃労働（有償労働）と無賃労働（無償労働）の完全なる分離を仮定することを意味する。つまり、企業で働き賃金を得ることと、家事や地域における活動が完全に分離している社会、あるいは個人において、WLBが必要となるのである。

図表7-1　一般的なワーク・ライフ・バランスのイメージ

Work	Life
Meetings	Housework
Projects	Childcare
Deadlines	Elder care
Travel	Community activities
Promotion	Hobbies
Competition	Vacation

出所：Bratton & Gold (2003) "Human Resource Management: Theory and Practice, 3rd ed." p.149より転載

　このことは、二つの重要な点を示唆する。第一に、仕事と生活が分離してさえいなければWLBは不要になるという事実である。これはまさに産業革命以降の人々の生活変化を表している。農業を捨て、都市へ移住し、男性は工場へ働きに行き、女性は家庭を守るという生活の基盤と個人の役割の変化において、ワークとライフは完全に分離した。結果的に生きることにおけるワークへの偏重を調整する必要が生じ、これがWLBの出発点となった。つまり、WLBとは近代工業社会における課題であり、有償労働が生活の中から分離された状態によって引き起こさ

れたコンフリクトである。多数の人々の賃労働による社会構築を前提とする現代社会において、仕事と生活が分離する現構造を覆すことは困難であり、今後もWLB施策が人事管理における重要な課題であることは間違いない。しかし、起業、SOHO、クラウドソーシング、短時間勤務、兼業の解禁、ボランティアなどの自律的、流動的な働き方が広がることにより、仕事と生活は中世以前のように接近していく可能性も有している。

　第二に、そもそも仕事と生活は分離していると見なす、あるいは仕事と生活を対置概念と認識することへの疑問である。図表7-1が示すWLBの概念とは異なり、図表7-2のように仕事を生活の中に位置づけることも可能である。このことは、人々が有償労働以外の時間を「余暇」という言葉によって一括りにし、「労働」と同じ次元において比較し、労働に劣後させるに至ったことを意味する。余暇とはあくまでも仕事の休息であり、その中心は仕事にあると近代以降の人々は認識する。もしも、人々がマハトマ・ガンディー（Gandhi, 1950）の説くように「私たちは生活をするために働くのであり、働くために生活をするのではない」と考えるならば、つまり、ライフ（生活）が上位概念でワーク（仕事）は下位概念であるとするならば、WLBを自ら制御することは容易になる。しかし、ワークとライフを同列に扱って秤にかけた瞬間に、この二つは対立的な関係になり、コンフリクトが生ずるのである。鷲田清一（1996）は労働時間の減少が必ずしも仕事の喜びにつながっていないことを指摘し、仕事における喜びが脱落しつつあることに警鐘を鳴らした。「私たちは工作人（ホモ・ファーベル）でも遊戯人（ホモ・ルーデンス）でもない。自らの限界に向き合い、格闘する途上人（ホモ・ヴィアトール）である」という結論は、WLBの本質を射抜くものである。

　この点に関して、経済同友会は「ワーク・ライフ・バランス」という言葉が「仕事」と「生活」を対立的に捉え、二律背反であるかのような印象を与える点で十分ないとし、2008年5月に「21世紀の新しい働き方『ワーク＆ライフ インテグレーション』を目指して」とする、次の提言を行っている。

図表7-2　新たなワーク・ライフ・バランスのイメージ

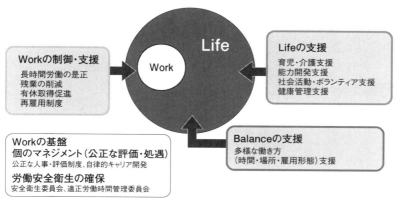

出所：筆者作成

　日本企業の働き方のビジョンとして近年、ワーク・ライフ・バランス（WLB）が関心を集めている。WLBは、少子化対策・子育て支援策というイメージが強いが、むしろ今後は、高齢者の活用、キャリアアップを志向する若年者等も含めた幅広い働き方全般の見直しと捉えるべきである。更に、非正規社員は仕事中心の正社員に対し、生活重視の新たな働き方として支持を集め広がってきた面も大きいが、「安定しているが仕事偏重の正社員」と「生活を重視できるが不安定な非正規社員」という二極化を温存したままでは、「生活重視の非正規社員は、正社員よりも多少待遇が悪くても当然」と、就業形態による待遇格差固定化に繋がる懸念がある。

　我々はWLBの考え方を否定するものではないが、WLBに付随する固定的なイメージから脱却し、WLBの本来持っている相乗的でダイナミックなねらいを表現するものとして、ここで「ワーク＆ライフ インテグレーション」を提案するものである。

　「ワーク＆ライフ インテグレーション」とは、会社における働き方と個人の生活を柔軟に、かつ高い次元で統合し、相互を流動的に運営することによって相乗効果を発揮し、生産性や成長拡大を実現するとともに、生活の質を上げ、充実感と幸福感を得ることを目指すものである。

1-3　ワーク・ライフ・バランスの従来の課題

次に、WLBを推進するにあたっての従来から指摘されていた課題を整理する（図表7-3）。

図表7-3　ワーク・ライフ・バランスの従来の課題

1. 企業間格差が生じている
   ① 先進的企業、取り組み中企業、未着手企業
   ② 大企業、中小企業、個人企業
   ③ 業種、職種、歴史、上場／非上場　など

2. 具体的な推進方法に悩む企業が多い
   ① WLBを正しく理解する
   ② 内部のギャップを埋める（トップ、管理職、推進部署以外）
   ③ 着手のノウハウを知る（他社事例）

3. 経営戦略、人事戦略として取り組めていない
   ① CSR（企業の社会的責任）におけるWLBの明確化
   ② 公正な評価処遇制度（正しい成果主義）の整備

4. 自社の現状把握が不足している
   ① 客観的指標を活用した現状認識
   ② 前年との比較によるPDCAサイクルの推進

出所：学習院大学経済経営研究所編『ワーク・ライフ・バランス推進マニュアル』（2010）p.45より転載

まず一点目は、企業によってWLBの取り組みや、成果に大きな差が生じていることである。このことは既に見たように、政府も指摘している点である。筆者が行った調査においても、「うちの会社では今までまったく取り組んでこなかったから…。」「当社は規模が小さいので…。」「私たちの業界では所詮無理だから…。」「不景気でWLBどころではないから…。」といった言葉が経営者の多くから発せられた[169]。しかしながら、様々な規模、様々な業界において、WLBの成功事例が増えてきていることも事実である。激務と言われる医療施設における看護師の取り組み[170]や、かつて"3K職場"と呼ばれた建設業界における中小企業の事例[171]、さらには新たな3K職場と言われるIT業界における先進的な取

り組み[172]を見れば、企業の規模や上場／非上場、業種や職種に関係なく、経営者の意識によってどんな会社でもWLBを進めることが可能であることがわかる。

　二点目は、具体的なWLBの取り組み方法に悩む企業が多いことである。「何となくWLBの意味することはわかったが、どこから手をつければ良いのかわからない」「今までの育児支援施策と何が違うのかわからない」といった悩みである。そのためには、まずWLBを正しく理解することが不可欠であり、WLBの定義、国や自治体の施策、WLBのメリット、推進のポイントなどを各種研修・セミナーや関連ガイドブックを通じて学ぶことが必要となる。具体的な取り組みにあたっては、社内の連携体制を整えることも重要である。経営者の責任関与を取りつけ、他の経営陣、現場のキーパーソン、労働組合などを巻き込んだ人事・総務・企画部門を中心とする推進体制の構築が有効である。着手のノウハウについては政府、自治体、企業のホームページに数多く紹介されている。

　三点目は、WLBが社員や労働組合からの一つの要求事項や福利厚生施策として扱われることによって、かえって全社的な推進力を欠くケースである。WLBを重要な経営課題、あるいは経営戦略として推進し、多様な価値観を持つ従業員を処遇していくための重要な人事戦略とする企業は、社員の意識や満足度が総じて高い。そのためには自社の社会的責任（CSR）に関する議論を行い、従業員をステークホルダーと位置づけ、WLBをCSRとして取り組むことが必要である。また、人事制度の見直しに際しては、社員の意識調査（モラール・サーベイ）などを実施してWLBに関する課題を抽出し、現場におけるマネジメントの視点からWLBを推進することも有効である。

　最後に、WLB推進にあたって、自社の現状が把握できていないケースが多い。企業事例は参考にはなるが、他社と同じことをしても成功しない場合がある。WLBに関連する自社制度の整備状況を点検し、他社やベンチマーク・データとの比較を行うことが有効である。さらに制度の利用実績や従業員の制度認知度などを調査し、WLBに関する自社の強みと弱みを明らかにすることが近道である。その際にはWLBに関す

る客観的な指標[173]を活用し、他の施策と同様に、P（計画）D（実施）C（検証）A（修正）のマネジメントサイクルを丁寧に回していくことも重要である。

1-4　ワーク・ライフ・バランスの新たな課題

　上記の課題以外にも憲章が策定された直後から、WLBに関連する多くの論争があった[174]。しかし、セカンドステージにおいては新たな課題が生まれている[175]。

　一つ目は、従業員個人のみによるWLBの限界であり、職場単位でのWLB推進が不可欠である。これはある意味で当然のことながら、従来は指摘されてこなかった点である。個人がWLBを実現したいと考えても、企業における仕事とは、職場単位、あるいはチーム単位で行われている。育児休業、短時間勤務、在宅勤務といった措置を利用する際に、業務に支障をきたしては、個人の権利主張やわがままと解釈されかねない。職場、あるいはチーム全体としてWLBを推進する重要性を職場の長である管理者が認識し、従来のマネジメントを改善することが必要となる。さもなければ、WLBは一部の高業績者、あるいは仕事を重視しない社員が権利として主張する一福利厚生制度に帰することになる。

　解決のためには、職場全体での業務プロセス改善とタイム・マネジメント・スキルの習得が有効である。業務プロセスを改善するには、職場単位での業務の棚卸と役割分担の見直しが必要となる。タイム・マネジメントについては、残業削減のように時間の量を減らす方法、生産性や業務効率といった質を改善する方法、さらに、「いつ行うか」というタイミング（優先順位）の重要性も注目されている[176]。そして、このような業務改善と時間管理に基づき、職場における分業、協業、補完体制の適正化が必要となる。

　二つ目の課題として、WLB推進の要となるキーパーソンが社会および企業において不在であることが挙げられる。日本におけるWLBは政労使の合意に基づきながら、国、企業、個人それぞれの自主性に委ねられている。社会運動としてWLBを推進するためには、三者を核とする推進体制の強化が必要となる。今後の活躍が期待されるのは、一つは地

方自治体である。国から自治体への様々な権限移譲も踏まえ、自治体が地域に密着した中小企業と連携することが有効である。また、社会保険労務士やキャリアアドバイザーなどのコンサルタントや教育機関による後押しも必要である。さらに、NGOやNPOとのパートナーシップ強化も期待される。企業内部に目を向けると、人事部門が孤軍奮闘するのではなく、経営陣のリーダーシップ、上司のマネジメント、そして同僚の"おたがいさま"というマインドを引き出すことが不可欠である。中でも労働組合はWLB推進役として、その存在意義が問われている[177]。

　新たな課題の三つ目は、職場における管理者の機能不全である。職場単位のWLB推進における管理者の重要性を述べたが、この課題は新聞報道等でも数多く取り上げられている[178]。「育児休業から復帰した女性社員が思うように活躍しておらず、現場の上司が本人の扱いに困っている」という悩みである。このことは管理者および企業において、WLBを推進する適切な管理手法（これを「WLBマネジメント」と呼ぶ）が不在であることを示している。部下一人ひとりのWLBニーズを把握した上で職場全体としてWLBを推進し、自らも率先してWLBを実践することが必要である。筆者が2010年に実施した福島県下4122名への調査では、階層別（一般社員、主任・係長・課長、部長相当職以上）にWLBの実現度合（「仕事と生活のバランスがとれている」）を訊ねた結果、最も低かったのは中間管理職であった[179]。日々の激務において、「君たちは早く帰りなさい」と歯を食いしばって働いている中間管理職の実態がうかがえる。家庭と仕事における責任が最も大きい層である彼ら／彼女らこそWLBを一番必要としている。

　四つ目の課題は、WLBの対象領域と対象者がほぼ育児支援と女性社員に偏っている現状である。「仕事と育児の調和」については、①女性を中心とした対象者が多いこと、②各企業における以前からの両立支援の実績があったこと、③国の少子化対策に合致したことなどによって取組みは大きく進んだ。しかしながら、その結果として「WLBとは女性社員のための育児支援である」という誤解が定着したことも事実である。これでは、多くの男性社員、未婚社員、育児を終えた社員の賛同と協力

を得ることは困難である。育児支援に加えて、男性社員にとっても深刻な問題となっている介護支援、病気を抱えながら仕事を継続する治療支援[180]、高齢者の雇用継続のために必要な能力開発支援、地域や社会におけるボランティア活動支援へとその対象範囲と対象者を拡大させることが急務である。

　最後に、WLBによって従来の「正社員」という概念が崩壊することの意義を指摘する。最近、「限定正社員[181]」の議論や「有期雇用正社員」「短時間正社員」に関する研究[182]が広がっている。従来、正社員は、職務、勤務地、労働時間に関して無限定の働き方を行い、WLBを重視しない（あるいはWLBを担保として会社に差し出す）ことによって無期雇用を享受した。一方で非正社員は、特定の職務、地元での通勤、短時間勤務による限定的な働き方を選択し、WLBを重視するゆえに有期契約に甘んじた存在である。しかし、この二項対立は正社員へのWLBの拡大によって流動化し始めている。つまり、正社員であっても限定的な働き方を認め、非正社員を無期雇用することによって、従来の正社員と非正社員とを隔てていた様々な仕組みや制度が崩壊することとなる。このことによって、WLBは最終的に決着すると筆者は考える。つまりWLBとは、第1章で見た近代工業社会における働き方の前提を根底から覆す概念であり、そのことは従来の「正社員－非正社員」という二項対立を棄却することにもなる。その際に必要とされる報酬概念の再考においては、従来の経済的報酬と心理的報酬の枠組みを変更し、人々の働く制約を解除する「時間的報酬」が新たに加わらねばならない。

2 ワーク・ライフ・バランスによる人事管理の再編

　多くの企業では、WLBに向けた取り組みの必要性を理解しながらも、多岐にわたる課題について具体的な解決策を見出すことに苦労をしている。そのためには、人事制度や就業規則をWLBの視点から見直しを行い、①休業や短時間勤務が円滑に利用できる環境を整備し、②両立支援制度と人事処遇制度の統合を図り、③仕事管理と時間管理を効果的に進めていくことが不可欠である[183]。つまり、人事管理の枠組みにWLBを取り込んだ「WLBマネジメント」を構築しない限り、その実現は困難である。以下ではWLBマネジメントの三つの施策について詳述する。

2-1　休業や短時間勤務が円滑に利用できる環境整備

1）休業と短時間勤務の導入と活用の状況を把握するための対応策
　　①導入状況（社会全体、業界、自社）を把握する
　　②社員の制度に関する認知度を向上させる
　　③育児・介護休業法関連知識を習得する

　男性正社員を中心とした従来の「会社人間」の働き方は、言わば"ワーク・ワーク・ワーク"であった。本来、職場以外にも家庭や地域社会で忙しく活躍する一人の人間であれば、育児・介護・看護のみならず、地域・社会活動、能力開発、健康上など様々な理由で休暇や休業が必要になることは当然である。しかし、「無事是名馬」「休まないことこそが美徳」といった、かつての価値観はこのことを制限したと言える。また、フルタイム勤務が正社員であれば当然であり、短時間勤務もパートタイマーやアルバイトといった非正社員や育児・介護を抱える女性社員に事実上限定された、一定期間のみ許される特例措置であった。WLBマネジメントにおいては、①必要に応じて遠慮なく休める仕組み、②理由を

問わずに誰もが短時間の勤務が可能になる仕組みが必要となる。

　休暇取得促進に当たっては、①就業規則から休暇・休業制度の整備状況を把握する、②法定休暇の中で就業規定に定められていないものがある場合は急ぎ規定する、③法制度や他社状況から法律を上回る制度導入の必要性を検討することが必要となる。厚生労働省の調査[184]では、育児休業制度について、対象となる子の上限年齢、対象となる従業員の範囲、子一人について取得可能な回数、休業期間中の金銭支給のいずれかについて、法律を上回る対応をしている企業は24.6%と少ない。

　必要な制度を立案・導入しても、従業員に認知させなければ制度の利用には結びつかない。先ほどの調査でも、育児休業制度が「認知されている」と回答した企業に対して、従業員が実際に制度を認知しているかを調べた結果、一般従業員では7割前後、管理職では6割弱にとどまっている。制度の認知には、社内報、リーフレット、ホームページ、マニュアルといった媒体を通じて制度を紹介し、担当部署に相談窓口を設置することが有効である。また、既存の社員研修の時間を活用して制度説明を行うといった工夫も有効である。

2）制度を活用できる人事管理にかかる対応策

　　　①恒常的な長時間労働環境を改善する
　　　②職場要員を「多能工」として育成する
　　　③職場における情報共有に取り組む
　　　④「おたがいさま」意識を醸成する

　同僚や部下（あるいは上司）が休んでいたり、短時間勤務を行っている場合であっても、職場には会社から期待される役割と成果がある。周囲への遠慮が休暇取得や短時間勤務を妨げないようにするには、①「WLBとは特定個人のものではなく、全員を対象とする」という理解の促進、②「おたがいさま」風土の醸成、③全員を対象とするWLB諸施策が不可欠であり、このことによって全員による「順送り」の休業や短時間勤務が可能になる。順送り方式を可能にするには、日ごろから一人

ひとりがプロフェッショナルとして生産性を向上させることと、職場がチームとして機能することが不可欠である。

長時間労働の是正は、WLBにおける重要施策の一つでありながらも、即効性のある特定の手法や制度は未だ存在していない。成功している企業では、①長時間働くことを美徳とする個人の意識転換、②管理職の意識改革、③全社的な風土刷新、④業務見直しと適正要員の再配置、⑤出退勤管理のIT化、⑥長時間労働者および上司への指導、⑦在宅勤務制度の導入、⑧ノー残業デーの設置といった様々な施策を組み合わせて、産業医や外部とも連携しながら、何年もかけた地道な取り組みを行っている[185]。また、一人ひとりが多能工となるには、自らの業務プロセスを改善することに加えて、職場全員の職務と目標を共有することも必要である。

3）制度利用者が出たときの対応策
　　①制度利用を職場の活性化に結びつける
　　②制度利用を機に仕事の進め方を見直す
　　③制度利用を能力開発の機会と位置づける

誰かが休んだり、短時間勤務を行っていることが職場の業績を妨げてはならない。職場において通常勤務者（フルタイム）・短時間勤務者（広義のパートタイム）・休業者（ノータイム）といった多様な働き方を許容することは、従来とは異なる効率的な仕事の進め方を試す好機でもある。そのためには、休業や短時間勤務の利用が、職場全体、上司、同僚、部下といった周囲へのマイナスの影響を回避し（あるいはプラス影響をおよぼし）、利用者本人にとっても能力の維持あるいは向上につながるための仕組みと仕掛けが必要になる。脇坂（2008a）の研究でも、育児休業の利用経験が「時間管理能力が高まる」「仕事を効率的に進める能力が高まる」「仕事を新しい視点（顧客視点）から見ることができる」といった効果をおよぼすことが明らかになっている。

本人への対応としては、休業者職場復帰支援プログラム[186]や在宅勤

務制度[187]の導入が有効である。周囲への対応については、日ごろから休業者や短時間勤務者を想定した部署運営が管理職に求められる。全員の業務を把握・共有できる簡潔なマニュアルの整備や部署ミーティングの活用、さらにはグループウエアを利用した全員のスケジュール共有などが有効である。また、メンター制度のような後輩育成の風土を醸成する取り組みも重要であり、人事部門が主催する管理職を対象としたマネジメント研修を有効に活用することも期待される。

2-2　両立支援制度と人事処遇制度の統合

1）両立支援制度と人事処遇制度の接合の必要性

①社員の働き方の変化（休業・短時間勤務の増加）を理解する
②制度利用者の不安・不満を把握する

　従業員に対する個のマネジメントによって個人と会社は対等な関係となり、年齢、性別、学歴といった個人属性や勤務時間の長さではなく、役割と成果によって適切に評価・処遇することが可能になる。このことは、第6章で見た人材価値型人事管理を意味する。先ほどの厚生労働省の調査による企業における両立支援制度の導入割合は、「（育児のための）短時間勤務制度」（59.6％）、「時間外労働の制限」（48.9％）、「深夜業の免除」（45.6％）、「始業・終業時刻の繰上げ・繰下げ」（39.7％）、「再雇用制度」（37.5％）、以下「所定外労働をさせない制度」「フレックスタイム制」「育児期の転勤への配慮」「在宅勤務制度」「企業内託児施設」となっている。育児のための短時間勤務制度を導入していない企業は全体の38.8％を占め、未導入企業に勤務する従業員の4割程度が短時間勤務制度を利用したいと考えている。休業や短時間勤務の利用者は、育児・介護休業法の改正とも相まって、今後さらに増加することが予想される。

　一方で、制度利用に対する不安や不満は、「制度を利用すると業務遂行に支障が生じる」（63.9％）、「制度の内容や手続きがよくわからない」（37.5％）、「制度利用に対して上司の理解が得られない」（31.9％）、「制度を利用すると昇給・昇格に悪影響をおよぼす懸念がある」（28.1％）が上

位となっている。職場に対する遠慮と制度の認知に関する課題に加えて、制度利用が将来のキャリアにとって不利になるという懸念を払拭しなくてはならない。そのためには、役割と成果に応じた人事管理による運用の透明性を確保することが不可欠になる。つまり、WLBによる時間的報酬の提供と人材価値に基づくキャリア的報酬とは強く関連しているのである。

2) 人事処遇制度の見直しの基本的な方向
　　①不合理な処遇差を解消する
　　②制度利用者と制度非利用者の公正性を担保する
　　③制度・運用の透明性を担保する

　人事制度を見直す際のポイントは、WLBを重視する働き方による不合理な処遇差を生じさせないことである。図表7-4は、自社の人事制度を確認するためのチェックリストの一例である[188]。格付け制度は賃金体系の根幹となる仕組みであり、職務遂行と直接関係のない年齢や性別といった個人属性のみで賃金が決まる純粋な年功制度は望ましくない。年功を加味しながらも、本人の能力や担当する職務に基づく職能資格制度や役割等級制度によって個人の担当職務（役割）と期待される業績（成果）が明確になっていれば、WLB制度利用者の不利になることはない。採用等の人材確保においては、①退職者を再雇用する制度、②非正社員を正社員へ登用する制度、③高齢者を採用する制度による柔軟な採用を行うことが必要である。さらに配置・異動に関しては、①社内公募制や自己申告制度、②勤務地限定制度、③転勤に際する個人事情の配慮といった自律的なキャリア開発の支援策が望ましい。

　評価の仕組みも重要である。職務遂行と能力開発に関する1年間（あるいは半年）の目標を設定し、その達成度を評価する目標管理制度を導入すると同時に、考課者訓練や評価のフィードバックに基づく適切な運用が不可欠である。報酬の形態は格付け制度で決まるため、年俸制、職務給・役割給を問わず、正しく運用されていれば問題はない。ただし賞

図表7-4 人事制度チェック項目

①格付け	・職能資格制度(本人の能力によって社員の資格やランクを決める制度) ・役割等級制度(担当する仕事によって社員の資格やランクを決める制度)
②採用	・退職した社員を再雇用する制度(定年退職者の再雇用を除く) ・パート・アルバイト等から正社員へ登用する制度 ・高齢者を採用する制度(定年退職者の再雇用を除く)
③配置・異動	・社内公募制度や自己申告制度等の勤務地・担当業務の希望を聞く制度 ・勤務地を限定できる制度 ・社員を配置転換する場合には、社員の生活について配慮する ・配偶者が転勤する場合に、社員の勤務地を配慮する(異動や休職など)
④評価	・目標管理制度(業務や能力開発の目標を設定し、達成度を評価する制度) ・考課者訓練(部下を評価するための訓練) ・評価のフィードバック(評価結果を本人へ知らせる制度)
⑤報酬	・年俸制(業績等によって年単位で給与を決める制度) ・職務給、役割給(年功ではなく、仕事・役割の重要度によって給与を決める制度) ・業績連動型賞与制度(会社や個人の業績によって賞与が大きく変動する制度)
⑥労働時間	・裁量労働制度(法的に自分で働く時間を決めることができる制度) ・フレックスタイム勤務制度(自分で出退勤時間を決めることができる制度) ・在宅勤務制度(自宅で仕事ができる制度) ・短時間正社員制度(短い時間・日数で働くことができる正社員の制度) ・年休や看護休暇とは別に、家族の所用等のために使用できる半日・時間単位の休暇制度

出所:学習院大学経済経営研究所『経営戦略としてのワーク・ライフ・バランス』(2010) pp.123-147をもとに筆者作成

与(ボーナス)に関しては、会社、部署、個人の業績がバランスよく反映される仕組みが望ましい。労働時間を配慮する各種制度も不可欠である。裁量労働制、フレックスタイム、在宅勤務、短時間正社員、融通の利く休暇制度などの選択肢を数多く揃えることで、従業員の多様なニーズに応えることが可能になる。

3) 休業、短時間勤務の利用者に関わる評価、昇給、昇格のあり方

①休業者に関わる評価、昇給、昇格の制度・運用を見直す
②短時間勤務者に関わる評価、昇給、昇格の制度・運用を見直す

制度利用者に対する人事評価については細心の注意が必要である。育

児・介護休業取得者の休業期間中の評価[189]について、「標準的な評価をつけている」とする企業は良く見られる。しかし、休業中は実際には働いていないため、たとえば休業前に高い評価を受けていた従業員は納得しにくい。「休業直前の評価を用いている」とする企業は多くないものの、本人にとっては納得のいく場合もある。「休業期間中は最低の評価としている」は、休業を好ましくないとする発想であり、見直しが必要である。「休業期間中は評価対象期間から除外している」が最も理に適っている。しかしながら、昇格条件を毎年の評価の積み上げや過去3年間の評価とする場合などは、休業期間を評価対象外とすることがキャリア開発の阻害要因となりかねない。その場合には、標準的な評価や休業直前の評価を参考として用いるといった柔軟な運用が現実的である。

短時間勤務制度の利用者に対する評価について、「労働時間の短い分、低く評価している」とすることは、労働時間が短い結果として期待される役割や成果が発揮できないのであれば問題ない。しかし、始めから短時間勤務者を低く評価することは公正ではない。「成果全体で評価し、労働時間の短いことは考慮していない」、あるいは「時間あたりの成果で評価し、労働時間の短いことは考慮していない」とする役割や成果に基づく評価が適切である。「残業等の時間の融通がきかない分、低く評価している」とすることは不適切である。

2-3　仕事管理および時間管理の推進

1)「時間制約」のある社員の増加についての認識
　　①WLB重視の社員が増加していることを認識する
　　②これまでの時間管理とこれからの時間管理の違いを認識する

WLBとは、時間制約を抱える人々（つまり、時間価値の高い人々）に対する時間的報酬を与えるプロセスであることを述べた。日本生産性本部と日本経済青年協議会が、平成22年度新入社員を対象に実施した「働くことの意識」調査結果[190]によると、仕事中心か生活中心かでは、「仕事と生活の両立」が過去最高の割合で大多数（82.8％）を占め、「仕事中心」

(9.2％)、「生活中心」(7.9％) を大きく上回っている。入社直後は会社への忠誠心が高く、仕事中心の覚悟を決めている社員が多くて当然であるが、WLBを重視しようとする若手社員は非常に多い。一方で、「デートの約束があった時、残業を命じられたらどうするか」では、「デートをやめて仕事をする」が過去最高の85.3％、「ことわってデートをする」が14.2％と、先ほどとは逆に生活よりも仕事を優先する意識がうかがえる。しかも女性の方がこの傾向が強い。この結果は、WLBを重視しながらもプロフェッショナルとして仕事に全力を傾ける新入社員の覚悟と解釈することができる。

若い世代を中心に、WLBを重視する人々は増加している。しかし、経済環境が厳しい中で豊かな生活を送るためには、仕事も重視せざるを得ない。こういった状況において企業は、かつてのように無限定な働かせ方ではなく、時間制約のある従業員にいかに効率的に働いてもらうかを模索せねばならない。企業も個人も従来の仕事管理と時間管理を見直すことが不可欠である。

2) 社員の時間制約を前提としたマネジメントと働き方への転換の必要性

　①仕事に優先順位をつける取り組みを徹底する
　②過剰品質を解消する取り組みを行う

時間制約のある社員に対して必要なマネジメントは、業務に優先順位をつける取り組みと業務の過剰品質を排除する取り組みである。実際に取り組む場合には、部署全体の業務改善プロジェクト（改善活動）と個人を対象としたタイム・マネジメント・プログラムを組み合わせることが有効である。業務効率向上のための施策を職場全体および個人が考える（考えさせる）には、以下のような取り組みを行うことが効果的である。

・優先順位の話し合いと業務進捗の共有、時間管理術の勉強会
・会議ルールとメールルールの策定による時間の効率化

- 作業管理システムの構築と業務の標準化を定めるマニュアルの策定
- 費用対効果に基づく品質ガイドラインの見直し
- 繁忙期における変形労働時間制の適用
- 残業申請の徹底による職場全体での残業削減の継続的な取り組み
- 個人が業務に集中できる環境作り
- 個人スキル向上のための働きかけとサポート（研修参加、e-ラーニングなど）

3）時間制約を前提とした人材マネジメントと働き方への転換のメリット
①自律的に働く社員を増加させる
②リスク対応が可能な職場へと転換する

　時間制約を前提としたマネジメントと働き方への転換は、組織と個人に対して多くのメリットを生み出すはずである。さらに、WLBの推進と業務改善は互いに良い影響を与え、WLBが進むと業務改善が始まり、業務改善の取り組みが進むとWLBも加速する。業務改善の効果は企業業績の向上に直結するものであり、企業事例[191]でも、「業務改善への関心の高まり」「働き方の見直しのきっかけ」「タイム・マネジメントの考え方の浸透」「限られた時間の中で仕事をしようと努力することによる生産性向上」「時間コスト意識の浸透」といった効果が表れていることが紹介されている。

4）労働時間およびその管理に関する法令
①労働基準法、労働時間等設定改善法、労働安全衛生法を正しく理解する
②各種助成金を積極的に活用する

　労働時間とその管理に関する法令についても、WLBの機運を反映した改正が相次いでいる。まず、平成22年4月に改正労働基準法が施行さ

れた。主な改正点は、①時間外労働に関する労使協定において、これまでの時間外労働時間数に加え、割増賃金率を定めること、②月60時間を超えて時間外労働をさせた場合は5割以上の割増賃金を支払わなければならないこと、③労使協定の締結を要件として有給の休暇を与える場合には②の時間外労働に対する割増賃金のうち一部の支払いを要しないこと、④年次有給休暇のうち5日の範囲で労使協定を締結した時は時間単位で取得することができること、⑤中小事業主に対しては②の割増賃金率の引き上げについては当分の間適用を除外すること、などとなっている。今回の労働基準法の改正は、長時間労働を抑制し、労働者の健康を確保するとともに、WLB社会を実現する観点から、労働時間にかかる制度について見直しを行ったものである[192]。

また、平成18年4月に「労働時間等の設定の改善に関する特別措置法」（以下「労働時間等設定改善法」）が施行された。「労働時間等設定改善法」は、1992年に時限立法として制定された「労働時間の短縮の促進に関する臨時措置」（「時短促進法」）が改正されたものである。これまで「時短促進法」においては、年間総実労働時間1800時間（政府目標）に向け、労働時間短縮の取り組みが推進されてきたが、「労働時間等設定改善法」では、労働時間の短縮だけではなく、休日、年次有給休暇などの設定に関して、労使で労働者の健康と生活に配慮した多様な働き方に対応した自主的な取り組みを促進するための措置を講じることを目的とするものである。

同じく平成18年4月には、改正労働安全衛生法が施行された。この改正では、過重労働・メンタルヘルス対策として医師による面接指導の実施、自主的な安全衛生活動の促進のための危険性・有害性の調査、安全衛生管理体制の強化など、改正の内容は多岐にわたっている。中でも長時間労働者への医師による面接指導の実施に関しては、すべての事業場において、時間外・休日労働が1ヵ月あたり100時間を超え、疲労の蓄積が認められる労働者で、申出を行った者に対しては、医師による面接指導の実施が義務付づけられた。その算定は、毎月1回以上、基準日を定めて行うことや、事業者は面接指導を実施した労働者の健康を保持す

るための必要な措置について医師に意見を聴き、必要がある場合は当該労働者の実情を考慮して、就業場所の変更、作業の転換、労働時間の短縮、深夜業の回数の減少等の措置を講じなければならないことなども義務化された。さらに、時間外・休日労働時間が1ヵ月あたり80時間を超え、疲労の蓄積が認められたり、健康上の不安を抱えている労働者で、申出を行った者および事業場で定める基準に該当する労働者に対しても、面接指導または面接指導に準ずる措置をとることが努力義務となっている。

　以上のように、人事管理の再編にあたっては、従来の人事制度や就業規則をWLBの視点から見直すことによって、①休業や短時間勤務制度を円滑に利用できる環境整備、②両立支援制度と処遇制度の統合、③業務管理と時間管理の推進が必要となる。このことは人事管理の枠組みにWLBを取り込むことによって、従来において曖昧であった時間的報酬を可視化するものであり、この体系こそ「WLBマネジメント」なのである。

第7章のまとめ ── 時間的報酬としてのワーク・ライフ・バランス施策

　本章の目的は、仮説における第2の社会的報酬である「時間的報酬」の具体的な施策・制度を提示することであった。ワーク・ライフ・バランス施策がキャリア的報酬の姿であり、人事管理再編の具体的な検討によって以下を明らかにした。第一に、日本におけるWLB推進は少子化対策に基づく憲章策定から本格化し、理念浸透については一定の成果を得たが、企業の多くは手詰まりの状態となっている。取り組みの格差、具体的ノウハウの不足、経営戦略・人事戦略との乖離、自社の現状把握の不足といった課題に加えて、個人による取り組みの限界、担当部署のみによる推進、中間管理職の疲弊、女性社員の育児支援への偏重といった新たな課題を指摘した。中でも、WLBを進めることによって、従来の正社員と非正社員を分けていた境界の根拠が曖昧となり、限定正社員、有期雇用正社員、短時間正社員といった新たな雇用形態（働き方）の必要性に至ったプロセスを明らかにした。

　第二に、この点に関連して従来の「正社員と非正社員」という概念が流動化する過程にこそWLBの本質が存在することを指摘した。WLBの概念は、近代工業社会において賃労働を重視する価値観から生じたものであり、有償労働と無償労働、仕事と余暇、仕事と生活を同次元の背反する対置概念とする考えに基づく。ライフ（生活）をワーク（仕事）の上位概念と位置づけ、従来の硬直的な雇用形態が多様化することによってライフ（生活）とワーク（仕事）が近接、融合される過程においてWLBの実現が可能となる。このことから、男性正社員に代表される基本人材モデルの硬直的な働き方を前提とした従来の人事管理はWLBマネジメントとして再構築されねばならないことを明らかにした。

　第三に、WLBの視点による人事管理の再構築においては、厚生労働省の枠組みに沿って、①休業や短時間勤務が円滑に利用できる環境整備、②両立支援制度と人事管理の統合、③仕事管理と時間管理の効果的に推

進に関する具体的な取り組み方法を明らかにした。新たな課題として指摘した、個人によるWLB実現の限界を克服するには、職場を基点とした企業全体でのWLBマネジメントが不可欠であり、管理者は職場のマネジメントを改善する推進者であると同時に、WLBの当事者である一個人としても大きな期待が寄せられている。

　以上より、ポスト成果主義と人材多様化への対応において必要とされる第2の社会的報酬である「時間的報酬」の内容を明らかにした。男性正社員を基本人材とする人事管理とは異なり、多様な人材が企業に集う今日において、様々な価値観と制約を有する人々にとって時間はきわめて重要な財である。つまり、WLBマネジメントとは従来の人事管理を時間的報酬によって再構築する試みであることが本章の結論である。

166 本章は、拙稿「人的資源管理とワーク・ライフ・バランス」(『ワーク・ライフ・バランスと経営』日本生産性本部 生産性労働情報センター、2012年)を基に執筆したものである。

167 内閣府「仕事と生活の調和(ワーク・ライフ・バランス)憲章 仕事と生活の調和推進のための行動指針」2007年12月。

168 詳細はhttp://www8.cao.go.jp/wlb/government/top/hyouka/report-10/index.html参照。

169 筆者は2010年6月から10月にかけて、福島県下における企業のWLB取り組み状況と課題、従業員のWLBの実態と意識を明らかにすることを目的とした、福島県緊急雇用創出基金事業「ワーク・ライフ・バランス意識調査」に携わり、767社、4122名の回答を得た。本項はこの調査結果を基にするものである。

170 今野浩一郎他「看護職員のワーク・ライフ・バランスと人事管理」『学習院大学経済経営研究所年報第23巻』2009年12月、pp.1-17。

171 脇坂(2009)は中小企業863社のWLB施策について、均等指標とファミリーフレンドリー指標を用いた詳細な分析を行っており、中小企業の多様性と個別性を指摘している。また筆者が審査委員長として携わっている「港区ワーク・ライフ・バランス推進企業認定事業」においては、2013年10月時点の認定企業20社の内、建設業が7社となっており、いずれもが中小企業である。

172 港区ワーク・ライフ・バランス推進企業認定事業におけるIT系企業は6社である。たとえば、ダイバーシティ・マネジメントの一環としてWLBに取り組むクララオンラインは、「WLBについて大企業と同じことはできないし、する必要もない。先端システムを利用した在宅勤務のような、中小企業らしい、IT企業らしい取り組みを行う」としている。

173 たとえば、学習院大学経済経営研究所による「WLB-JUKU INDEX」、21世紀職業財団による「WLB企業診断指標」などが良く知られている。

174 たとえば、山口と樋口(2008)は、①米国雇用モデルに基づくWLBの日本企業における有効性への疑義、②家庭や職場のありかたとWLB推進の関係性の整理、③少子化対策としてのWLBの功罪、④男女均等処遇に向けたWLBの道筋、などを指摘している。

175 拙稿「社会的人事論の考察－ワーク・ライフ・バランスのセカンドステージへ向けて－」『学習院大学経済経営研究所年報 第27巻』2013年12月、pp.147-150。

176 人材育成コンサルタントの坂本(2011)は、価値観とビジョンに基づき、状況判断力と状況予測力を重視する「タイミング仕事術」というスキルを提起している。

177 筆者が2014年4月に行った大手化学企業の労働組合幹部へのヒヤリングでは、「2003年に2代前の社長の強いリーダーシップによってWLBの取り組みが始まり、各種の表彰や取材を受けるに至ったが、景気低迷の影響や工場火災の影響で現在は進展が見られない。WLBは労働組合にとって重要なテーマであり、この手詰まり感を打破したい」との発言があった。セカンドステージにおいて膠着しているWLB先行企業の典型例である。

178 日本経済新聞夕刊「仕事・子育て 真の両立求め 育休復帰 甘やかさない」、2010年12月27日。

179 福島県緊急雇用創出基金事業「ワーク・ライフ・バランス意識調査」の結果より。時間的な余裕が比較的ある一般社員および時間のコントロール権限が比較的大きい部長相当職以上は、約60％の社員が仕事と生活のバランスが取れている(そう思う、ややそう思う)と感じており、中間管理職である主任・係長、課長クラスは約55％であった。

180 うつ病、がん、脳血管疾患といった治療を必要とする労働者に対する両立支援が行政や企業において広がっており、病気を抱える社員は多様な人材の一つと捉えられる。

181 職務、労働時間、地域が限定された正社員のことであり、「ジョブ型正社員」とも呼ぶ。非正規雇用と日本型正社員の中間的存在である。近年における非正規雇用者の急激な増

大が問題となり、2011年より厚生労働省を中心に非正規雇用から限定社員への移行策が検討され、2013年6月に安倍内閣による「成長戦略」に限定正社員制度が盛り込まれた。プラス面としては、アルバイトやパートなど不安定な雇用からの転換、企業の福利厚生などの受益、残業や意に添わない転勤からの解放などがある。マイナス面としては、正社員からの賃金ダウン、所属事業所が閉鎖された場合の解雇、正社員ではなく限定正社員としての求人増加、正社員から限定正社員への格下げ、正社員に対する転勤や長時間労働の強要といったことがある。また企業が悪用すれば労働者の不利益につながることも想定され、日本労働組合総連合会（連合）などの反対も強い。

182 佐藤（2011）は正社員と非正社員の違いを雇用契約期間の他に、①職種、②労働時間、③勤務地の点から分析を行い、「正社員の非限定化」と「非正社員の無限定化」による双方の流動化が望ましいとした。また、今野（2012）による「制約社員」の概念は非正社員のみならず正社員をも指すものであり、時間的制約を抱えるすべての従業員に対する人事管理の再構築を提起している。

183 本節は、筆者が委員として参画した厚生労働省労働基準局生活部企画課による「仕事と生活の調和を推進する専門家養成のあり方に関する研究会」報告書（平成21年10月）を基に執筆したものである。

184 厚生労働省雇用均等・児童家庭局職業家庭両立課、「今後の仕事と家庭の両立支援に関する調査結果」、2008年5月20日。

185 日本経済新聞夕刊「ムダな残業 洗い出せ」2010年4月20日。日本経済新聞夕刊「残業減らす達人の技」2013年7月23日。

186 コンサルティング会社や教育機関等が提供しているプログラムであり、パソコン、ビジネス、語学、マネジメントといったビジネススキルのオンライン講座、育児や職場復帰に役立つインフォメーション、育児休業者同士あるいは職場上司と気軽に情報交換できるコミュニティといったサービスを提供する仕組みである。

187 在宅勤務制度は、休業から職場復帰する際の予備段階に利用すると有効であり、休業を終えてからは短時間勤務だけでなく、週に何日かの在宅勤務を行うことで本人の負担を軽減することが可能となる。在宅勤務には基本的に毎日自宅で勤務する「常時型（完全在宅勤務）」と月に数日だけ自宅で勤務する「随時型（部分在宅勤務）」があり、随時型は全員が活用できる有効なWLB施策である。

188 学院大学経済経営研究所編『ワーク・ライフ・バランス推進マニュアル』（2010）、pp.140-141。

189 学院大学経済経営研究所編『ワーク・ライフ・バランス推進マニュアル』（2010）、p.141。

190 詳細はhttp://activity.jpc-net.jp/detail/lrw/activity000985/attached.pdfを参照。

191 内閣府政策統括官（共生社会政策担当）「少子化社会対策に関する先進的取組事例研究報告書」平成18年3月。

192 労働調査会出版局『改正労働基準法 法条文と解説（ワークライフバランスの実現に向けて）』労働調査会、2009年3月。

終章

社会的報酬に基づく人事管理論の展開

1　各章の総括

　本書では、日本企業が年功制、職能資格制度、成果主義を基本とする現在の人事管理によって、多様な人材を管理することが可能であるかを論点の中心に置き、近代における人事管理の源流である人事労務管理および現代の人的資源管理に続く新たな人事管理において、必要となる報酬概念を検討した。

　「第1章　人事管理が抱える限界」では、産業革命以降、中でも20世紀初頭の科学的管理法を契機とした欧米における人事管理の発生から人事労務管理の特徴を概観し、1980年以降に登場した人的資源管理の概要を詳らかにした。現在の人事管理が抱える限界である、①人事管理における社会的視点の欠落、②金銭面と心理面に偏重した報酬制度、③フルタイム労働の男性正社員に基軸を置いた均質的な管理構造を指摘し、三つの限界を克服するには新たな報酬概念に基づく人事管理が必要となることを提起した。

　「第2章　社会的視点の欠落」では、第1章で指摘した、第一の限界である人事管理における社会的視点の欠落について検討を行った。社会における企業の役割が、営利的な存在から社会的存在へ変遷した経緯を企業の社会的責任（CSR）の概念から吟味し、社会的責任の遂行における人事管理の意義を倫理面から検討した上で、従業員の有する両面性（身内、ステークホルダー）を踏まえた人事管理を設計する意義を指摘した。「第3章　金銭的報酬と心理的報酬の偏重」では、第二の限界である金銭面と心理面に偏重した報酬制度について検討を行った。19世紀後半から今日に至るまでの年功制、職能資格制度、成果主義の特徴を報酬管理の視点から明らかにし、報酬体系が景況によって規定されること、能力評価を放棄した結果としての成果主義と、その破綻を指摘した上で、従来の報酬体系の分解・再編から帰結する社会的報酬概念を提起した。「第4章　男性正社員に基軸を置いた管理構造」では、第三の限界である男性正社

員に基軸を置いた、均質的な管理構造について検討を行った。多様な人材を管理する代表的なマネジメント手法であるダイバーシティ・マネジメントを概観した上で、同質性を基盤とした従来の人事管理が企業経営において低コストであった事実と個人属性の多様性のみならず、個人の内なる多様性への対応が急務であることを指摘した。

　ここまでの検討によって、「ポスト成果主義と人材多様性に対応するためには新たな報酬概念である社会的報酬が必要であり、社会的報酬はキャリア的報酬と時間的報酬からなる」とする仮説を提起した。「第5章 ケーススタディ——A社における人事改革」では、職能資格制度から成果主義への人事改革を行ったA社の事例によって、仮説の妥当性について検証を行った。年功的な職能資格制度の破綻とバブル経済の崩壊による成果主義の導入が必然であったこと、成果主義が高度な専門性を発揮するプロフェッショナル人材に対応する人事管理であること、成果主義の導入によって従業員の労働価値観が変容すると同時に評価・配置に関する運用上の不満を引き起こすこと、成果主義が前提とする個のマネジメントによって女性を中心とする多様な人材への対応が余儀なくされること、その際にはWLB施策が必要となることを指摘し、公正な経済的報酬の分配のみならず、適切な評価－配置－育成によるキャリア的報酬とWLBを通じた時間的報酬を新たな報酬概念（社会的報酬）とする仮説は妥当であるとした。

　『第6章 第1の社会的報酬：「キャリア的報酬」』では、従来の日本企業が行ってきた人事管理を事業規模拡大と男性正社員のニーズに即した"長期的な将来価値に基づく見なし型人事管理"と指摘し、プロフェッショナルに対応する人材価値型人事管理によって適切な評価－配置－育成によるキャリア的報酬を提供すべきことを明らかにした。さらに『第7章 第2の社会的報酬：「時間的報酬」』では、働き方の変化を政府および企業におけるWLB施策の動向から吟味し、働くすべての人々が何らかの制約を抱えていることを明らかにした上で、多様な制約社員に対応するWLBマネジメントによって時間的報酬を提供すべきことを明らかにした。

2 本書の結論

　ポスト成果主義と多様な人材に対応することは、年功制、職能資格制度、成果主義といった従来の人事管理の枠組みにおいて容易ではない。理由は以下の三つである。まず、従来の企業経営においては利益の最大化を優先し、働く人をそのための資源や資本、つまり手段と見なしたことである。既に見たように、経済学および経営学は、利益最大化という企業視点、あるいは経営者視点からしか人事管理を語ることはなかった。しかし、昨今の企業の社会的責任（CSR）やISO26000発行の動きからも、企業は単なる営利的存在ではなく、社会的存在、あるいは社会機関としての役割を期待されている。そうであれば、人事管理の枠組みも「社会とつながった個人」を起点とした形に進化せざるを得ない。

　さらなる理由は、従来の人事管理が労務構成の前提を"少数の優秀な男性正社員"と"その他大勢"としていたことである。"2:6:2のルール"として知られるように、一握りの優秀な中核社員、多数を占める凡庸な人々、そして少数の問題社員を、それぞれいかに適切に管理するかが、かつての人事管理の命題であった。しかし、年齢、性別、国籍、雇用形態、能力、時間制約、価値観など、社会とは多様な人々の集合体であり、企業も社会の縮図であると考えれば、従来のような同質性ではなく、多様性を前提とした人事管理が必要となる。この点に関して太田肇（2006）は、組織の論理に従って従業員を選別・序列化し、それに基づいて限られた資源を配分するという「閉ざされた成果主義」の限界を指摘し、市場や社会など外部の客観的な基準と何らかの形でリンクさせた「開かれた成果主義」の必要性を主張している。その際の報酬としては、金銭に加えて、時間、承認、能力開発を挙げているが、「承認」を「公正な評価」と読み替えるならば、これらは正に社会的な報酬である。

　最後の理由は、従来の人事管理が従業員に硬直的な働き方を強いてきたことである。決められた時間に、決められた場所で働くことは、規模

と範囲の経済性を追求する際にはもっとも効率的な働き方であった。しかし、既に見たように、様々な制約を有する多様な人材の活躍のためには働き方も多様で柔軟であることが必要となり、かつ可逆的になることが求められる。具体的には、勤務時間の柔軟性、勤務場所の多様性、雇用形態の可逆性を担保できる人事管理が必要となる。ワーク・ライフ・バランスが担う役割はここにある。

　以上より、本書の結論は次のとおりである。
　成果主義以降の多様な人材の管理が求められる今日においては、従来の経済的報酬に加えて、企業の社会合理性と従業員の両面性を重視する「社会的報酬」による報酬体系の再構築が必要である。社会的報酬とは、プロフェッショナルを公正に評価・処遇・育成する人材価値管理に基づく「キャリア的報酬」の提供と、多様な働き方を許容するWLBマネジメントによる「時間的報酬」の付与を意味する。
　新たな報酬モデルを従来モデルに対比させ、以下のように表すことができる。

```
従来モデル：報酬　＝　経済的（外的）報酬＋非経済的（内的）報酬
新モデル　：報酬　＝　∫（経済的報酬、社会的報酬*）

　経済的報酬　　　　＝　公正な賃金分配
　社会的報酬*　　　 ＝　キャリア的報酬**＋時間的報酬***
　キャリア的報酬**　＝　　人材価値による評価・配置・育成
　時間的報酬***　　 ＝　　WLB支援
```

　以上の結論を踏まえ、企業を社会の縮図と見做し、本書は、短期的な業績評価、中期的な役割付与、長期的な能力開発に基づく個のマネジメントによるキャリア支援と、WLBマネジメントによる時間という社会的報酬を処遇に取り込むことによって、日本企業が多様な人材の活躍する場として競争力を取り戻すことを提言するものである。そこで提示し

た人事管理は、工業社会と近代化の名残に決別し、新たな枠組みを模索する試みであり、日本における年功制、職能資格制度、成果主義の枠組みを超えることのみならず、欧米における人的資源管理のパラダイムの転換さえも意味する。換言すれば、社会的報酬に基づき、従来の経済合理性から社会合理性へと人事管理のフレームワークを変えていくことである。新たな人事管理のフレームワークは以下のとおりである。

図表8-1　新たな人事管理のフレームワーク

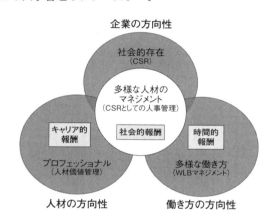

出所：筆者作成

　第一に、営利的存在から社会的存在へと企業の枠組みを変えていくことであり、働く場としての企業を、従来の経済合理性からそれを包含する形によって社会合理性へと進化させることである。そのためには、すべての企業がCSR（企業の社会的責任）を果たすべく、経済的側面のみならず、社会的側面を重視した経営を行うことが不可欠となり、人事管理がステークホルダーダイアログとして行われることを意味する。第二は、見なし型人事管理から人材価値型人事管理へと軸足を移し、働く人々のすべてをプロフェッショナルに育成することである。従来のように、一握りのエリートやスター社員を育成・選抜するための人事管理ではなく、パートタイマーやアルバイト、若年者や高齢者、男性も女性も全員が活

躍できる企業風土、処遇、そして育成が不可欠となる。そして第三が、WLBによる多様な働き方の実現であり、これは企業が預かっていた人々の時間を返還する試みでもある。このことによって、ポスト成果主義における多様な人材の管理が可能となるのである。

3 社会的報酬理論の含意、限界、展望

　本書の学術的な貢献は、以下の点にあると考えるものである。
①人的資源管理論におけるフレームワークに新たな理論的視座を提供する。
　人的資源管理モデルは、1980年代のミシガン・モデルに始まり、ハーバード・モデルにおいて諸要素とその関連性が結実した後は、人事労務管理と人的資源管理の対比を行ったゲスト・モデルやストーレイ・モデル、ハーバード・モデルを拡張したウォーリック・モデルへと発展し、今日においては戦略的人的資源管理に関する研究が盛んである。本書の知見は、現行モデルの限界を指摘することによって、「戦略との適合」に代わる「社会との適合」という新たな視座を人的資源管理論の研究に提供するものである。
②企業の社会的責任（CSR）論に人事管理という職能からの追加アプローチを提供する。
　相次ぐ企業不祥事や環境問題の深刻化によって、CSRに関する研究は今日において盛んである。CSRは企業の戦略に影響をおよぼすのみならず、生産、販売、財務、研究開発といった企業の各職能（機能）にも多大な影響をもたらす。従来の企業経営全体、あるいは戦略面アプローチ、フィリップ・コトラーに代表されるマーケティングアプローチ、CSR会計による財務的アプローチなどに加えて、本研究の知見は「CSRとしての人事管理」という新たなアプローチを付加するものである。

③社会的報酬の提起を通じて人事管理論における報酬概念再考の材料を提供する。

　従来における経済的報酬の限界と心理的報酬の曖昧さを指摘し、これらを補完する適切な評価－配置－育成によるキャリア的報酬とWLB支援による時間的報酬という新たな報酬概念である社会的報酬を提起した本書に対しては、多くの批判が起こりうる。しかし、そういった議論を通じて、心理学、あるいは社会学の報酬理論を漫然と受け入れていた従来の人事管理論における報酬概念を再考する機会を提供することは、目的の一つでもある。

④ダイバーシティ・マネジメントおよびWLBの研究に新たな視点を提供する。

　経営学においてダイバーシティ・マネジメントやWLBの研究は盛んであり、数多の知見が蓄積されているが、それらの多くは企業の環境適合理論に基づく大局的な視点、あるいは女性活躍推進や高齢者雇用などの事象に関する個別的な視点の何れかに基づいている。本書はダイバーシティ・マネジメントと将来の人事管理を、ある意味で同義語と捉え、WLBが提供する時間的報酬を、人事管理における新たな報酬と考えるものであり、従来の研究とは一線を画する。

　最後に、本研究に残された主な課題と展望について述べてみたい。本書の仮説は、欧米における人事労務管理から人的資源管理への変遷、ならびに日本における年功制、職能資格制度、成果主義の系譜を分析することから導いたものである。その際には、既存の研究と調査の知見、一企業の詳細な事例研究の結果等から可能な限り詳細な分析を試みた。しかし、人事管理全体のフレームワーク構築を試みた結果として、ロジックの不備や文献・データの不足を免れていない。

　第一に、根本的な課題として、本書が仮説の構築と事例研究による妥当性の検証に留まった点である。企業、あるいは労働者を対象に、大量データを収集し、経済的報酬、キャリア的報酬、時間的報酬を測定した

上で、それらと①個人の職業生活上の幸福度、②企業の経営パフォーマンスとの関係を統計的に明らかにすることが今後の課題である。

　第二に、人事管理の対象を主にホワイトカラーと見なし、知的労働を前提として仮説の構築を行った点である。ブルーカラーとホワイトカラーの人事管理について、具体的な適用や運用の違いはあっても、基本設計は同じであると仮定する本研究のアプローチに異を唱えることは可能であろう。本研究の意図は、担当するバリューチェーンの違いによって異なる対応を行ってきた人事管理を概念的に統合することでもあったが、たとえばブルーカラーの賃金制度の変遷を扱った膨大な研究を紐解くことも必要になるであろう。

　第三に、報酬概念を整理する際に、報酬が経済的報酬と社会的報酬から構成されると仮定し、心理的報酬を報酬の枠組みから外している。心理的報酬に関する知見を蓄えた上で、人事管理のあり方をあらためて検討することが必要である。

　第四に、同じく報酬概念の整理において、人材価値に基づく採用、配置、評価、育成を「キャリア的報酬」として包括的に纏めたことについては、精緻さに欠けるという批判が起こりうる。確かにそのとおりであり、キャリア的報酬とは人事管理全体のことを指しているだけではないかという疑義が生まれるであろう。しかし、本研究の意図は、従来において管理手法（ツール）とされてきた人事管理そのものを報酬（労働の対価）と見なす意義を提起するものであり、さらなる研究の必要性は十分に認識するものである。

　今後の人事管理の姿については、多くの研究者が様々な視点から批判と指摘を行い、いくつかの部品設計が提示されてきている。本書はそれらの部品を「多様な人材の管理」という視点からアレンジを行い、報酬概念のアプローチによって一つの包括的な枠組みを示唆したにすぎない。世界中の企業に注目しながら、今後もこの課題について探索していきたいと意を強くする次第である。

おわりに

　私は今、焦土の上に立っている。正確に言えば70年前の焦土であり、現在はゆったりと水を湛える河川と橋梁、整備された道を行き交う車や市電、企業や官公庁などの颯爽たるビル群、赤い風船の飛び交うスタジアム、そして人々の微笑みに満ちた美しい広島の街である。50年ぶりにこの地に戻り、当時の人々がどのような思いで、どうやって絶望の淵から立ち上がったのかに想いを馳せると、人間の偉大な力に打ちのめされる。尊敬する祖父や父と同じように、自分は求道者あるいは教育者の端くれとしていったい何ができるのだろうかと。

　本書の執筆にあたっては多くの方々のご協力とご支援を得た。この春より勤務する県立広島大学の中村健一学長ならびに栗栖恭三事務局長からは、いつも温かい励ましを賜った。同じく経営専門職大学院の同僚である先生方、業務推進室をはじめとした職員の皆様、そして授業の度に「地方に傑物あり」と私を唸らせてくれる第一期生の社会人学生にも御礼を申し上げたい。中国労災病院の豊田章宏先生と国立がん研究センターの高橋都先生には医療と就業の視点から多くのご示唆を頂いた。厚生労働省労働基準局の武田康久様、塚本勝利様、中村宇一様、富賀見英城様、さらに同局による「事業場における治療と職業生活の両立支援のためのガイドライン」作成委員会でご一緒した先生方、みずほ情報総研社会政策コンサルティング部の皆様、広島県健康福祉局の金光義雅様、佐々木真哉様、経済産業省中国経済産業局の大原晃洋様、小川恭宏様、高城幸治様、夢現大学主宰の柏原萬良様、中央職業能力開発協会の皆様、広島県職業能力開発協会の皆様、日本放送協会広島放送局の東聡様、秦康恵様、中国新聞社の平井敦子様、日本経済新聞社の石塚由紀夫様、東レ経営研究所の宮原淳二様、大分大学経済学部の宮下清先生にも謝意を表したい。

本書は、2015年に学位を取得した博士号論文である「人的資源管理論の限界と社会的報酬に基づく人事管理の再構築」に加筆したものである。学位審査にあたって温かくも厳しいご指導を頂いた麗澤大学大学院経済研究科の小野宏哉先生、中野千秋先生、大場裕之先生には改めて御礼申し上げたい。そして私の研究者生活の拠り所である学習院大学経済経営研究所の恩師である今野浩一郎先生と脇坂明先生には御礼の言葉が見つからない。今野先生からは過大な推薦文も頂戴した。あわせて大切な仲間であるGEM–WLBプロジェクトの先生方とスタッフの方にもこの場をお借りして感謝申し上げたい。

　このような拙い内容を出版することができたのはひとえに日本生産性本部の皆様のおかげである。長年にわたり様々な研究や執筆の機会を賜ったことによって、今の自分があるのかもしれない。

　理事長である松川昌義様をはじめ、出版にご尽力くださった長谷川真理様、幾度となくご一緒させて頂いた北浦正行様、尾崎陽二様、東狐貴一様、高柳正人様、松永久志様、金久芽生様、千田歩美様に感謝申し上げたい。そして、篠原信行様のリーダーシップと生産性出版の米田智子様の根気強い編集作業がなければ、本書が世に出ることは難しかったであろう。

　最後に、30年にわたって私と一緒にいてくれた妻である真理に心から感謝する。様々な思いを胸に留めながら、これからも互いに寄り添っていきたい。

2016年　玄鳥去
舟舶つどう宇品の津にて
著者

付録

5年間に見る人事管理の重要課題

筆者が2008年〜2012年の5年間において公益財団法人日本生産性本部と共同で実施した、「生産性新聞　人事部門が抱える課題とその取り組み」のアンケート調査結果の分析を紹介する。その目的は、①約200社の回答による人事課題の特徴、②5年間の推移に基づく人事課題の変化、③多角的な調査項目による人事課題の構造、の3点を明らかにするものである。

1 調査の概要[193]

調 査 名:「人事部門が抱える課題とその取り組み」に関するアンケート調査
実施時期:2008年〜2012年にかけて毎年夏季に実施[194]
実施方法:アンケート調査票郵送方式
調査項目:「直面している人事課題と解決策」は毎年共通とし、その他は適宜追加した

2008年	2009年	2010年	2011年	2012年
成果主義見直し	世界同時不況	グローバル対応	東日本大震災	人事課題
人事課題	人事課題	人事課題	人事課題	人材育成
グローバル対応	グローバル対応	若年層	イノベーション	グローバル対応
組織力・現場力	ダイバーシティ			中高年社員
マネジメント力				
若年層				

調査対象:「生産性新聞」を購読している企業の人事部門長[195]
回答企業数:

2008年	2009年	2010年	2011年	2012年
219社	182社	213社	206社	180社

2 環境変化が人事管理に与えた影響

　以下では、企業が直面する人事課題の推移を軸とした分析を行う。本節では、第1章で見たように人事管理がコンテキスト(外部環境)に従う

ことに基づき、導入から約10年が経過した「成果主義の定着状況と見直しの方向性」を確認したのちに、「2008年に端を発した世界同時不況が人事管理におよぼした短期・中期・長期的影響」と「2011年に発生した東日本大震災が人事管理にもたらした影響」について、その影響度と企業における具体的な対応策を明らかにする。

2-1　成果主義の導入状況と見直しの方向性

　2008年度の調査において、過去10年間に、成果重視の人事制度（成果主義）を導入した企業は174企業と全体の79.5％を占めた（図表01）。

図表01　【過去10年間】成果重視の人事制度改定の有無

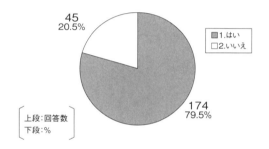

　これを業種別に見ると、『製造業』では81.1％、『非製造業』では78.2％と製造業の比率の方がやや高い。また、正規従業員の規模別では、『300人未満』では70.6％、『300～1000人未満』では82.7％、『1000人以上』では87.2％と、従業員規模が大きくなるほど成果主義の導入率が高い結果となった。これは、一般的な各種の調査結果[196]と同様である。

　今後3年以内に人事制度の改訂・見直しを行う予定がある企業は、97企業（45.2％）であり、その内訳は「成果重視の色彩を強くする」27企業、「成果重視の色彩を弱くする」17企業、「その他」53企業となっている（図表02）。

　「その他」の具体的な内容としては、「評価制度」や「運用面」の見直し、さらには、「制度の新設」を検討している企業がそれぞれ複数見られた。

図表02 【今後3年以内】人事制度の改定・見直しを行う予定

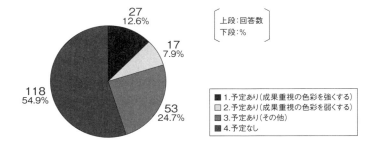

具体的な回答例は以下の通りである。

①評価制度の見直し
　「評価内容の変更、配点比重の検討」
　「役割区分を見直す」
　「成果を測る尺度を大幅に変更する」
　「コンピテンシー項目の見直し」

②運用面での見直し
　「運用しやすくするためのマイナーチェンジ」
　「職場運営が行いやすく、職員が理解しやすいシンプルな制度」
　「現行職能制度に対応できる、効果的な運用への見直し」

③制度の新設
　「複線型人事制度について検討中」
　「専門職制度新設の方向」
　「全体の技術力向上を目指した専門職制度の導入」

　この結果から導かれることは、以下の点である。第一に、回答企業の約8割の企業において過去10年に何らかの成果重視の人事制度が導入されていることから、既に成果主義が日本企業において一般的な人事管理

となっている点である。第二に、導入企業の約半数がこの3年以内に人事制度の改訂・見直しを予定していることから、成果主義の課題を多くの企業が認識しており、成果主義に基づく人事管理が柔軟に変化し続けている点である。第三に、成果主義改訂・見直しの方向と具体策は、成果重視の色彩を濃くする、薄くする、その他の施策を導入する、といったように企業によって分かれることから、成果主義が各企業で独自の型を有していると推測される点である。

　国が主導した年功制や、高度成長に向けて財界が主導した職能資格制度は、いずれもプロトタイプとされる型が存在する、言わば"レディメード[197]"の人事管理であった。しかし、成果主義は制度ではなく主義であり、成果（業績）を重視するというポリシーを重視しながらも、年俸制、職務給、業績連動型賞与、コンピテンシー評価などの様々な制度・施策を各社の理念と状況に応じて自由に組み合わせることができる"セミ・オーダーメード"の人事管理であるという仮説がここに成り立つ。それゆえに、環境や自らの変化に応じて（言わば"体型の変化に応じて"）、個別の調整・改変が求められるのである。また、各社に共通する課題として、評価制度の改訂および制度運用の重視・工夫といった従来から指摘されている点に加えて、専門職に対応する制度導入が複数社から回答された結果は、第6章で見たプロフェッショナル人材への対応の必要性を裏づけている。

2-2　世界同時不況による人事管理の変化

　2009年度の調査において、いわゆるリーマン・ショック（2008年9月）以降の世界同時不況が、「自社の人事方針なり人事施策に影響をおよぼした」とする企業は103社（56.6％）と半数を超えた（図表03）。

　これを業種別に見ると、『製造業』では60.9％、『非製造業』では52.2％の企業で「影響があった」と回答しており、『製造業』への影響度合いの方が高い。また、正規従業員の規模別では、『300人未満』では41.7％、『300〜1000人未満』では61.2％、『1000人以上』では71.7％と、従業員規模が大きくなるほど、世界同時不況の影響があったと回答する率が高い

図表03 世界同時不況による人事方針、人事施策への有無

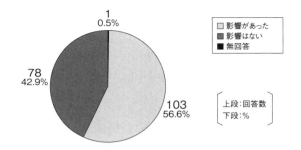

結果となった。

「世界同時不況の影響がどのような人事施策に及んだか」については、下記のように不況を優秀人材の確保や改革着手のチャンスとして、前向きに捉える回答も見られた。

「大手が採用を控える中、中小企業にとっては優秀な人材を採用できるチャンスとなるため、積極的に採用を行う」
「人事諸制度の抜本的改革に着手する」
「採用戦略を見直す好機となっている」
「改革を前倒しにして、大きな見直しを行っている」
「人材確保の好機と捉え、採用活動（新卒・中途）を強化」

しかし、業種／従業員規模を問わず「採用の抑制」、中でも「新規採用の抑制」を挙げる企業が圧倒的に多い。「採用の抑制」を除く、各企業の主な回答は以下の通りである。

①短期的（1年未満）な人事施策や運用の見直し、変更につながった
「賃金カット、残業削減等の経費削減」
「定年後再雇用制度の見直し、条件の引き下げ等」
「派遣社員活用の減少、期間社員の拡大」
「派遣、パートタイマーの大量雇い止め」

「総額人件費管理のさらなる徹底」
「高齢者再雇用者のワークシェアリング198実施」
「時間外規制、一時帰休、管理職賃金カット」
「役員報酬減額、社員賞与減額、出張旅費厳正運用（削減）」
「不採算組織の廃止、統合」
「賞与を業績連動制にした」
「受注減に伴い、要員配置の見直しを行った」
「時限措置として退職金を優遇した早期退職を募集した」
「昇給・昇格延期、管理職の報酬カット」

②中・長期的（1年以上）な人事戦略・方針の見直し、転換につながった
「人員削減、さらなる勧奨退職を考慮中」
「確定拠出年金制度に改訂」
「人材のフロントシフト」
「人材育成に力を入れる。現有戦力でのレベルアップを図る」
「新卒採用を積極的に行い、よい人材を確保」
「採用戦略を見直す好機となっている」
「事業別に人員配置の見直し」
「再雇用者の契約65歳まで、パート70歳までを原則化」
「処遇水準、退職金制度の見直し」

　この結果から、次のことが明らかになった。第一に、世界同時不況を迎えた各企業は、短期的にはかなり思い切った人件費削減策を講じた点である。賃金カット、賞与減額、雇止め、希望退職制度といった報酬と雇用のみならず、組織統廃合といった組織自体の見直しまでも含んだ、聖域のない対策が講じられた。バブル崩壊への対応策として成果主義を導入した各企業は世界同時不況を迎えるにあたって、成果主義の有する人件費コントロール機能を駆使しながら難局を乗り越えようとし、その一方で、前項に見た成果主義の抱える課題も露呈する結果となったと言

える。第二に、短期的には思い切った人件費削減策が行われながらも、中長期的には年金制度の修正、人材の適正配置、採用戦略の見直し、人材育成の強化といった前向きな対策を検討している点である。そして、こういった積極的な姿勢は意外にも中小企業からの意見が目立っている。長引く不況を乗り越えるという企業戦略において、人事管理が重要な役割を果たす可能性と期待を示している。

2-3 東日本大震災による人事管理への影響

2011年度の調査では、その年の3月11日に発生した東日本大震災と、それに伴う東京電力福島第一原子力発電所の事故による、各社の人事管理への影響を聞いた。東日本大震災が人事戦略や人事施策に影響をおよぼしたとする企業は、全体の4割弱（75企業、36.4％）であった（図表04）。

図表04　東日本大震災は人事戦略や人事施策に影響をおよぼしたか

	はい	いいえ
製造業	37企業（18.0％）	51企業（24.8％）
非製造業	36企業（17.5％）	75企業（36.4％）
業種不明	2企業（1.0％）	5企業（2.4％）
計	75企業（36.4％）	131企業（63.6％）

影響が及んだとする、企業における人事管理上の具体的な対応策の例は以下の通りであるが、業種や従業員規模を問わず、「新卒採用への影響」を指摘する企業が最も多かった。その他、「節電対策（シフト変更を含む）」「従業員の配置転換・異動の見直し」「被災地（者）支援」「BCP[199]の検討」等に関する回答が複数見られた。

①採用政策の変更
「2012年度新卒採用の活動延長（7月まで実施）」
「採用人数・スケジュールの見直し、人員配置の再考」

「採用活動の長期化、研修予算の削減」
「採用予定人数の削減」
「2012年度新卒採用を見送った」
「採用計画(中途、新卒)の見直し」

②節電対策・シフト対策
「節電チームの組成」
「休日を土日から木金に移行(7〜9月)、製造所の休業に伴う休業申請」
「電力ピークカットを目的とする休日変更」
「サプライチェーン間での休日や勤務時間のフレキシブルな対応」
「震災による生産停止とその後の挽回生産による今後の要員管理」

③配置転換・異動の見直し
「東北地方の異動を中止し、時期をずらして実施」
「東北地区への人員増強のための社内人事異動を実施」
「定期異動、昇給・賞与額決定時期の見直し」
「東京支店の売上減少と一部店舗の営業休止に伴う従業員の配置転換」
「仕事量不足と生産急回復に伴う人員余剰、人員不足対応」
「放射能汚染による他事業所への配置転換」

④被災地・被災者支援
「シフト勤務や休業補償、ボランティア休暇の拡大適用を実施」
「人事部員全員が宮城県の『企業ボランティア活動』に参加」
「救援のための被災地派遣」
「特別休暇、ボランティア制度の新設、緊急時対応の登録」
「被災した社員に対する支援施策を策定」

⑤BCP対応
「BCPの検討、災害対策マニュアルの改訂、安否確認方法の変更」
「地震や津波に強いデータサーバー運用事業を柱とした人材採用」

「BCPの見直し、在宅勤務についての再考等」
「営業拠点の見直しに伴う人事異動（事業所の廃止、人員の見直し）」
「従業員とのコミュニケーションの重要度合いが高まった」

　この結果から、次のことが明らかになった。第一に、今回の震災が人事管理に影響をおよぼすと答えた企業が4割弱であったことから、企業の環境変化への感度がさほど高くない点である。あるいは、企業は急激な環境変化による中長期的な経営の見通しが苦手であると言ってもよい。上記の対応策を見ても、急激な売上変動への対応、"産業の米"である電力への規制、広範なエリアにおける市民生活の停止、企業の社会的責任としての被災地支援、長期的な事業継続への対応など、これらが一部の企業にのみ必要とされる特別な施策でないことは明らかである。企業の環境[200]および社会に対する感度は通説とは異なり、非常に低いことをここで指摘する。第二に、震災後に企業が取ろうとしている対応策が、ダメージやリスクに対応するというパッシブ（受動的あるいは守り）な姿勢に留まらず、リスク管理、人事管理、企業経営を抜本的に見直す契機として、アグレッシブ（能動的あるいは攻め）に捉えた企業が少なからず存在する点である。たとえば、「震災をきっかけに新しい事業を立ち上げることになり、新たな人材を確保することになった」（300人未満）、「震災による交通網の遮断によって、多様な働き方（在宅勤務等）の拡充を検討している」（1000人以上）、「国内よりも海外に目を向けざるを得ず、海外事業展開の強化に向けたグローバル人材の確保・育成を開始した」（300人未満）といった回答である。

3 企業における重要人事課題の認識

3-1 5年間における人事課題の推移

　本節では、環境変化がおよぼす人事管理への影響を踏まえて、本調査において5年間にわたって継続的に質問を行った「人事部門が抱える重要課題」の中身と、その推移を明らかにする。本調査では、最初に20項目の人事課題を提示し、重要である課題を三つまで選択させ、次の質問で最も重要な課題を一つのみ答えさせるという手法を取っている。その意図は、すべての課題を吟味し、その中から三つに絞り込み、さらに一つを選ぶというプロセスを通じた回答の正確性である。

　図表05～図09は、2008年度～2012年度までの「最も重要な人事課題」の結果を示している。

　そして図表10は、各年の上位5項目を整理したものである。2012年の調査では、最も重要な人事課題については、「次世代幹部候補の育成」を挙げる企業が32企業（17.3%）と最多であり、以下、「優秀な人材の確保・定着」（27企業、14.6%）、「賃金制度（評価制度も含む）の改訂」（22企業、11.9%）、「従業員のモチベーション向上」（20企業、10.8%）、「従業員の能力開発・キャリア開発支援」（19企業、10.3%）の順となっている。2008～2012年の5年間の調査結果を比較してみると、「次世代幹部候補の育成」が4年連続でトップとなった。2009年度は9位（2.7%）、2010年度は4位（9.4%）、そして2011年度は2位（17.5%）と急上昇していた「グローバル人材の登用・育成」は、2012年度には6位（15企業、8.1%）に後退する一方、2011年度に6位の「賃金制度（評価制度も含む）の改訂」（6.8%）は、3位（22企業、11.9%）へ、前年7位だった「従業員のモチベーション向上」（4.9%）は、4位（20企業、10.8%）へと、それぞれ浮上した。

図表05 【2008年度】最も重要な人事課題

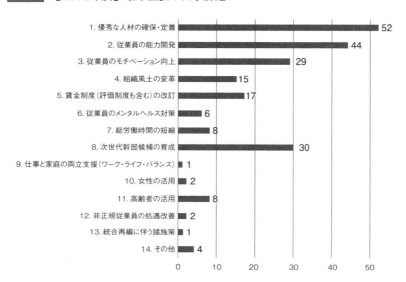

図表06 【2009年度】最も重要な人事課題

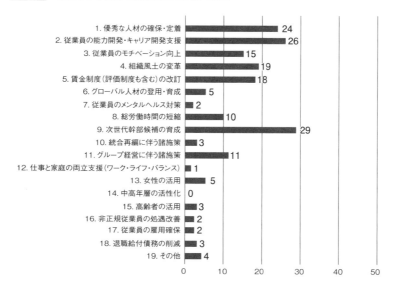

図表07 【2010年度】最も重要な人事課題

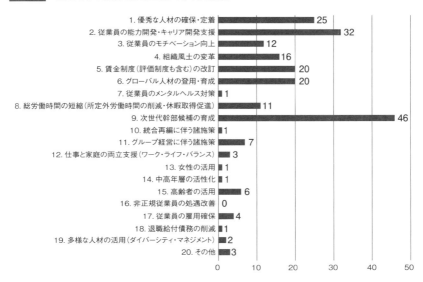

図表08 【2011年度】最も重要な人事課題

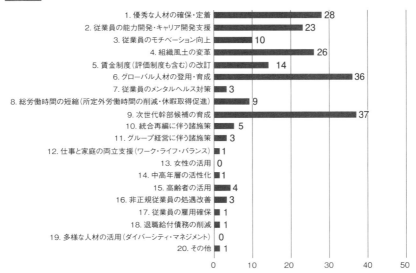

図表09 【2012年度】最も重要な人事課題

項目	値
1. 優秀な人材の確保・定着	27
2. 従業員の能力開発・キャリア開発支援	19
3. 従業員のモチベーション向上	20
4. 組織風土の変革	15
5. 賃金制度(評価制度も含む)の改訂	22
6. グローバル人材の登用・育成	15
7. 従業員のメンタルヘルス対策	5
8. 総労働時間の短縮(所定外労働時間の削減・休暇取得促進)	9
9. 次世代幹部候補の育成	32
10. 統合再編に伴う諸施策	2
11. グループ経営に伴う諸施策	2
12. 仕事と家庭の両立支援(ワーク・ライフ・バランス)	2
13. 女性の活用	1
14. 中高年層の活性化	0
15. 高齢者の活用	6
16. 非正規従業員の処遇改善	0
17. 従業員の雇用確保	1
18. 退職給付債務の削減	0
19. 多様な人材の活用(ダイバーシティ・マネジメント)	3
20. その他	3

図表10 最重要課題・上位5項目の経年(2008年度～2012年度)の変化

	2008年度	2009年度	2010年度	2011年度	2012年度
1位	優秀な人材の確保・定着 23.7%	次世代幹部候補の育成 15.9%	次世代幹部候補の育成 21.7%	次世代幹部候補の育成 18.0%	次世代幹部候補の育成 17.3%
2位	従業員の能力開発 20.1%	従業員の能力開発・キャリア開発支援 14.3%	従業員の能力開発・キャリア開発支援 15.1%	グローバル人材の登用・育成 17.5%	優秀な人材の確保・定着 14.6%
3位	次世代幹部候補の育成 13.7%	優秀な人材の確保・定着 13.2%	優秀な人材の確保・定着 11.8%	優秀な人材の確保・定着 13.6%	賃金制度の改訂 11.9%
4位	従業員のモチベーション向上 13.2%	組織風土の変革 10.4%	グローバル人材の登用・育成／賃金制度の改訂 9.4%	組織風土の変革 12.6%	従業員のモチベーション向上 10.8%
5位	賃金制度の改訂 7.8%	賃金制度の改訂 9.9%		従業員の能力開発・キャリア開発支援 11.2%	従業員の能力開発・キャリア開発支援 10.3%

最も重要な人事課題を業種別に分析すると、『製造業』では、「次世代幹部候補の育成」(18企業、25.7%)、「賃金制度（評価制度も含む）の改訂」(10企業、14.3%)、「グローバル人材の登用・育成」(9企業、12.9%)、「従業員のモチベーション向上」(8企業、11.4%)、「組織風土の変革」(7企業、10.0%)の順になっているのに対し、『非製造業』では、「優秀な人材の確保・定着」(21企業、19.3%)、「従業員の能力開発・キャリア開発支援」(15企業、13.8%)、「次世代幹部候補の育成」(14企業、12.8%)、「賃金制度（評価制度も含む）の改訂」(11企業、10.1%)、「従業員のモチベーション向上」(10企業、9.2%)の順となっている。

　一方、正規従業員の規模別に見てみると、『300人未満』では、「優秀な人材の確保・定着」(22企業、33.3%)が最も多く、以下「従業員の能力開発・キャリア開発支援」(9企業、13.6%)、「賃金制度（評価制度も含む）の改訂」「次世代幹部候補の育成」(ともに7企業、10.6%)と続いている。『300～1000人未満』では、「次世代幹部候補の育成」(13企業、24.5%)、「従業員のモチベーション向上」「組織風土の変革」(ともに8企業、15.1%)の順となっている。『1000人以上』では、「次世代幹部候補の育成」(12企業、18.8%)、「グローバル人材の登用・育成」(11企業、17.2%)、「賃金制度（評価制度も含む）の改訂」(9企業、14.1%)と続いている。

3-2　最重要課題への対応策

　2012年度の調査において、最も重要な人事課題として挙げられた上位3項目である、①次世代幹部候補の育成、②優秀な人材の確保・定着、③賃金制度（評価制度も含む）の改訂、に対する企業の取り組み例（あるいは今後の対応策）は以下の通りである。

①次世代幹部候補の育成
「優秀な人材の早期選抜と経営理念や全社戦略の教育、外部研修への参加、戦略的ローテーションによる育成など」
「中堅社員から選抜された人材に対して研修を行うことに加え、近未来の経営幹部に対して企業経営に必要な知識・スキルを習得させる研修を

行っている。また、今年度からOJTを強化する研修を新規開講する」
「経営塾の運営とサクセッションプラン[201]の策定、若手優秀人材の選抜」
「グループ会社全体を含めた基幹人材育成プログラム」
「外部講師による幹部候補育成カリキュラムの策定」
「ジョブローテーションの活性化・活発化」
「タレントマネジメント[202]の導入」
「選抜教育、権限委譲を進める」
「30代中間層が薄く高年齢層が多いため、若年層の早期育成する」
「社外セミナーに加えて、CUBIC[203]およびエゴグラム[204]など個人特性調査を基に社内セミナーを体系化する」
「組織細分化、権限委譲、施策計画立案、執行フォロー」
「社外研修の参加促進、次世代同士のコミュニケーションの場づくり」

②優秀な人材の確保・定着
「積極的な中途採用の実施」
「採用面接・採用試験の充実」
「退職者に対する補充のための経験豊富な人材の確保」
「内定期間のフォロー、社員になってからの連帯感強化策」
「従業員満足度調査の実施・分析、結果に基づく施策の立案」
「中途入社者の確保と定着に向けた施策開発」

③賃金制度（評価制度も含む）の改訂
「人事制度全般の改訂に向けた検討プロジェクトの設置」
「創造性と生産性による成果を評価する仕組みをつくるプロジェクト」
「人材育成策（チャレンジ目標管理、面接の強化）の向上」
「年俸制の導入」
「若年層の賃金体系を上げるための取り組み」
「頑張った人が報われる新しい人事評価制度の検討」
「人事評価制度の見直しとキャリアプランの構築」

「専門業務型裁量労働制の導入」

　次世代幹部候補育成のための取り組みは、早期選抜、育成プラン、戦略的な異動、執行フォローといった一連のプロセスに加えて、外部研修、OJT強化、経営塾、個人特性調査、ネットワーキングなどの詳細な手法も、実施および検討が行われていることがわかる。次世代幹部候補育成の起点となっているのは早期選抜であり、一括採用した社員を、集団管理に基づいて徐々に選抜していくという「長期選抜型人事管理」から「短期選抜型人事管理」への転換を示唆している。優秀な人材の確保・育成については、さほど目新しい取り組みは見られない。採用の精緻化とコミュニケーション促進に代表される施策が多い中、中途採用への積極的な姿勢と中途採用者への手厚い支援策が複数企業から回答された。「中途採用者」というマイノリティに対する取り組みは、「新卒採用者」というマジョリティ以外を対象とした人事管理の必要性を表している。賃金制度・評価制度の改訂に関しては、第2節で見た内容から逸脱するものではない。「専門業務型裁量労働制の導入」は、プロフェッショナル人材に対応した人事管理の重要性をうかがわせるものである。

3-3　経営陣と人事部門の意識乖離

　本調査は人事部門長を対象として実施しており、回答の内容は人事部門長の認識に基づくものである。今日の人的資源管理（注：年功制、職能資格制度、成果主義の如何を問わない）においては、人事管理は経営戦略を具現化する支援機能と位置づけられている。戦略を構築する経営トップと戦略を遂行する人事部門長との間に認識の乖離があっては、人事管理の成果は企業業績には反映されないことになる。この2者の乖離に関する調査研究はほとんど行われていないことに着目し、2008年度、2009年度、2010年度、2011年度の調査項目には、「選択した人事課題に対し、貴社のトップ自らも経営課題として認識し、解決に向けて取り組んでいる項目があれば、該当するものの番号（三つまで）をご記入ください」という設問を加えた。人事部門長が選んだ三つの課題と経営トップが選

んだ三つの課題の一致度合について分析を行う。

　人事部門が直面している三つの人事課題に対して、経営トップもすべてを経営課題として認識して解決に向けて取り組んでいる企業の割合は、2009年度は31.9％（58企業）、2010年度は38.5％（82企業）、そして2011年度は40.8％（84企業）であった。すべての項目で一致している（人事部門と経営トップがともに課題認識している）企業の割合が増加傾向にあることがわかった（図表11）。

　しかし、絶対値として見た場合には、この数字は低いと言わざるを得ない。企業における（三つの）重要人事課題について、経営トップと人事部門長の認識が乖離している企業は6割にも上るのである。ここで、今日における人事管理の課題として、経営陣と人事部門の足並みが揃っていないことが指摘できる。

　不一致の内容を精査すると、人事部門が直面（人事部門長が選択）している人事課題のうち、経営トップが経営課題として認識していない比率の高い項目（「その他」を除く）を順に並べると、「多様な人材の活用」（70.6％）を皮切りに、「仕事と生活の両立支援」「退職給付債務の削減」（ともに66.7％）、「中高年層の活性化」（57.1％）、「従業員のメンタルヘルス対策」（51.4％）となっており、これらの人事課題に対して経営トップの理解を

図表11　人事課題に対する経営トップとの認識一致度合い

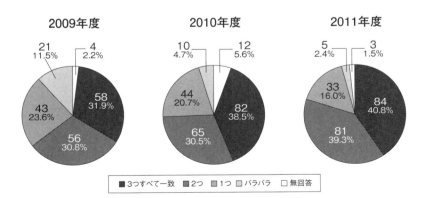

どう促していくか、人事部門は問われている（図表12）。

　中でも、もっとも認識が乖離していたテーマが「多様な人材の活用（ダイバーシティ・マネジメント）」であることから、人事部門としては、女性社員の活躍推進、高齢者の再雇用、外国人社員のマネジメント、障がい者雇用、非正規労働者の均等処遇、中途採用者のモチベーションといった、従来の"健康な新卒一括採用による日本人男子正社員"とは異なる人事管理の必要性を感じていながら、経営陣がその意識を持てないことに対する焦燥感がうかがえる。第2位の「仕事と生活の両立（ワーク・ライフ・バランス）」についても同様である。かつての会社人間、企業戦士が"24時間365日"働いていた時代とは異なり、職場における多様な人々は様々な時間的制約を抱えながら働いている。その解決策としてのワーク・ライフ・バランスに対して、経営陣の理解が進んでいないことがうかがえる。

図表12　経営トップが経営課題と認識していない／人事部門が直面している人事課題

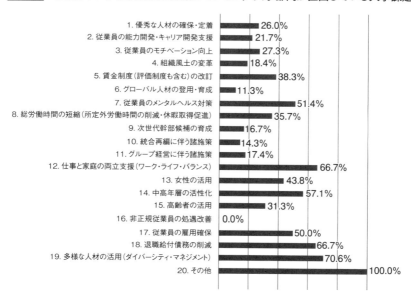

4 人材育成力とマネジメント力の低下

4-1 人材開発に対する反省

　あらためて、最も重要な人事課題の上位項目の各年推移（図表10）を見ると、2009年〜2012年まで4年連続して人事部門の最重要課題とされた「次世代幹部候補の育成」、どの年も上位に挙げられる「従業員の能力開発・キャリア開発支援」、2011年に急浮上した「グローバル人材の登用・育成」のいずれもが、人材開発に関連する課題であることに気づく。本節では、今日の人事管理の課題として人材育成力およびマネジメント力を取り上げ、その両方が低下している現状を分析する。

　2012年度の調査では、「貴社の人材力強化に対する問題意識と具体策について」という設問群を設け、①過去10年間における、従業員の成長や学び続ける姿勢を支援する取り組みが十分であったか（およびその理由）、②今後の方向性として、従業員の成長や学び続ける姿勢を支援したいか（およびその理由）について質問した。過去10年間で従業員の成長や学び続ける姿勢を支援するための取り組み（能力開発支援）は十分であったと認識している企業（「4」か「5」を選択）は36.2%（67企業）と4割にも満たず、十分ではなかったと認識している企業が多いことがわかった（図表13）。

　さらに、「2」を選択した企業数が55、「3」が55企業、「4」が59企業と、ほぼ横並びとなった。この内訳を業種別に見ると、『製造業』では、「2」の25企業（35.7%）をトップに、「3」が23企業（32.9%）、「4」が18企業（25.7%）となっている。一方、『非製造業』では、「4」が39企業（35.8%）、「2」が30企業（27.5%）、「3」が29企業（26.6%）となっている。また、正規従業員の規模別では、『300人未満』の場合は「4」が24企業（36.4%）、「2」が23企業（34.8%）、「3」が17企業（25.8%）、『300〜1000人未満』の場合

は「3」が17企業（32.1％）、「4」が15企業（28.3％）、「2」が14企業（26.4％）、『1000人以上』の場合は「3」が20企業（31.3％）、「4」が19企業（29.7％）、「2」が18企業（28.1％）となっている。

そして、自由回答欄からは、「3」を選択した企業でも、取り組みが途上ないしは自信のなさがうかがえる内容が目立った。十分だったとは言えない（「1」「2」「3」と回答）とした企業の主な回答内容は以下のとおりである。

「満足できるレベルまで従業員の成長が実現されていない」

図表13　従業員の「成長」や「学びを続ける」姿勢を支援するための取り組み状況

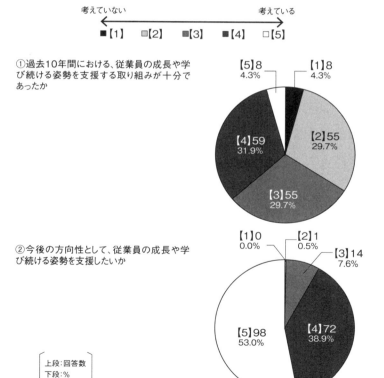

「予算不足により十分な取り組みができなかった」
「入社から5年程度のフォロー研修のみで体系的な教育制度をつくっていない」
「外部研修に頼りすぎていた」
「場当たり的な施策が多かった」
「人材開発の体系が整っていない。職種別の研修が部門によってはきちんと実施できていない」
「具体的な方針や施策が明確になっていない」
「個々の研修は充実したが、職場風土づくりは不十分」
「部署任せにしてしまい、人事全体での取り組みが弱かった」
「これまで年度単位での研修計画を立てており、中長期な視点での育成・支援の考え方が十分ではなかった」
「個々の自己啓発のレベルに留まっている」
「成果主義にやや偏重し、プロセス・マネジメントが希薄」
「セミナーの実施は行っているが、全従業員に対しては不十分」
「ここ数年力を入れてきているものの、一部社員に対してしか取り組めていないので、全社員に展開できるようにしたい」
「自己啓発を支援する体制は整っているが、OJT、CDPは不十分」
「教育・研修については充実した内容となってきているが、全従業員に対してのものではない」

　このことから、日本企業における人材育成について以下の点を指摘できる。第一は、不十分であった背景として、業績不振による予算不足、成果偏重によるプロセス軽視、不明確な人材育成方針、を多くの企業が挙げていることである。バブル崩壊に始まる世界同時不況の影響は総額人件費における人材育成の予算を削減させる結果となり、さらに、結果を重視する成果主義の導入によるOJTを中心としたプロセス（能力）支援が弱体化したことが裏づけられる。また、そもそも人材育成方針が定められていない、あるいは存在する場合でも極めて抽象的なものであったことも推測される。第二は、そういった状況で行われた人材育成策は、

短期的で散発的な研修、社員の自主性に任せた自己啓発支援、一部の限定された社員に対する教育、が中心であった点である。中長期的視点による人材育成体系の不備によって、法改正やリスクに対応する場当たり的な研修や新人研修に代表される特定層への教育、あるいは幹部候補育成のための限定的な選抜教育などが、過去十年における人材育成の実態である。第三に、その結果として人材育成が行われない真空地帯が発生し、教育訓練とキャリア開発の乖離が生じ、成長や学習を支援する風土が醸成されていない現状に至った点である。

　育成が手薄となった真空地帯としては、管理職、高齢社員、女性社員、非正規労働者を指摘できる。日本企業における人材育成は、若年層には丁寧な新人研修システムやフォーアップなどの育成プログラムが提供されている。また、部長以上の優秀な選抜人材に対しては、既に見たような手厚い育成が講じられようとしている。しかし、30歳前後の中堅層から40代半ばのミドル層の育成計画は極めて脆弱である。この層が機能することによって、はじめて学び続ける組織が可能となる。人材開発を構成する教育訓練とキャリア開発において、教育訓練はOJTの弱体化による限定的なOff-JTと丸投げされた自己啓発が中心となり、キャリアとの連動は機能しなくなっている。その結果として、組織学習が実践されるラーニング・オーガニゼーション[205]には至っていないのが、日本の企業の今日の姿である。

　今後の方向性としては、従来以上に従業員の成長や学び続ける姿勢を支援し、全社的に学び続ける企業文化を醸成し、人材力を強化したいと考えている企業（「4」か「5」を選択）は170企業（91.9％）と圧倒的多数を占めた。自由回答欄からは、「企業は人なり」といったスローガン以上に、環境がめまぐるしく変化し、従来以上に業務が多様化、複雑化する中で、企業が成長していくためには従業員が継続的に学び、成長することが必要不可欠だという認識が広がっていることがわかった。

4-2　中高年社員への対応苦慮

　前項において、企業における人材育成の真空地帯として、高齢社員を

挙げた。この点について明らかにしたい。2012年度の調査では、前項の質問と関連して、「貴社では今後、中高年社員を、より企業価値を高める人材にしたいとお考えですか」という問いを設定した。この背景は改正高年齢者雇用安定法[206]であり、政府からの高齢者雇用のプレッシャーに対する企業の対応を探るものである。

高齢者雇用が人事管理にとって不可避のテーマとなる中、今後、「中高年社員」をより企業価値を高める人材にしたいと考えている企業（「4」「5」のいずれかを選択）は111企業（60.0%）と、6割に達していることがわかった（図表14）。

図表14　「中高年社員」をより企業価値を高める人材にしたいと考えているか

選択肢	考えていない ←			→ 考えている		無回答
	1	2	3	4	5	
回答企業数(%)	3企業(1.6%)	23企業(12.4%)	45企業(24.3%)	75企業(40.5%)	36企業(19.5%)	3企業(1.6%)

「中高年社員」のどのような点を強化したいかについては、「若年層・後任への教育・指導」「スキル・ノウハウ・経験・知識の伝承」「モチベーションの維持・向上」「スキルの向上」を挙げる企業が多かったが、「（中高年社員の）専門性、これまでの経験が発揮できる職場環境づくり」を取り上げる企業も複数見られた。また、「中高年社員」が能力を発揮し、より企業価値を高める人材になるために力を入れて取り組んでいる（あるいは取り組もうとしている）こととして、「キャリアデザイン研修の導入」や「再雇用制度の改訂」「処遇、諸制度の見直し」を取り上げる企業が多く見られた。

中高年社員をより企業価値を高める人材にしたいと考える企業が6割である点は、この割合を多いと考えることもできるが、裏を返せば4割の企業は中高年に期待していないことになる。この点に関して、一橋大学教授の守島基博氏は、本調査結果に基づく筆者との対談において以下

のように述べている。

　高齢法の改正を前提として、60歳以上の雇用に対する考え方が変わり始めている。今まではまさに「余生」という位置づけだったが、65歳まで延びたのだから、戦力化しなければいけない。新しいことも覚えてもらわなければ困る。そこまでは正しい認識だと思うが、企業の姿勢が、何となく本人に態度を改めてほしいという「上から目線」になっている。もちろん本人も変わらなければいけないが、人事も積極的に活用するためには何ができるのかと、きちんと職務開発をする必要がある。両者が一緒に、本気になって、どう65歳までのキャリアを描いていくか[207]。

　かつて中高年は、年功制および職能資格制度によって高い処遇を得ており、そのモチベーションの高さが日本企業を牽引していた。しかし、成果主義の導入によって賃金は引き下げられ、60歳以降も雇用を継続しなくてはならない"お荷物"へと姿を変えつつある。換言すれば、政府は年金破綻の尻拭いを企業に押しつけ、企業は厄介者の対応に苦慮し、高齢者は企業にしがみつく――、こうした構図が生じている。しかしながら、調査結果から企業が中高年社員に対して、①スキルとモチベーションを向上させ、②後輩に対する教育と技術伝承を担い、③新技術や処遇変更への柔軟な対応を期待していることも事実である。かつて企業において主流を形成する"強者"であった中高年が、今後は非主流の"弱者"となり、中でも高齢社員が非正規労働者に続く、新たな身分格差となることが懸念される。こうした中高年の社会および企業における位置づけの大きな変化を認識し、企業は高齢社員を組織における多様な人材の一つと見なした適切な対応が求められている。

4-3　マネジメント力の低下

　高齢者に加えて、管理職も人材育成の真空地帯となっていることを指摘した。この点に関連して、2008年度の調査結果は管理職（部下あり）の部下育成と組織力強化が弱まっていることを明らかにしている（図表

図表15 管理職マネジメント力の変化

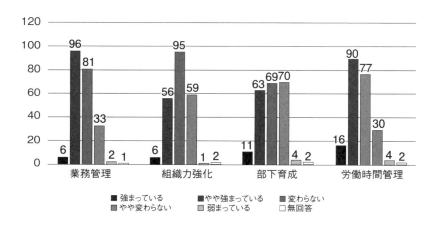

15)。

　従来と比べ、管理職のマネジメント力がどう変化したか、5段階で質問したところ、「業務管理」と「労働時間管理」については「やや強まっている」と答える企業が最も多い〈前者：96企業（44.0%）、後者：90企業（41.5%）〉。とりわけ正規従業員規模別に見た『1000人以上』の「労働時間管理」は、突出して高い。他方で、「部下育成」については「やや弱まっている」が70企業（32.3%）と最多であること、「組織力強化」についても「やや弱まっている」「弱まっている」が60企業（27.5%）など、管理職のマネジメント力の強弱が浮き彫りになっている。業務管理力が強まったとした背景については、金融証券取引法に基づく内部統制の構築と成果主義の導入による業績責任の重圧が起因すると思われ、労働時間管理力が強化された点については、業務管理と連動した勤怠管理と残業規制の厳格化を推測することができる。また、部下育成力が弱体化している点は、管理職の業務において、マネジメントよりもプレイングマネジャーとしてのウエイトが大きいことが推測できる[208]。簡便な「みなし評価」が許容された職能資格制度から、「個のマネジメント」が要求される成果主義へと人事管理の軸が動いた中、管理職は厳密化した

マネジメントのノウハウを十分に教えられることもなく、細やかな部下の育成や評価による取引コストの増大を回避すべく、自らの処遇に直結するプレイヤーとしての役割に閉じこもっている姿がうかがえる。

この点に関して同年の調査では、組織力・現場力を向上させるための具体的な取り組み内容を自由記述によって回答を得た。施策は、①社内横断的な組織変革活動、②職場単位での改善活動、③目標管理・OJT・教育によるマネジメント力の強化の三つに分類できる。その中でマネジメント力の強化策としては、以下の対応が挙げられている。

「ベテラン技術者による技術、知識のマンツーマンでの伝承」
「教育方針に基づく、Off-JTとOJTの強化」
「職場での部下育成を個人業務目標に設定」
「目標管理制度の運用推進と上司との対話促進」
「ほぼ強制的に部長と部下の面談の機会を設定」
「従来のマネジメント研修に加えて、労務管理の基礎を徹底する研修を予定」

5 グローバル経営とイノベーション創出への対応

5-1　グローバル化に伴う人事管理の変化

本節では、人事管理の課題において次世代幹部候補の育成に並んで重要とされるグローバル化への対応について、その背景、人事管理の変化、グローバル人材の定義、その育成策を明らかにし、イノベーション創出との関連を探る。

2008年度の調査では、グローバル化に伴う人事課題を聞いた。経営のグローバル化に伴う最も重要な人事課題と対策については、大きく「人

材の確保、能力開発」「制度・処遇の改革」「海外グループ企業との連携強化、現地化の推進」などに分かれた。中でも、語学力や異文化理解能力を有する「優秀な人材の確保・定着」を挙げる企業が多かった。各企業の回答は以下の通りである。

①人材の確保、能力開発
　「海外現地法人に送り込める人材の育成（語学力、異文化対応力）」
　「海外勤務希望者の減少への対応」
　「海外現地法人社長、海外比重の高い事業責任者の計画的育成」
　「日本人社員のグローバル化推進と抜擢」
　「海外拠点や営業の最前線で活躍できる人材の確保、育成」
　「駐在者候補が枯渇、語学力有する後任候補者の確保育成が急務」
　「優秀な現地人材の確保・育成」
　「語学力強化、外国人採用ノウハウ蓄積、国際会計基準の理解」

②制度・処遇の改革
　「異動に伴う処遇（特に給与）の変更」
　「グローバル人材戦略の展開と職務格付制度の導入」
　「グループ全体で活用できる処遇制度の整備」
　「海外赴任者の生活上のバックアップ体制」
　「海外賃金体系の整備／駐在員ローテーションの適正化」

③海外グループ企業との連携、現地化の推進
　「海外関連子会社のガバナンス強化」
　「人事ローテーションを利用した活性化」
　「ローカルスタッフの育成・定着に向けたグローバルな人事交流」
　「経営と設計の現地化」
　「海外子会社プロパー社員のロイヤリティ、モチベーション向上」
　「現地スタッフの取締役登用、教育体型整備の検討」

翌年の2009年度[209]では、事業の海外展開に伴う人事管理の変化を聞いた。事業の海外展開に関する今後の方向性として、「従来以上に海外を重視する」と回答した企業は31.3％（57企業）と約3割であるが、業種

図表16　従来以上に海外重視の戦略を打ち出しているか

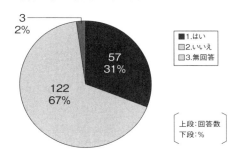

別に見ると、『製造業』では51.7％、『非製造業』では12％と、業種で大きく志向が異なる（図表16）。
　正規従業員の規模別に見ると、『300人未満』では15.3％、『300～1000人未満』では30.6％、『1000人以上』では51.7％と、従業員規模が大きくなるほど、海外志向が強い結果となった。今後「海外重視の戦略を打ち出す」と回答した企業の人事施策・運用の変化は以下の通りである。

「語学力以上にマネジメント能力を重視する」
「海外赴任者処遇の見直し」
「海外連結会社への人的てこ入れ（出向増加等）」
「昇格要件にTOEICスコア導入」
「現地人材の活用」
「外国人、留学生の積極的な採用」
「若手従業員を海外現法に半年程度派遣、事業運営の研修を実施」
「より機動的に国を超えた人事異動を円滑にするための、海外駐在における処遇制度の多様化柔軟化」
「駐在員候補者研修を実施し、グローバル人財育成に努めている」

「グローバル共通のグレート制の検討、グローバルコア人材の発掘、育成のための人材育成を実行、グループ共通の経営理念の浸透を図る諸施策の実行、海外拠点の幹部育成を検討中」
「キャリアパスに海外勤務の導入」

5-2 グローバル人材の定義

　2011年度調査では、最も重要な人事課題の順位において、「グローバル人材の登用・育成」が2009年の9位、2010年の4位から2位へと急上昇した。2009年度、2010年度と変わらなかった上位3項目（「次世代幹部候補の育成」「従業員の能力開発・キャリア開発支援」「優秀な人材の確保・定着」）の順位が今回入れ替わったことからも、「グローバル人材の登用・育成」が企業にとって喫緊の人事課題であることがうかがえた。このことを踏まえて、翌2012年度の調査では、各企業において「グローバル人材[210]」をどのように定義しているか、または従業員に説明しているかを聞いた。業種／正規従業員の規模を問わず、「特に定義なし」「従業員に対して説明していない」とする回答が過半数を占めた。その一方で、定義している企業においては、「グローバルな視点」の重要性を指摘する声が多く、グローバルコミュニケーションに長け、国内外で活躍・活動する人材像が浮かび上がった。何らかの定義をしている企業の主な回答は、以下の通りである。

「今後の事業展開でグローバル市場を開拓していける人材」
「海外との取引を行う中で、広範囲な視野を持ちながらマネジメントを行うことができる人材」
「自国の文化に誇りを持ち、他国の人にも説明できる人材」
「現地スタッフをマネジメントできる人材」
「語学力のみならず、世界のビジネスパーソンと円滑なコミュニケーションが取れる人材」
「グローバルビジネスを牽引する人材。グローバルに組織運営ができる人材。①業務遂行力、②異文化適応力、③グローバルコミュニケーシ

ョン力」
「グローバルに国境を越えて活躍できる人材。すなわち、プロフェッショナルとしての専門能力と語学力を兼ね備え、異文化理解やコミュニケーション能力が高く、国際競争を意識したグローバルな視点、マインドでビジネスを推進していける強いリーダーシップを有する人材」
「①多様な価値観の中で受容性を持ちコミュニケーション能力が発揮できている、②グローバル戦略の中で、ミッション実現に向けてリーダーシップが発揮されている、③現地で経営・管理できる知識とマネジメント能力を備えている」
「①コミュニケーション力、②リーダーシップ力、③実行力、④専門知識・異文化適応力、⑤課題解決力、の5つの能力を持った人材」

今後、「グローバル人材」をより企業価値を高める人材にしたいと考えている企業(「4」か「5」のいずれかを選択)は50.3%(93企業)と約半数だった(図表17)。
「グローバル人材」のどのような点を強化したいかについては、「語学

図表17　「グローバル人材」をより企業価値を高める人材にしたいと考えているか

選択肢	考えていない ←			→ 考えている		無回答
	1	2	3	4	5	
回答企業数(%)	24企業(13.0%)	34企業(18.4%)	27企業(14.6%)	49企業(16.5%)	44企業(23.8%)	7企業(3.8%)

力」や「異文化理解・適応力」「マネジメント力」「コミュニケーション力」「交渉力」を挙げる企業が多い。また、「事業創造力」や「人脈の構築」「グローバルなマインドセット」、あるいは「採用に注力し、人員増を図りたい」とする企業も複数見られた。

5-3　グローバル人材、グローバル人事[211]の誤解

　企業が直面する最重要課題において、「グローバル人材の登用・育成」は2009年度に9位、2010年度に4位、そして2011年度に2位と急浮上した。翌年の1位が予想されたにも関わらず、2012年度は6位に後退した。本項ではその理由を明らかにする。第一に、2000年代後半におけるグローバリゼーションの浸透に歩調を合わせてグローバル人材育成の重要性が拡大し、2011年3月の東日本大震災に起因する国内市場依存から海外市場重視への戦略転換によって、グローバルブームがピークを迎えたことが推測できる[212]。ある意味でグローバル化が過剰にもてはやされたが、震災から1年以上が経過する中でグローバル化のスローガンが沈静化し、大企業を中心とした戦略的にグローバル化を推進する企業と、その他の企業に二極分化したと解釈することが可能である。前述の守島氏は、この点を以下のように述べている。

　グローバル化を本当に戦略的に推し進めようという企業と、グローバル化というのは一つの概念としては正しいが、自社の戦略とは少し距離がある。何が自社の人事課題なのか、グローバル化は戦略課題の中でどういう位置づけなのかとリアルに考える中で、重要性は変わらないが、最重要の人事課題ではないという企業が出てきて、これらが二極化したのではないか[213]。

　このことは前節で見たように、「グローバル人材」という言葉が一般的となり、企業における最重要課題の一つとなった時点においても、明確な定義や説明を行っている企業が半数に満たなかった事実と符合する。冷静になった企業の一方で、最重要戦略として推進する企業においては、詳細な定義と能力要件が明文化され、育成は加速化しているのである。

　グローバル人材の育成が重要課題において後退した第二の理由は、グローバル人材を一種類の特別な人材と見なした誤謬である。グローバル・オペレーションは、国や地域による違いの他にも業種や職種によって全

く異なる性格を有する。グローバル化のためには、一種類の人材ではなく、様々なタイプの人材を育成する必要がある。つまり、グローバル人材とは突然現れた「ニュータイプ」ではなく、従来の求める人材像の延長線上にすぎない。それを一種類の括り方で説明しようとすると、次元も揃わずに混乱を来す。グローバル人事とは、通常の人事管理と何ら変わるものではなく、自社のビジネスに必要な人材要件を明らかにし、戦略実現のために求められる能力を高めるべく、施策を考えることに他ならない。その意味で、グローバル人事とは、人事管理における一つのモジュールにすぎない。そのためには、経営陣が正しく世界情勢を踏まえ、自社のビジネスをグローバル化する意義と、具体的な手立てを考えることが必要である。経営陣と人事部門との意識の乖離が生じている日本企業の現状においては、総じてグローバル化の成功は覚束ないと言えるだろう。また、グローバル人材を特別な人材と見なすことは、海外勤務者を専門職と見なした過去の日本企業の過ちを繰り返すことにもなる。かつて海外勤務者の多くは「英語屋」と呼ばれ、仕事や役割が限定される中で、ネットワークやキャリアが先細りとなっていった。このことに気付いた企業では、新入社員を必ず海外に派遣する動きになってきている[214]。

　グローバル人材の育成・登用の優先順位が後退した第三の理由として、企業がグローバル化について冷静に考えるようになった過程において、4年連続して最重要課題であった「次世代幹部候補の育成」が「グローバル人材の育成・登用」と重複することに企業が気づいたと考えられる。一方で、2012年度においては「社員のモチベーション向上」が4位となり、初めて5位以内に入った。成果主義が定着し、「失われた20年」から抜け出せない中、働く人々のモチベーション低下を示す結果である。仮に組織における人々を①優秀層、②中間層、③問題層と分類すると、圧倒的に多数を占めるのは中間層である。調査結果が示すように、今後も次世代幹部の選抜や育成が続くことは予想される。しかし、次世代幹部を養成するには、その人材プールが豊かであることが必要条件となる。その人材プールとは、中間層に他ならないにも関わらず、彼ら／彼女らのモ

チベーションは低下している。従来とは異なり、多くの企業において組織の拡大、つまり社員数の増大は望むべくもない。年齢層ごとに優秀層を見極めて、選抜・育成するという今までの方法は通用しなくなる。次世代幹部候補やグローバル人材を育成するためには、組織全体の能力とモチベーションの底上げを図ることが必要となる。

5-4　イノベーション創出への対応

　最後に、イノベーションの創出に人事管理が果たす役割とその具体策を明らかにしたい。2011年度の調査では、提示する20の人事課題の中から、イノベーションを生み出す方策として有効であるものを三つ選ぶ質問を行った。「イノベーション（革新、創造）を生み出すために特に力を入れて取り組んでいる（あるいは取り組もうとしている）施策」としては、「組織風土の変革」（64企業）が最も多く、「従業員の能力開発・キャリア開発支援」（58企業）、「次世代幹部候補の育成」（41企業）、「グローバル人材の登用・育成」（37企業）、「優秀な人材の確保・定着」（34企業）、「従業員のモチベーション向上」（32企業）と続く。さらに、「多様な人材の活用」、「グループ経営に伴う諸施策」、「女性の活用」も比較的ポイントが高く、昨年度同様、従業員全体の総力を高めること、あるいは、人材の多様性にイノベーションの源泉を求めていることがうかがえる結果となった（図表18）。

　なお、イノベーションを生み出すために特に力を入れて取り組んでいる（あるいは取り組もうとしている）施策として最もポイントの高い「組織風土の変革」に対する企業の取り組み（あるいは取り組もうとしていること）例は、以下の通りである。

「組織の組み直し、上層部の研修と人事異動」
「ES[215]の導入と改善策の立案、評価制度のダイナミック化」
「組織横断的かつ社員の自発的なプロジェクト活動を通じて、自ら考え行動する人材づくりとそうした取り組みを後押しするポジティブな組織風土づくりを進めている」

図表18 イノベーション（革新、創造）創出のための方策

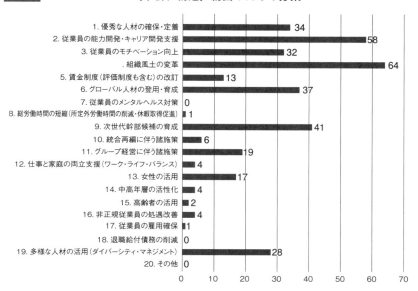

「グループ人事制度の導入や変革を意識した研修の導入」
「企業理念・ビジョンなどの再構築と徹底、マネジメントの強化」
「社内研修等で現状の課題を全員で抽出し、解決策等を検討。優先度の高いものから少しずつ改善を実施」
「本人・上司だけではなく、同僚や他部署、他拠点の社員による360度人事考課の導入による多面考課の実施」
「経営層への若手登用」
「組織再編、幹部層の部門間人事交流、グループ経営の強化」
「人事交流（異動）の活性化、社内外の研修見直し、外部情報の取り込みの仕組みづくり」
「経営品質向上プログラムに則った『働き方』『自己成長』への取り組み」
「賞罰基準の見直し、業務品質重視の業務運営」
「経営トップからの継続的かつ強力なメッセージの発信」
「ビジネスの変革に対応する人事体系の整備、人財の教育育成体系の整

備(処遇の適正化、キャリアモデルの策定)」
「管理職のマネジメント意識改革」

6 まとめ

　人事部門長に対する5年間の調査結果から、以下のことを明らかにした。第一に、今日において約8割の企業に成果主義は導入されており、その半数の企業が人事制度の見直しを実施・検討中である。見直しにおいては、各社の状況によってその内容は様々であり、成果主義は年功制や職能資格制度とは異なる、継続的な手直しを必要とする"セミ・オーダーメード"の特徴を有した人事管理であることを見た。

　第二に、バブル崩壊と世界同時不況の影響によって、企業は思い切った人件費削減策を講じた。その際に、成果主義の有する人件費コントロール機能が十分に駆使され、同時に成果主義の抱える課題も露呈した。中長期的に前向きな対策を検討する企業の姿勢からは、人事管理が長引く不況を乗り越えるための重要な役割を果たす可能性が示された。併せて、2011年3月に発生した東日本大震災が人事管理に影響をおよぼすと答えた企業は4割弱であったことから、通説とは異なり、企業の環境変化に対する感度はさほど高くないことも示した。

　第三に、人事部門における最重要課題は4年連続して「次世代幹部候補の育成」であった。2012年度の結果では、「優秀な人材の確保・定着」「賃金制度(評価制度も含む)の改訂」「従業員のモチベーション向上」「従業員の能力開発・キャリア開発支援」と続く。次世代幹部候補育成の起点となっているのは早期選抜であり、一括採用した社員を集団管理に基づいて徐々に選抜していくというかつての「長期選抜型人事管理」から「短期選抜型人事管理」への転換を示唆した。

　第四に、人事部門と経営陣の意識の乖離である。人事部門が直面している三つの人事課題に対して、経営トップもすべてを経営課題として

認識して解決に向けて取り組んでいる企業の割合は4割以下に留まった。中でもダイバーシティ・マネジメントとワーク・ライフ・バランスに関する乖離が最も大きいことから、職場における多様な人々が様々な時間的制約を抱えながら働いている事実に対して、経営陣の理解が進んでいないことが明らかとなった。

　第五に、企業において人材育成力とマネジメント力が低下している点である。過去10年間で従業員の成長を支援する取り組みが十分であったと認識する企業は4割に満たない。世界的にも定評のあった日本企業の人材育成は、少なくとも過去10年において著しく低下しており、特にホワイトカラーにおいて顕著である。その理由は、バブル崩壊と世界同時不況の影響による総額人件費削減の影響と結果重視による成果主義の導入によって、OJTを中心とした管理職によるプロセス支援が弱体化したことである。その管理職自体も高齢者と合わせて人材育成の真空地帯である可能性も示した。

　第六に、経済のグローバル化に伴い、グローバル人材の育成と対応するグローバル人事の必要性が増大している。ただし、グローバル化のスローガンが沈静化した2012年以降は、大企業を中心とした戦略的にグローバル化を推進する企業とその他企業に二極分化していると推測できる。グローバル人事とは通常の人事管理と何ら変わるものではなく、自社のビジネスに必要な人材要件を明らかにし、戦略実現のために求められる能力を高めるべく施策を考える意味で、人事管理の一つのモジュールであることを示した。

　最後に、イノベーションを生み出すために、企業は「組織風土の変革」に注力していることを見た。また「多様な人材の活用」と「女性の活用」に表されるダイバーシティ・マネジメントにイノベーションの源泉を求めていることもうかがえた。

193 公益財団法人日本生産性本部『生産性新聞』を購読している企業を対象とした調査。

194 2008年度は9月中旬～10月中旬、2009年度は8月下旬～9月下旬、2010年度は8月下旬～9月上旬、2011年度は8月下旬～9月中旬、2012年度は7月上旬～7月末日実施。

195 企業によって独立した人事部門を設置していない場合には、人事を担当する部門の長をその対象とした。

196 前掲の2003年に実施された労務行政研究所による調査等。

197 日本企業における人事管理の変遷を比較するにあたって、ここでは服飾のメタファーを用いた。年功制、職能資格制度は既製服であるレディメードとして、成果主義を一定の調整が必要なセミオーダーとして喩えた。今後の人事管理はさらに進んで、各社個別の"オーダーメード"になることが本論における筆者の主張である。

198 ワークシェアリング（Job sharing）とは、勤労者同士で雇用を分け合うことであり、各々の労働時間を短くする時短による方法が典型的である。背景にあるのは労働市場の悪化であり、労働者の過労死や失業対策の方法として欧米で広がった。

199 事業継続計画（Business continuity planning）の略。競争的優位性と価値体系の完全性を維持しながら、組織が内外の脅威にさらされる事態を識別し、効果的防止策と組織の回復策を提供するためのハードウェア資産とソフトウェア資産を総合する計画。

200 企業経営の外部環境は、一般的に①経済的環境、②政治的環境、③社会的環境、④技術的環境に整理される。ここでの指摘は、企業が他の環境ほどは③社会的環境に対して敏感でないことと、新たに「⑤自然的環境」を付加する必要性を意図している。

201 succession plan：組織内における次世代のリーダー等を育成する後継者育成計画。優秀な人材をプールしておくことにより、リーダーの不測の事態に備えるというリスクマネジメントの側面も有する。

202 人材の採用、選抜、適材適所、リーダーの育成・開発、評価、報酬、後継者養成等の人材マネジメントのプロセス改善を通して、職場の生産性を改善し、必要なスキルを持つ人材の意欲を増進させ、現在と将来のビジネスニーズの違いを見極め、優秀人材の維持、能力開発を統合的、戦略的に進める取り組みやシステムデザインを導入すること。

203 CUBIC Psychological System：採用や人材育成において用いられる適性検査の一つ。「個人特性分析」や組織の「活力測定」など六つの診断から、人的資源の活用、人材の育成、組織の活性化や構築に利用されている。

204 Egogram：心理学の交流分析における自我状態をもとに考案された性格診断法。人の心を五つに分類し、その五つの自我状態が放出する心的エネルギーの高さを自己分析する。

205 センゲ（1990）は、「学習する組織（ラーニング・オーガニゼーション）」を「人々が継続的にその能力を広げ、望むものを創造したり、新しい考え方やより普遍的な考え方を育てたり、人々が互いに学びあうような場」と定義し、①システム思考やシステマチックな問題解決技法、②個々人の自己認識、③物事の認識の仕方、④共有化されたビジョン、⑤チームによる学習の五つのツールを提言した。

206 2013年4月1日施行。企業に65歳までの雇用を義務づけ、公的年金の支給開始年齢の順次引き上げに伴う「無年金」期間の再雇用を義務化するもの。一定の経過措置を踏み、年金支給が65歳に移行し終わる2025年4月以降、希望者については継続雇用が完全義務化される。

207 「対談 これからの人事を展望する㊦」『生産性新聞』2012年10月25日。

208 前出の筆者らが行った「管理職構成、昇進等の実態調査」において、成果主義導入による管理職（部下あり）の業務内容の変化を聞いた。回答した16社の内の8社が、業務遂行に比較した指導力の弱さ、人事考課スキルの低さ、業績の締めつけによるプレイヤー

209 2010年度も2009年度と同様の質問を行った。海外重視と回答した企業の割合は39.0％（83企業）と増加している。それに伴う人事課題と対策に関しては2009年度とほとんど変わらなかった。
210 文部科学省は、2011年4月の「産学連携によるグローバル人材育成推進会議」において、グローバル人材を以下としている。「世界的な競争と共生が進む現代社会において、日本人としてのアイデンティティを持ちながら、広い視野に立って培われる教養と専門性、異なる言語、文化、価値を乗り越えて関係を構築するためのコミュニケーション能力と協調性、新しい価値を創造する能力、次世代までも視野に入れた社会貢献の意識などを持った人間」。
211 企業のグローバル化に対応した人事管理を総称して、「グローバル人事」と呼ぶことが多い。
212 2011年度調査は、震災直後の8月下旬から9月中旬にかけて実施された。
213 「対談 これからの人事を展望する㊤」『生産性新聞』2012年10月15日。
214 三菱商事、三井物産、伊藤忠商事、丸紅などの大手商社では、2011年春より入社2年〜8年目までの20歳代の全社員を対象に海外経験を義務づける制度を導入した。このうち伊藤忠は4カ月以上の海外英語研修に加え、入社8年目までの若手全員に中国語やポルトガル語などの新興国の語学研修を義務化した。こうした動きは他の産業にも広がりつつあり、ヤマハ発動機は2012年度より入社4年目までの若手社員全員に海外駐在、留学、長期出張させるプログラムを始めた。
215 Employee Survey（従業員調査）の略。一般には、モラールサーベイ、士気調査、従業員意識調査、社員満足度調査などと呼ばれる。企業における組織・職場管理に対して、従業員の満足度と問題意識について科学的に調査分析する手法。

参考文献一覧

- 阿部正浩（2006）「成果主義導入の背景とその功罪」『日本労働研究雑誌』No. 554/Sep、pp.18-35
- 赤林英夫（2012）「人的資本理論」『日本労働研究雑誌』No. 621/April、pp.8-11
- Davis, S. T. 監修（2001）『日英 人事・賃金用語辞典』経営書院
- 海老原嗣生、荻野進介（2011）『日本人はどのように仕事をしてきたか』中公新書ラクレ
- 古川久敬（2000）『基軸づくり－創造と変革を生むリーダーシップ』富士通ブックス
- 古川久敬（2002）『コンピテンシーラーニング』日本能率協会マネジメントセンター
- 学習院大学経済経営研究所編（2008）『経営戦略としてのワーク・ライフ・バランス』第一法規
- 学習院大学経済経営研究所編（2010）『ワーク・ライフ・バランス推進マニュアル』第一法規
- 平野光俊（2010）「社員格付制度の変容」『日本労働研究雑誌』No. 597/April、pp.74-77
- 池田清彦（1992）『分類という思想』新潮選書
- 今野浩一郎（1998）『勝ち抜く賃金改革』日本経済新聞社
- 今野浩一郎、木谷宏、脇坂明（2009）「看護職員のワーク・ライフ・バランスと人事管理」『学習院大学経済経営研究所 年報』第23巻、pp.1-17
- 今野浩一郎（2012）『正社員消滅時代の人事改革』日本経済新聞出版社
- 入山章栄（2012）『世界の経営学者はいま何を考えているのか－知られざるビジネスの知のフロンティア』英治出版
- ISO/SR国内委員会監修（2011）『日本語訳 ISO26000:2010 社会的責任に関する手引』日本規格協会
- 伊丹敬之（2012）『人間の達人 本田宗一郎』PHP研究所
- 伊藤邦雄（2010）「経済教室 経営革新へ視野広げよ－『総合型人材』の育成を」日本経済新聞朝刊、2010年8月12日
- 城繁幸（2004）『内側から見た富士通「成果主義」の崩壊』光文社
- 角和宏（2011）「CSR活動の理論的根拠に関する先行研究レビュー－日本企業の地域貢献活動研究のために」『広島大学マネジメント研究』No.11、pp.69-83
- 角田由佳（2007）『看護師の働き方を経済学から読み解く』医学書院
- 金井壽宏（2005）『リーダーシップ入門』日本経済新聞出版社
- 金井壽宏（2006）『働くみんなのモティベーション論』NTT出版
- 金井壽宏他（2007）「リーダーシップの持（自）論アプローチ－その理論的バックグラウンドと公表データからの持（自）論解読の試み－」『神戸大学ディスカッションペーパー』、pp.1-36
- 金森久雄他編（2013）『経済辞典 第5版』有斐閣
- 加藤尚文（1967）『事例を中心とした戦後の賃金』技報堂
- 経済同友会（2008）『21世紀の新しい働き方「ワーク＆ライフ インテグレーション」を

目指して』経済同友会
- 木村琢磨（2007）「戦略的人的資源管理論の再検討」『日本労働研究雑誌』No. 559/Feb-Mar、pp.66-78
- 木谷宏（2002）「A社　成果主義を推進するための『フレッシュ・アンド・フェアプログラム』」『労働法学研究会報』No.2254、pp.2-33
- 木谷宏（2004）「企業における成果主義導入の実証的研究－A社の事例による人材のプロフェッショナル化、成果主義の有効性ならびにコンピテンシーに関する考察」『企業研究』第4号、pp.259-289
- 木谷宏（2005）「企業内プロフェッショナルの処遇と育成－"サラリーマン"や"OL"はどのように進化するのか」『日本労働研究雑誌』第541号、pp.58-66
- 木谷宏（2006）「従業員満足度調査の設計と活用」『労政時報』3690号、pp.98-111
- 木谷宏（2008a）「ポジティブ・アクションの限界とワーク・ライフ・バランスの必然性」『月刊 経済トレンド』2008年2月号、日本経済団体連合会、pp.31-33
- 木谷宏（2008b）「ダイバーシティ・マネジメント入門 第1～6回」『人事実務』産労総合研究所
- 木谷宏（2009a）「人事・給与データの管理はなぜ必要なのか！」『人事実務』1061号、pp.4-8
- 木谷宏（2009b）『在宅勤務 導入のポイントと企業事例』全国労働基準関係団体連合会、pp.51-136
- 木谷宏（2011a）「プロフェッショナル論の限界と展望－「企業内プロフェッショナル」から「小さなプロフェッショナル」へ」『労働経済春秋』Vol.4、pp.59-64
- 木谷宏（2011b）「企業経営におけるボランティアの意義」『労働基準広報』No.1713、p.8
- 木谷宏（2012）「人的資源管理とワーク・ライフ・バランス」『ワーク・ライフ・バランスと経営』日本生産性本部 生産性労働情報センター、pp.59-88
- 木谷宏（2013a）「今あらためて、リーダーシップとは幻想である」『人事実務』No.1124、pp.8-17
- 木谷宏（2013b）「社会的人事論の考察－ワーク・ライフ・バランスのセカンドステージへ向けて」『学習院大学経済経営研究所年報 第27巻』、pp.131-152
- 木谷宏（2013c）『社会的人事論－年功制、成果主義に続く第3のマネジメントへ』労働調査会
- 小池和男（1981）『日本の熟練－すぐれた人材形成システム』有斐閣選書
- 小池和男（1991）『大卒ホワイトカラーの人材開発』東洋経済新報社
- 小池和男（1994）『日本の雇用システム』東洋経済新報社
- 小池和男（1999）『仕事の経済学 第2版』東洋経済新報社
- 厚生労働省（2008）『今後の仕事と家庭の両立支援に関する調査結果』
- 厚生労働省（2009）『仕事と生活の調和を推進する専門家養成のあり方に関する研究会報告書』
- 厚生労働省（2011）『平成23年版 働く女性の実情』
- 厚生労働省（2012）『中堅・中小企業のための女性社員の戦力化 ポジティブ・アクション 実践的導入マニュアル』
- 厚生労働省（2013）『女性社員の活躍を推進するためのメンター制度導入・ロールモデル普及マニュアル』

- 楠田丘（1974）『職能資格制度』経営書院
- 真木悠介(1981)『時間の比較社会学』岩波書店
- 真野脩（1967）「賃金と報酬理論」『北海道大学 経済学研究』第17巻4号、pp.1-47
- 松本潔（2007）「企業の社会的責任に関する一考察－企業と非営利組織（NPO）との協働の方向性－」『産能短大紀要 No.40』、pp.31-56
- 三隅二不二（1966）『新しいリーダーシップ－集団指導の行動科学』ダイヤモンド社
- 見田宗介、栗原彬、田中義久編（1994）『縮刷版 社会学辞典』弘文堂
- 宮本光晴（2009）「なぜ日本型成果主義は生まれたのか」『日本労働研究雑誌』N0.585/April、pp.30-33
- 宮下清（2000）「組織内プロフェッショナルの専門性」『東京都立大学研究紀要』第4号、pp.59-67
- 宮下清（2001）『組織内プロフェッショナル－新しい組織と人材のマネジメント』同友館
- 水尾順一、田中宏司編著（2004）『CSRマネジメント』生産性出版
- 水尾順一、清水正道、蟻生俊夫編（2007）『やさしいCSRイニシアチブ』日本規格協会
- 守島基博、南隆男（2001）「特集『成果主義の課題と将来展望』に寄せて」『組織科学』第34巻第3号、pp.2-5
- 守島基博（2004）「成果主義は企業を活性化するか」日本労働研究雑誌、No. 525/April、pp.34-37
- 守島基博（2010）「社会科学としての人材マネジメント論に向けて」『日本労働研究雑誌』No.600、pp.69-74
- 本明寛（1969）『スペシャリスト』日本経済新聞社
- 内閣府（2006）『少子化社会対策に関する先進的取組事例研究報告書』
- 内閣府（2007）『仕事と生活の調和（ワーク・ライフ・バランス）憲章 仕事と生活の調和推進のための行動指針』
- 内閣府（2010）『仕事と生活の調和レポート2010』
- 内閣府（2012）『事業継続ガイドライン』
- 永野順造（1949）『戦後の賃銀』伊藤書店
- 中村量空（1998）『複雑系の意匠－自然は単純さを好むか』中公新書
- 日本経営者団体連盟編（1955）『職務給の研究－職務給の本質とその実践』日経連弘報部
- 日本経営者団体連盟編（1957）『現下の賃金政策と賃金問題』日経連弘報部
- 日本経営者団体連盟編（1968）『能力主義管理－その理論と実践』日経連弘報部
- 日本経団連出版（2011）『人事・労務用語辞典　第7版』日本経団連出版
- 日本生産性本部（2013）『社員の多様化をいかす人事管理の3つの戦略』日本生産性本部生産性労働情報センター
- 日本テレワーク協会（2005）『在宅勤務導入の手引き－在宅勤務ガイドラインに対応した導入・運用マニュアル』
- 二村和夫（1987）『日本の労使関係の特質』御茶の水書房
- 岡本康雄（1967）「現代企業論序説－企業・経営概念の発展を前提にして」『東京外国語大学論集』No.14、pp.1-72

- 奥林康司（2011）「QWL－QWL への関心とその基本問題」『日本労働研究雑誌』No. 609/April、pp.26-29
- 奥西好夫（2001）「『成果主義』賃金導入の条件」『組織科学』第34巻第3号、pp.6-17
- 大河内浩人、松本明生、桑原正修、柴崎全弘、高橋美保（2006）「報酬は内発の動機づけを低めるのか」『大阪教育大学紀要 第Ⅳ部門』第54巻2号、pp.115-123
- 大前研一（2005）『ザ・プロフェッショナル－21世紀をいかに生き抜くか』ダイヤモンド社
- 大西清治、瀧本忠男（1944）『賃金制度』東洋書館
- 太田肇（1993）『プロフェッショナルと組織』同文館出版
- 太田肇（2006）「日本型成果主義の限界とその克服」『彦根論叢』第358号
- 太田隆次（1999）『アメリカを救った人事革命コンピテンシー』経営書院
- 太田隆次（2000）『日本企業の復活 コンピテンシー人事 活用の仕方』経営書院
- 労働調査会出版局（2009）『改正労働基準法 法条文と解説（ワークライフバランスの実現に向けて）』労働調査会
- 労務行政研究所（2002）「女性の管理職登用にどう取り組んでいるか」『労政時報』第3550号、pp.27-52
- 労務行政研究所（2003）「成果主義時代の管理職構成、昇進等の実態」『労政時報』第3599号、pp.2-51
- ラッセル, J. G.（1995）『偏見と差別はどのようにつくられるか－黒人差別・反ユダヤ意識を中心に』明石書店
- 坂本敦子（2011）『タイミング仕事術』日本経済新聞出版社
- 産能大学総合研究所（1996）『第2回マネジメント教育実態調査報告書』(学)産能大学総合研究所
- 産労総合研究所編（2001）『日英 人事・賃金用語辞典』経営書院
- 産労総合研究所（2009）「就職活動中の大学生100人は企業の人事・給与データの公開をどう考える！」『人事実務』1059号、pp.44-48
- 笹島芳雄（2011）「生活給－生活給の源流と発展」『日本労働研究雑誌』No.609/April、pp.42-45
- 笹島芳雄（2012）「日本の賃金制度：過去、現在そして未来」『明治学院大学 経済研究』第14号、pp.31-54
- 佐藤博樹（2013）「多様な形態の正社員：非正社員と正社員のキャリアの連続に向けて」
- 宮本太郎（2013）『生活保障の戦略:教育・雇用・社会保障をつなぐ』岩波書店、pp.61-84
- 佐藤博樹、武石恵美子（2014）『ワーク・ライフ・バランス支援の課題－人材多様化時代における企業の対応』東京大学出版会
- 社会経済生産性本部（2003）『人視点と経営視点を統合する人材マネジメント－雇用就業システム評価モデルの提案』社会経済生産性本部生産性労働情報センター
- 昭和同人会（1960）『わが国賃金構造の史的考察』至誠堂
- 島貫智行（2007）「ビジネス・ケース No.055 A社－事業戦略の転換と人材マネジメントの変革」『一橋ビジネスレビュー』54巻4号、pp.152-171
- 清水良郎（2011）「企業における人事評価制度改革についての一考察－「成果主義」の問題点とその改善点をさぐる」『名古屋学院大学論集 社会科学篇』第47巻4号、pp.73-

- 新村出（2008）『広辞苑　第六版』岩波書店
- 須田敏子（2010）『戦略人事論』日本経済新聞出版社
- 諏訪康雄（1999）「キャリア権の構想をめぐる一試論」『日本労働研究雑誌』No.468、pp.54-64
- 鈴木誠（2010）「能力主義下における職務給・能率給－三菱電機1968 年人事処遇制度改訂のもう一つの側面」『日本労働研究雑誌』No. 596/Feb-Mar、pp.69-84
- 立道信吾（2004）『企業の経営政策と人事処遇制度等に関する研究の論点整理』労働政策研究報告書No.7
- 高橋伸夫（2004）『虚妄の成果主義』日経BP社
- 高橋俊介（1998）『人材マネジメント論』東洋経済新報社
- 高橋俊介（1999）『成果主義』東洋経済新報社
- 高根民明（1979）「行動科学的報酬理論」『経営学論集』49巻、pp.196-199
- 竹内章郎（1993）『「弱者」の哲学』大月書店
- 丹下博文（2002）『企業経営の社会性研究 第2版』中央経済社、pp.2-22
- 谷口真美（2005）『ダイバシティ・マネジメント－多様性をいかす組織』白桃書房
- 谷口真美（2008）「組織におけるダイバシティ・マネジメント」『日本労働研究雑誌』No.574/May、pp.69-84
- 谷本啓（2002）「人的資源管理生成の背景に関する一考察―第2 次大戦後のアメリカ連邦政府による政策の影響を中心に―」『同志社商学』第53巻 第5・6号、pp.140-159
- 短時間正社員と人事管理等に関する研究会（2009）『短時間正社員と人事管理等に関する調査』（厚生労働省委託事業）、株式会社アイデム
- 田尾雅夫（1991）『組織の心理学』有斐閣
- 田尾雅夫（2005）「管理職の役割変化とストレス」『日本労働研究雑誌』545号、pp.29-39
- 土屋守章（1995）『現代経営学入門』新世社
- 常石敬一訳（1996）『ヒポクラテスの西洋医学序説』小学館
- 都留康、阿部正浩、久保克行（2005）『日本企業の人事改革－人事データによる成果主義の検証』東洋経済新報社
- 東洋経済新報社（2012）『CSR企業総覧 2013年版』東洋経済新報社
- 内山哲彦（2010）「インタンジブルズとしての人的資源の管理と管理会計－統合的業績管理システム研究における意義と課題」『千葉大学経済研究』第24巻第3・4号、pp.1-26
- 脇坂明（1996）「コース別人事管理の意義と問題点」『日本労働研究雑誌』433号、pp.43-59
- 脇坂明（2007a）「育児休職、育児短時間勤務と人事考課」『21世紀生活ビジョンに関する研究会報告書』電機総研、pp.117-136
- 脇坂明（2007b）「均等、ファミフレが財務パフォーマンス、職場生産性に及ぼす影響」『仕事と家庭の両立支援にかかわる調査』労働政策研究・研修機構
- 脇坂明（2007c）「ワーク・ライフ・バランスの国際比較」『学習院大学経済経営研究所 年報』21巻、pp.63-87
- 脇坂明（2008a）「育児休業は本人にとって能力開発の妨げになるか」『学習院大学 経済論集』44巻4号、pp.325-338

- 脇坂明（2008b）「ファミフレ施策がわが国の職場に与える影響」『社会政策学会誌』第19号、pp.58-73
- 脇坂明（2009）「中小企業におけるワーク・ライフ・バランス」『学習院大学 経済論集』45巻4号、pp.337-367
- 脇坂明（2011）「均等法後の企業における女性の雇用管理の変遷」『日本労働研究雑誌』第615号、pp.38-51
- 脇坂明、松原光代（2003）「パートタイマーの基幹化と均衡処遇（1）（2）」『学習院大学経済論集』40巻2号、pp.157-174、40巻3号、pp.259-294
- 脇坂明・松原光代（2011）「ワーク・ライフ・バランスがもたらす「ウィン－ウィン」の関係に関する研究」『学習院大学経済経営研究所 年報』第25巻、pp.41-71
- 鷲田清一（1996）『だれのための仕事』岩波書店
- 渡辺峻（2010）「HRM研究の観点からみたワーク・ライフ・バランス」『日本労働研究雑誌』No. 599／June、pp.32-40
- 和辻哲郎（1938）『倫理学』岩波書店
- 山口一男、樋口美雄（2008）『論争 日本のワーク・ライフ・バランス』日本経済新聞出版社
- 山下恒男（1984）『差別の心的世界』現代書館
- 谷田部光一（2013）「日本的雇用システムと報酬マネジメント」『政経研究』第49巻3号、pp.329-360
- 依田明（1990）『人はなぜ嫉妬するのか』大和出版
- Abegglen, J. C. (1958) The Japanese Factory: Aspects of Its Social Organization, Massachusetts, MA: MIT Press.（占部都美訳（1958）『日本の経営』ダイヤモンド社）
- Adams, J. S. (1965) "Inequity in social exchange," Advances in social experimental social psychology 2.2, pp.267-299.
- Adler, N. J. (1991) International Dimensions of Organizational Behavior, South Western Publishing.（江夏健一、桑名義晴監訳（1992）『異文化組織のマネジメント』マグロウヒル）
- Barnard, C. I. (1938) The Function of the Executive, Boston, MA: Harvard University Press.（山本安次郎訳（1968）『経営者の役割 新約版』ダイヤモンド社）
- Barney, J. B. (1986) "Strategic factor markets: Expectations, luck, and business strategy", Management Science, 32, pp.1231-1241.
- Bartlett, C. A. and Ghoshal, S. (1989) Managing Across Borders: The Transnational Solution, Harbard Business School Press.
- Becker, G. S. (1964)Human Capital: A Theoretical and Empirical Analysis, National Bureau of Economic Research.
- Beer, M., Spector, B., Lawrence, P. R., Quinn, M. D. and Walton, R. E. (1984) Managing Human Assets, New York: Free Press.（梅津祐良、水谷英二訳（1990）『ハーバードで教える人材戦略』日本生産性本部）
- Belcher, D. W. (1962) W age and Salary Administration, Second Edition.
- Blake, R. R. and Mouton, J. S. (1964) The managerial grid, Houston TX.: Gulf.
- Boyatzis, R. E. (1982) The Competent Manager, Willy.
- Bratton, J. and Gold, J. (2003) Human Resource Management: Theory and Practice,

3rd ed., Palgrave Macmillan.（上林憲雄他訳（2009）『人的資源管理－理論と実践　第3版』文眞堂）
- Braverman, H.(1974) Labor and Monopoly Capital, New York: Monthly Review Press.（富沢賢治訳（1978）『労働と独占資本－20世紀における労働の衰退』岩波書店）
- Brown, W. (1988) "The employment relationship in sociological theory," In D. Callie (ed.), Employment in Britain. Oxford: Blackwell, pp.83-100.
- Coase, R. H. (1937) "The Nature of the Firm," Economica, N.S., 4(16), pp.386-405.
- Coase, R. H. (1960) "The Problem of Social Cost," Journal of Law and Economics, 3: pp. 1-44.
- Davis, K. (1960)" Can Business Afford to Ignore Social Responsibilities？", California Management Review, 2, pp.1145-1163.
- Davis,L.E.,and Canter,R.R. (1955) "Job Design", Journal of Industrial Engineering, 6(1), pp.17-24.
- Drucker, P. F. (2000)The Essential Drucker on Individuals, Tuttle-Mori Agency.（上田惇生編訳（2000）『プロフェッショナルの条件－いかに成果をあげ、成長するか』ダイヤモンド社）
- Eells, R. (1960) The Meaning of Modern Business: an introduction to the philosophy of large corporate enterprise, Columbia University Press.（企業制度研究会訳（1974）『ビジネスの未来像－協和的企業の構想』雄松堂書店）
- Ely, R. J. and Thomas, D. A. (2001)" Cultural Diversity at Work: The Effects of Diversity Perspectives on Work Group Processes and Outcomes," Administrative Science Quarterly, Vol.46, Issue2, pp.229-273.
- European Multi-stakeholder Forum on CSR(2004)" Final Results & Recommendations," http://www.corporatejustice.org/IMG/pdf/CSR_20Forum_20final_20report.pdf
- Fayol, H.(1949)General and Industrial Management, London: Pitman.Felstead, A., Jewson, N., Phizacklea, A. and Walters, S. (2002)" Opportunities to work at home in the context of work-life balance", Human Resource Management Journal, 12(1), pp.54-76.
- Fiedler, F. E. A. (1967) Theory of leadership effectiveness, USA: McGraw-Hill.
- Fombrun, C. J., Tichy, N. M. and Devanna, M. A. (1984) Strategic Human Resource Management, New York and Chichester: Willey.
- Frank, A. (1952) The Diary of a Young Girl, New York: Doubleday & Co.（深町眞理子訳（1986）『アンネの日記』文芸春秋社）
- Friedman, M. (1970) "The Social Responsibility of Business is to Increase its Profits", New York Times Magazine, September 13, pp.122-126.
- Gandhi, M. (1925) The Story of My Experiments with Truth.（蒲 穆訳（1950）『ガーンディー聖書』岩波書店）
- Goleman, D.(1995)Emotional Intelligence: why it can matter more than IQ, London: Bloomsbury.（土屋京子訳（1996）『EQ こころの知能指数』講談社）
- Goleman, D., Boyatzis, R. and McKee, A. (2002) Primal Leadership: Realizing the Power of Emotional Intelligence, Harvard Business Review Press.（土屋京子訳(2002)『EQ リーダーシップ』日本経済新聞社）

- Goyder, G. (1951) The Future of Private Enterprise: A Study in Responsibility, Basil Blackwell & Mott Ltd.（名東孝二、垣見洋一訳（1970）『私企業の将来』ダイヤモンド社）
- Goyder, G. (1975) The Responsible Worker, Hutchinson & Co. Ltd., London.（名東孝二、垣見洋一訳（1976）『企業と労働者の責任』ダイヤモンド社）
- Greenleaf, R. K. (1970) The Servant as Leader, Robert K. Greenleaf Center in Indianapolis, Indiana.
- Guest, D. E. (1987) "Human Resource Management and Industrial Relations", Journal of Management Studies, 24(5), pp.503.
- Hackman, J. R. and Oldham, G. R.(1976)Work Redesign, New York, Addison-Wesley.
- Harrison, D. A., Price, K. H., and Bell, P. M.(1998)" Beyond Relational Demography: Time and the Effects of Surface- and Deep-level Diversity on Work Group Cohesion," Academy of Management Journal, Vol.41, no.1, pp.96-107.
- Heald, M. (1970) The Social Responsibility of Business: company and community, 1900-1960, The Press of Case Western Reserve University.（企業制度研究会訳『企業の社会的責任－企業とコミュニティ、1900～1960までの歴史』雄松堂書店）
- Heifetz, R. A. (1994) Leadership without easy answers. Harvard University Press.（幸田シャーミン訳『リーダーシップとは何か！』産能大学出版部）
- Hendry, C. and Pettigrew, A. (1990) "Human Resource Management: an agenda for the 1990s". International Journal of Human Resource Management, 1(1), pp.17-44.
- Hersey, P., & Blanchard K. H. (1969) Management of organizational behavior, Upper Saddle River, NJ: Prentice Hall.
- Hill, C. and Jones, G. (2001) Strategic Management Theory, 5th ed., Boston, MA: Houghton-Mifflin.
- House, R. J.(1971)" A path-goal theory of leader effectiveness", Administrative Science Quarterly, 16, pp.321-338.
- Huntington, S. P. (1996) The Clash of Civilizations and the Remaking of World Order, Simon & Schuster, New York.（鈴木主鋭訳（1998）『文明の衝突』集英社）
- Jaspers, K. T. (1950) Einführung in die Philosophie.（草薙正夫訳（1954）『哲学入門』新潮文庫）
- Kanter, R. M. (1984) The change masters, Free Press．（長谷川慶太郎監訳（1985）『ザ・チェンジマスターズ－21世紀への企業変革者たち』二見書房）
- Katz, R. L. (1955) "Skills of an effective administrator", Harvard Business Review, 33(1), pp.33-42.
- Kotler, P. and Lee, N.(2005)Corporate Social Responsibility: Doing the Most Good for Your Company and Your Cause, John Wiley & Sons.
- Lewin, K. (1947) "Frontiers of Group Dynamics: Concept, method and reality in social science, social equilibria, and social change", Human Relations, 1, pp.5-41.
- Likert, R. (1967) The human organization: its management and value, New York: McGraw-Hill.
- March, J. G., and Simon, H. A. (1958) Organizations, New York: John Wiley & Sons.（土屋守章訳（1977）『オーガニゼーションズ』ダイヤモンド社）
- Marshall, A. (1907) "Social Possibilities of Economic Chivalry" The Economic Journal, Vol. 17, No. 65, pp. 7-29.

- McClelland, D. C. (1973) "Testing for Competence Rather Than for "Intelligence" American Psychologist, January, pp.173-187.
- Mellerowicz, K. (1929) Allgemeine Betriebswirtschaftslehre der Unternehmung.
- Nonaka, I. and Takeuchi, H.（1995）The Knowledge Creating Company: How Japanese Companies Create the Dynamics of Innovation, Oxford University Press.（野中郁次郎、竹中弘高（1996）『知識創造企業』東洋経済新報社）
- Norton, M. (1987) The Corporate Donor's Handbook: The Directory of Social Change, .（四本健二監訳（1992）『企業の社会貢献ハンドブック』株式会社トライ）
- Platt, L. (1997) "Employee work-life balance: the competitive advantage," in F. Hesselbein, M. Goldsmith and R. Beckhard (eds), The Drucker Foundation, the Organization of the Future, San Francisco: Jossey-Bass, pp.315-324.
- Porter, L. and Lawler, E. (1968) What job attitudes tell about motivation: Harvard Business Review, Volume46, Issue 1, pp.118-126.
- Porter, M. (1980) Competitive Strategy, New York: Free Press.（土岐坤、服部照夫、中辻萬治訳（1982）『競争の戦略』ダイヤモンド社）
- Porter, M. (1985) Competitive Advantage: Creating and Sustaining Superior Performance, New York: Free Press.（土岐坤、服部照夫、小野寺武夫訳（1985）『競争優位の戦略－いかに高業績を持続させるか』ダイヤモンド社）
- Rawls, J.(1971)A Theory of Justice, Harvard University Press.（矢島鈞次、篠塚慎吾、渡部茂訳（1979）『正義論』紀伊国屋書店）
- Reed, M. I.(1989)The Sociology of Management, Hemel Hempstead: Harvester Wheatsheaf.
- Rousseau, J. J. (1755) Discours sur l'origine et les fondements de l'inégalité parmi les homes, Marc-Michel Rey.（本田喜代治、平岡昇訳（1933）『人間不平等起源論』岩波書店）
- Rumelt, R. P. (1984) "Towards a strategic theory of the firm", In R. Lamb (ed.) Competitive Strategic Management, Prentice-Hall, Englewood Cliffs, NJ, pp. 556-570.
- Salaman, G.(1979)Work Organizations: Resistance and Control, London: Longman.
- Schein, E. H. (1965) Organizational Psychology, Englewood Cliffs, N.J.: Prentice Hall, .（松井賚夫訳（1966）『組織心理学』（現代心理学入門10）岩波書店）
- Senge, P. M. (1990)The Fifth Discipline, Doubleday/Currency .（守部 信之訳（1995）『最強組織の法則－新時代のチームワークとは何か』徳間書店）
- Sheldon, O. (1924) The Philosophy of Management, Sir Isaac Pitman and Sons Ltd.（企業制度研究会訳（1975）『経営のフィロソフィ』雄松堂書店）
- Simon, H. A. (1951)" A Formal Theory of the Employment Relationship", Econometrica, Vol. 19, No. 3, pp.293-305.
- Stogdill, R. M. (1948) "Personal factors associated with leadership: A survey of the literature", Journal of Psychology, 25, pp. 35-71.
- Storey, J. (1992) Developments in the Management of Human Resources, Oxford: Basil Blackwell.
- Storey, J. (2001) "Human Resource Management Today: an assessment," in J. Storney (ed.), Human Resource Management: A Critical Text, pp.339-363.
- Tönnies, F. (1887) Gemeinschaft und Gesellschaft, Leipzig: Fues.（杉之原寿一訳（1957）『ゲマインシャフトとゲゼルシャフト－純粋社会学の基本概念〈上〉』岩波書店）

- Trudgill, P. (1974) Sociolinguistics: An Introduction, Middlesex, Penguin Books.（土田滋訳（1975）『言語と社会』岩波書店）
- Ulrich, D. (1997)Human Resource Champions, Boston, MA: Harvard Business School Press．（梅津祐良訳（1997）『MBAの人材戦略』日本能率協会）
- Urwick, L. F. (1944) "The Elements of Administration," Harper & Brothers.（堀武雄訳（1961）『経営の法則』経林書房）
- Vogel, E. F. (1979) Japan as Number One: Lessons for America, Boston, MA: Harvard University Press．（広中和歌子、木本彰子訳(1979)『ジャパンアズナンバーワン－アメリカへの教訓』TBSブリタニカ）
- Vroom, V. H. (1964) Work and motivation, Wiley.
- Watson, T.（1986）Management, Organization and Employment Strategy, London: Routledge & Kegan Paul.
- Wernerfelt, B. (1984) "A Resource-based view of the firm," Strategic Management Journal, 5(2), pp.171-180.
- Wheelen, T. and Hunger, J. (1995) Strategic Management and Business Policy, 5th ed., New York: Addison-Wesley.
- White, R. K. and Lippitt, R. (1960) Autocracy and democracy: an experimental inquiry, New York: Harper.
- Williamson, O. E. (1981) "The Economics of Organization: The Transaction Cost Approach," The American Journal of Sociology, 87(3), pp.548-577.
- Williamson, O. E. (1985). The Economic Institutions of Capitalism: Firms, Markets, Relational Contracting, New York, NY: Free Press.
- Wren, D. A. (1994) The Evolution of Management Thought, 4 th ed., John Wiley & Sons, Inc.
- 日経ビジネス 2002年9月16日号
- 週刊ダイヤモンド 2002年9月14日号
- ビジネスリサーチ 2005年No.977
- 生産性新聞 2008年11月15日
- 生産性新聞 2009年11月15日
- 生産性新聞 2010年11月15日
- 生産性新聞 2011年11月15日
- 生産性新聞 2012年10月5日
- 生産性新聞 2012年10月15日
- 生産性新聞 2012年10月25日
- 日本経済新聞夕刊「ムダな残業 洗い出せ」2010年4月20日
- 日本経済新聞夕刊「仕事・子育て 真の両立求め 育休復帰 甘やかさない」2010年12月27日
- 日本経済新聞朝刊「在宅勤務の体制整備　NTTデータ」2011年4月30日
- 日本経済新聞朝刊「新人、震災に伴い…『仕事で社会貢献』57％」2011年5月2日
- 日本経済新聞夕刊「残業減らす達人の技」2013年7月23日
- 日経産業新聞「リコー、『多様性』活力に」2010年8月27日

【著者紹介】

木谷 宏（きたに ひろし）
県立広島大学 経営専門職大学院　教授
博士（経営学）

広島県呉市出身。東京大学経済学部卒業、食品会社入社。米国ジョージ・ワシントン大学ビジネススクール留学（MBA）。米国現地法人COO（最高執行責任者）。本社経営企画部長、CIO（最高情報責任者）を歴任し、2008年学習院大学経済学部特別客員教授。麗澤大学経済学部教授を経て2016年4月より現職。専門分野は、人事管理論、CSR（企業の社会的責任）、ワーク・ライフ・バランス、ダイバーシティ・マネジメント。

学習院大学経済経営研究所　客員所員。
鳥取県政アドバイザリースタッフ。
第四期東京都男女平等参画審議会委員。
港区ワーク・ライフ・バランス推進企業認定審査会委員長。
中央職業能力開発協会　ビジネス・キャリア検定試験 人事・人材開発部門主査。
厚生労働省「治療と職業生活の両立等支援対策事業」ガイドライン作成委員会座長。
組織学会、人材育成学会所属。

著書に「社会的人事論」労働調査会、「経営者のためのワーク・ライフ・バランス入門」香川県経営者協会、「ビジネス・キャリア検定 標準テキスト 人事・人材開発2級」社会保険研究所（監修）ほか。

「人事管理論」再考
多様な人材が求める社会的報酬とは

2016年9月20日　初版 第1刷発行

著　者　　木谷 宏
発行者　　篠原 信行
発行所　　生産性出版

　　　〒150-8307　東京都渋谷区渋谷3-1-1
　　　　　　　　　日本生産性本部
　　　　　電話03（3409）1132（編集）
　　　　　　　03（3409）1133（営業）

印刷・製本　　シナノパブリッシングプレス
カバーデザイン　茂呂田剛（有限会社エムアンドケイ）
本文デザイン　有限会社エムアンドケイ

©Hiroshi Kitani 2016 Printed in Japan
乱丁・落丁は生産性出版までお送りください。お取替えいたします。
ISBN 978-4-8201-2057-5